KB140860

지극히 사적인 철학

How to Think Like a Philosopher © Peter Cave, 2023

This translation of *How to Think Like a Philosopher: Scholars, Dreamers and Sages Who Can Teach Us How to Live*, First Edition is published by arrangement with Bloomsbury Publishing Plc.

All rights reserved.

No part of this publication may be used or reproduced in any form or by any means without written permission except in the case of brief quotations embodied in critical articles or reviews.

Korean Translation Copyright © 2024 by Yeamoon Archive Co., Ltd

이 책의 한국어판 저작권은 BC에이전시를 통해 저작권자와 독점계약한 예문아카이브에 있습니다. 저작권법에 의해 보호를 받는 저작물이므로 무단 전재와 복제를 금합니다.

어제의 고민을
오늘의 지혜로 바꾸는

지극히
사적인

철
학

Peter Cave

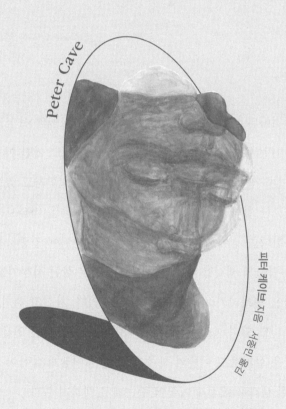

피터 케이브 지음 서정민 옮김

철학은 경이로움에서 시작된다.
플라톤

철학자는 저마다 다른 모습과 크기로 존재하며 그들의 사상도 마찬가지다. 어떤 이는 활기차고 열광적으로 글을 쓰고 어떤 이는 꼼꼼하고 세심하게 글을 쓴다. 재치와 매력이 있는 철학자도 있고 진지하고 완고한 철학자도 있다. 현자처럼 모든 사물을 바라보는 시각을 선사한다는 점에서 대담한 이도, 한정된 분야에 집중하는 이도 있다. 사람들의 생각을 바로잡는 것을 목표로 삼는 사상가도, 사람들의 삶을 변화시키려고 하는 사상가도 있다. 자신의 철학대로 살아가는 이도 있다. 나는 여기서 철학적으로 두드러진 인물들의 삶과 사상을 살펴보고 이들의 사유가 '인간은 어떻게 살아야 하는가?'에 대한 생각을 어떻게 이끌어 주는지 소개하려 한다.

철학자는 스스로를 철학자라고 생각하는지, 특정 생각을 철학적인 것으로 간주하는지에 따라 다르게 사고한다. 수 세기에 걸쳐 철학의 내용은 훨씬 줄어들었고 더 좁은 분야로 집중됐다. 오늘날 철학은 과학과 분리된 분야로 보이지만 본래 이 둘은 자연철학과 도덕철학, 실제로는 자연과학과 도덕과학으로 나뉘긴 했어도 하나의 같은 분야였다.

그래서 많은 철학자가 현실을 가장 일반적이고 근본적으로 이해하려 하는 학문이 바로 철학이며 철학이 오늘날의 과학과 이어진다고 여긴다. 근대 철학의 포문을 연 르네 데카르트René Descartes도 철학을 만학萬學의 여왕이라고 했다. 물론 철학 탐구는 과학 탐구와 근본적으로 다르며 언어로 수수께끼를 풀거나 어떻게 살아야 하는지를 이해하는 방법으로 접근하는 이들도, 철학 자체를 마음 치유의 일종으로 삶에 꼭 필요한 것으로 간주하는 이들도 있다.

철학 강의는 대부분 철학philosophy이라는 단어가 고대 그리스어로 '지혜에 대한 사랑'을 의미한다는 설명으로 시작한다. 이 뜻은 특정 시인과 신학자, 과학자, 심지어 뉴에이지 점성가에게도 적용할 수 있다. 영어권 대학 철학 교육과정에 등장하는 위대한 철학자와 주제는 경전처럼 정해져 있다. 플라톤Plato, 아리스토텔레스Aristoteles, 데카르트와 데이비드 흄David Hume, 이마누엘 칸트Immanuel Kant, 최근에는 버트런드 러셀Bertrand Russell과 루트비히 비트겐슈타인Ludwig Wittgenstein이 항상 등장한다. 그들의 주제는 몸과 마음의 문제, 공간과 시간을 다루는 형이상학이다. 말 그대로 지식과 진리의 본질을 이해하려는 인식론을 비롯한 윤리와 정치철학이며 약간이나마 논리철학과 과학철학에 관한 내용도 있다.

철학적 사고를 소개하는 이 책은 철학자들과 철학 속의 수많은 수수께끼와 혼란, 철학의 찬란함을 만날 수 있도록 물꼬를 터줄 것이다. 나아가 철학적 사고를 표현하는 방식과 사고가 떠오르는 다양한 맥락이 있다는 것을 보여주기 위해 보통은 철학자로 간주하지 않는 인물도 의도적으로 포함했다. 여기 소개한 철학자들은 서로의 생각과 사상에 영향을 주고받은 인물들이며, 이들의 사상을 밝히는 데 도움이 될 만한 현대적 접근방식도 엮어 넣었다.

철학적 사유는 형식적 논증으로 이뤄지기도 하지만 격언과 도발적 사례, 사고실험의 형태를 취할 수도 있다. 어떤 이는 인정받는 교수로 자리 잡았고 또 다른 이는 공식적인 지위와 거리가 먼, 학자보다는 몽상가에 가깝게 살아갔다. 어떤 사상가의 철학은 너무 모호해서 이해하기 어렵고 어떤 이의 글은 아주 명쾌하다고 평가받는다. 마르틴 하이데거Martin Heidegger가 전자의 예고 흄이 후자다.

어떤 철학자는 전통 서양철학에서 위대한 인물로 손꼽히고 또 어떤 이는 철학자로는 언급되지 않지만 문학가로 상당한 입지를 다졌다. 어떤 사상가는 힘겹게 살았고 어떤 이는 그렇지 않았다. 예컨대 영국의 분석철학자이자 소설가인 G. E. 무어G. E. Moore는 케임브리지대학의 철학 교수로 안정된 삶을 살았지만 프랑스의 정치 활동가 시몬 베유Simone Weil는 런던에서 궁핍하게 살다 죽었다.

여기 소개한 철학자들의 사상에 공통점이 있다면 이들은 실험실에서 물리학 실험을 하거나 고고학 발굴에 참여하거나 큰 망원경 또는 입자가속기를 만드는 직접적인 방식이 아닌 다른 방식을 통해 진리에 도달하려 했다는 것이다. 이 현인들은 현실과 다양한 빛 속에서 살아가는 방법을 보여준다. 우리의 하루하루는 그 빛이 얼마나 잘 비추는지에 따라 달라진다.

심사숙고해서 선정한 30인의 철학자가 생소할 수도, 익숙할 수도 있다. 주의할 점을 말하자면 나는 각 장에서 부분적으로 그들의 저술에서 발췌한 짧은 토막글과 생애에 대한 스케치를 통해 다양한 스타일의 사상과 이론을 맛보기로만 제시할 뿐이라는 것이다. 철학자의 사고와 신념, 접근방식은 시간이 지날수록 발전하기 마련이다. 여기에 소개하는 이야기들은 단편적이며 여러 장면을 조합한 내용에 불과하다는 점을 기억하자.

차례는 생년월일과 연대기 순서를 따랐지만 철학적 영향력이나 인지도를 더 반영했다. 용어에 관해서도 설명을 덧붙여야겠다. 여기 소개한 철학자는 대부분 인간human beings을 가리키는 표현으로 남성형 명사인 'man'을 사용했는데, 이 책에서는 일부 사상과 인용문에서 사람person, 그he, 그녀she 등으로 대체해 적었다. 이상하거나 어색하게 읽힐 수도 있지만 젠더 또는 성별이 중요한 특징이 되는 경우 문맥에 따라 그 의미를 명확히 알 수 있을 것이다.

철학적 사고에는 사물에 대한 깊이 있는 사유가 필요하다. 앞으로 자주 언급할 20세기의 위대한 철학자 비트겐슈타인은 이런 수사학적인 질문을 남겼다.

철학적 토론을 한 번만 하면 무슨 소용이 있는가? 그건 피아노 수업을 한 번만 듣는 것과 마찬가지다.

독자들에게 바라는 점이 있다면 이 책을 읽은 분들이 여기 소개한 내용을 교훈으로 받아들이기보다 계속 생각하고 읽고 싶어 하면 좋겠다는 것이다. 적어도 이 책에 담은 철학적 사고의 몇 가지만이라도 더 탐구해 보고 싶어 하고, 누군가와 이야기를 나누고 싶어 할 정도로 눈에 밟히고 기억에 남았으면 한다.

사색과 성찰은 권장할 만하다. 비트겐슈타인 역시 철학자 두 사람이 만날 때면 서로에게 "충분히 시간을 들이라고 말해야 한다"라고 했다. 시의적절한 조언이다. 또한 이 말은 미디어 전문가, 소셜네트워크, 우리가 당장 만족을 얻어야 한다며 자극하는 상업적 동기로 가득한 오늘날의 시대정신에 대한 도전이기도 하다. 그리스의 시인 C. P. 카바피C. P. Cavafy의 시 〈이타카Ithaka〉에도 이런 조언이 담겨 있다.

이타카로 가는 길을 나설 때면

그 길이 모험과 지식으로 가득한

오랜 여정이 되기를 기도하라.

거창하게 들릴 수도 있지만 이 책의 철학자들과 함께하는 여정을
어떻게 바라보든 좋으니 그저 충분히 시간을 들여주기 바란다.

피터 케이브

차례

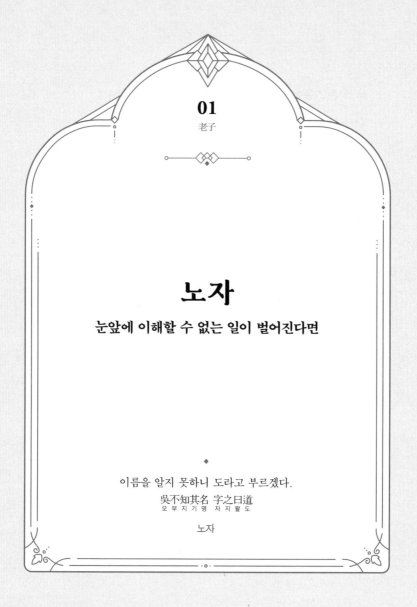

01

老子

노자

눈앞에 이해할 수 없는 일이 벌어진다면

이름을 알지 못하니 도라고 부르겠다.

吳不知其名 字之曰道
오 부 지 기 명   자 지 왈 도

노자

1960년대 캘리포니아에 삶의 의미가 너무나도 궁금했던 히피족 청년이 있었다. 그는 티베트의 가장 외딴 산속에 산다는 무척 현묘한 노파의 소문을 들었는데, 그녀가 삶의 의미까지 잘 안다는 말에 곧장 노파를 찾아 나섰다. 청년은 대륙을 가로질러 산을 넘고 호수를 헤엄쳤으며 협곡을 뛰어넘고 정글에서 땀을 쏟아냈다. 몇 달에 걸쳐 얼어붙은 황무지와 차가운 물의 추위에 떨며 여행했고, 드디어 가장 외딴 마을에 사는 현명한 이를 찾아냈다. 삶의 의미를 안다는 바로 그 노파였다.

　장작불에 몸을 녹이며 조용히 앉은 늙은 여인의 울퉁불퉁한 얼굴에는 타닥거리는 모닥불 빛이 아른거렸다. 젊은이는 공손히 인사를 건넸고, 모험의 목적을 한시라도 빨리 달성하고 싶어 잠시 뜸을 들인 뒤 불쑥 물었다.

　"현자님, 부디 알려주세요. 삶의 의미란 무엇인가요?"

　생각에 잠긴 현명한 여인의 얼굴은 반쯤 그림자에 가려져 있었다. 노파는 눈을 치켜뜨더니 먼 곳의 별을 바라봤다. 바위 같은 미간에 도랑이 패였다. 청년은 노파의 눈빛에 온 우주가 담겨 있는 듯한 기분이 들었다. 마침내 속삭이듯 답이 왔다.

"삶은 샘과 같다네."

"삶이 샘과 같다고요?"

젊은이는 화를 참을 수 없었다.

"저는 먼 길을 걸어왔어요. 몸과 마음을 바쳐 바다를 건너고 밀림을 헤쳐온 이유가, 고작 삶이 샘과 같다는 이야기를 듣기 위해서였다고요?"

"자네는 샘이 아니라고 생각하나? 그럼 그런가 보지…."

～

노자(기원전 6세기 추정~기원전 4세기 추정)가 한 이야기도, 노자에 관한 이야기도 아니지만 그와 연관 지어 생각해 볼 수 있는 이야기다. 노자는 도교에서 가장 유명한 경전인 《도덕경道德經》의 저자로 알려져 있다. 이 책은 도가에서 추구하는 삶의 의미와 삶이 분수인지 아닌지에 상관없이 존재하는 모든 것을 그대로 받아들이면 된다는 삶의 방식을 안내한다. 도가적 관점에서 청년과 노파의 이야기를 살펴보자. 노파는 삶의 의미를 묻는 청년에게 아무 대답도 하지 않는 편이 차라리 더 나았을 것이다. 그저 먼 산과 저무는 해를 조용히 바라보는 것으로 답을 대신할 수 있었을 테니 말이다.

노자와 함께하면 수수께끼로 가득하지만 깊은 울림을 주는 철학적 사유를 경험할 수 있다. 노자를 들여다보기 전에 우선 도가의 주

지극히 사적인 철학

요 경전이자 도와 덕을 다룬 고전,《도덕경》의 1장을 살펴보자.

　(문자로) 표현할 수 있는 도는 영원한 도가 아니다.

　(문자로) 부를 수 있는 이름은 영원한 이름이 아니다.

　부를 수 없음은 만물의 시작이요,

　부를 수 있음은 만물의 어머니다.

道可道, 非常道. 名可名, 非常名
도 가 도　비 상 도　명 가 명　비 상 명

無名, 天地之始, 有名, 萬物之母
무 명　천 지 지 시　유 명　만 물 지 모

　첫 구절부터 무슨 뜻인지 몰라 체념하고 싶은 마음이 들 수 있지만 끝까지 읽으면 간단명료한 주제가 나타난다. 인간의 불행은 만족할 줄 모르는 것이요 가장 큰 재앙은 소유하려는 욕망이며, 성인聖人은 이 욕심에서 벗어나려 했다는 것이다.

　노자는 '노련한 대가'라는 뜻의 이름처럼 현자의 모든 요건을 갖춘 인물이지만 전설 속 존재에 불과할지도 모른다. 그렇기에 더욱 현자라 할 수도 있겠다. 실제로 그를 신으로 모시는 이들도 있다. 노자는 대체 누구였을까? 기원전 4세기 주나라의 궁정기록관 이이가 노자라는 설도, 궁정 점성가였던 노담을 노자라 보는 설도 있다. 공자와 동시대를 살았다고 보는 견해도 있다. 어떤 이들은 그의 존재 자체를 의심하기도 한다.

　노자가 집필했다는《도덕경》에 기대어 생각해 보자. 이 책은 기원전 4세기경 노자 또는 노자를 비롯한 여러 학자가 쓴 초기 도가 저술을 81개 장으로 집대성한 책이다. 여기 담긴 내용을 노자주의라고 말하기도 한다. 편찬 시기로 미뤄 볼 때 노자 역시 기원전 4세기경의 인물로 추정할 수 있다. 이처럼 노자는 존재와 활동, 저술이 수수께끼에 싸인 철학자다. 그의 사상을 이해하려면 고대 중국어를 해석하고 음역해야 하는 등 복잡한 과정이 필요하다. 우리는 쉽게 가자. 이제 《도덕경》에 담긴 그의 매혹적인 사상을 살펴보겠다.

~

《도덕경》에 드러나는 도가 철학은 매우 오래된 수수께끼 같다. 전통적인 서양철학과는 너무 달라 일반적인 서양철학 입문 단계에서는 거의 소개되지 않지만 선불교와 성리학 형성에 확실한 영향을 미친 사상이다. 종교적 믿음과 수행을 독려하는 데 가까운 내용으로 현실의 본질이 무엇인지, 그렇기에 우리가 인생을 어떻게 살아야 하는지에 관한 심오하면서도 매력적인 사색을 담고 있다. 이렇게 말하니 그다지 수수께끼 같지는 않지만 이런 사색과 성찰은 철학의 근본적인 내용이다.

도가 사상에서 말하는 도란 무엇일까? 도에 이르는 길은 무엇일까? 도는 어떤 면에서 보면 궁극적인 실재reality이며 말로 다 할 수 없는 세상의 이치다. 《도덕경》의 첫 문장에서 이를 잘 알 수 있다.

지극히 사적인 철학

(문자로) 표현할 수 있는 도는 영원한 도가 아니다.

(문자로) 부를 수 있는 이름은 영원한 이름이 아니다.

우리가 도에 대해 논한다 치자. 이때의 도는 영원한 도가 아니다. 우리는 영원한 도에 대해 논할 수 없다. 영원한 도는 이름 붙일 수도 말할 수도 설명할 수도 없기 때문이다. 물론 그렇다고 우리가 다른 도를 논하는 것은 아니다. 모순적으로 들릴 수도 있다. 어쩌면 이해하기를 포기하고 싶다는 생각이 떠올랐을지도 모르겠다. 하지만 철학자들은 현실을 이해하기 위해 늘 모순과 맞서 싸운다. 물론 신을 이해해 보려다 초월적 존재를 제대로 개념화할 수 없으며 기껏해야 힘 빠지는 비유로 설명하는 방법밖에 없다고 결론짓는 경우도 종종 있지만 말이다.

아무리 빈틈없이 철학적 추론을 한다 해도 결국 이해할 수 없는 뭔가를 논할 수밖에 없는 상황이 생긴다. 이를테면 양식良識의 패러다임으로 칭송받은 17세기 철학자 존 로크John Locke는 실체substance를 가리켜 우리가 무엇인지 모르는 것이라고 했고, 18세기의 위대한 계몽주의 철학자 칸트는 현상 너머에 그 자체로 존재하는 사물, 즉 알려지지 않은 물자체物自體가 있다고 했다.

이 책을 읽다 보면 엘레아의 제논Zeno of Elea이 도발적 역설을 통해 드러낸 몇 가지 모순이 나올 것이다. 제논과 그 이후의 철학자들은 추론이나 가정에서 오류를 찾으려 애썼다. 그런데 이는 노자의 방식과 대조적이다. 노자는 모순 속에서 마음껏 뒹구는 것처럼 보인다. 물론 실제로는 다를 수 있지만 우리는 노자의 이 진언을 기억해야 한다. 철학은 겉으로 보이는 것과 진짜로 존재하는 것을 구분하는 데 많은 공을 들이기 때문이다.

그렇다면 우리는 왜 모순, 즉 우리가 문자로 제대로 설명하기 힘든 것에 대해 고민할까? 한 가지는 분명하다. 그 모순적인 내용이 진실 그리고 우리가 어떻게 생각하고 행동해야 하는지에 문제를 제기하기 때문이다. 만약 당신이 오늘 저녁에 뉴욕으로 가는 비행기를 예약했다고 하자. 공항에 도착했는데 비행기가 오늘 저녁에 출발하지 않는다는 말을 들으면 당황할 수밖에 없지 않을까? 노자 역시 주의를 끌기 위해 모순, 때로는 과장을 이용했을 것이다. 예컨대 케세라세라Que Sera Sera, 즉 될 일은 된다고 말하는 사람들은 어떤 의도로 말했을까? 단순히 그 순간의 생각을 설명하려고 했다기보다는 필연적이고 운명적인 느낌을 표현하려 했을 가능성이 크다.

노자의 운명론을 소개하기에 앞서 한 가지를 짚고 넘어가겠다. 될 일은 된다는 말이 당연한 진실이더라도 그것만으로 될 일이 반드시 된다거나 운명이 분명히 존재한다는 결론으로 이어지지는 않는다. 만약 누군가가 얼음이 깨져 물에 빠진다면 그렇게 된 것이겠지만 반드시 그렇게 되지는 않는다. 그 누군가가 얼어붙은 호수에서 스케이트를 타는 대신 집에 머무를 수도 있기 때문이다. 노자로 돌아가 보자. 그는 《도덕경》 25장에서 이렇게 말한다.

지극히 사적인 철학

실체는 있지만 뒤엉켜 있고

천지보다 먼저 생겨났다!

소리도 없고 형체도 없지만

변함없이 홀로 존재하고

두루 다니면서 위태롭지 않으니

천하의 어미가 될 만하다.

有物混成 先天地生 寂兮寥兮 獨立而不改
유 물 혼 성   선 천 지 생   적 혜 요 혜   독 립 이 불 개

周行而不殆 可以爲天下母
주 행 이 불 태   가 이 위 천 하 모

아무리 주변과 세상을 둘러봐도 형체가 없고 완전한 무언가가 존재했다는 증거를 찾기란 힘들다. 하지만 추론을 통해 공감하면서 흔적을 발견할 수 있을 것이다. 어떤 추론을 거쳐야 할까? 지금이 바로 프롤로그에서 언급한 비트겐슈타인의 당부를 되새길 때다. 충분히 시간을 들여 생각해 보자.

노자의 수수께끼 같은 말은 자연에 대한 경이로움과 이에 대한 우리의 행동 방식을 안내해 주기 위한 말일 것이다. 인간은 자연환경과 분리돼 홀로 존재하지 않는다. 자연은 인간을 포함하는 하나의 통일된 전체다. 이 개념은 환경과 생물다양성에 대한 오늘날의 관심과 맞닿아 있으며 그 이상으로 확장된다.

노자 사상은 우리를 '나'에 대한 집착에서 벗어나게 함으로써 깨달음을 준다. 인간이 스스로에 대한 집착에 사로잡혀 있다면, 우리

는 생태계에 관해서도 오직 인간의 생존에 필요한 것을 장려하는 쪽으로만 관심을 둘 것이다. 집착이 없다면, 그리하여 궁극적으로 나에게서 벗어난다면 우리는 자연이라는 전체가 가진 본질적 가치를 알아볼 수 있을 것이다. 즉 도가는 심층생태주의로 이어질 수 있다. 자연은 인류가 없어도 그 자체로 가치를 지닐 수 있다는 뜻이다.

곧 만나볼 바뤼흐 스피노자 Baruch Spinoza 는 현실을 다양한 방식, 즉 신 또는 자연으로 바라볼 수 있다고 말한다. 마찬가지로 노자에게 현실은 변하지 않는 영원한 도면서 천지 만물과 자연이라는 점에서 변화하는 도이기도 하다. 이 두 갈래를 이해한 노자는 우리에게 인생을 사는 가장 좋은 방법을 제시해 줄 수 있는 인물일 것이다.

~

노자는 《도덕경》 16장에서 이렇게 말한다.

무릇 만물은 무성하게 자라나 뒤엉키지만
각각 제 뿌리로 돌아갈 뿐이다.
뿌리로 돌아가는 것을 고요하다 하고
고요함을 일컬어 운명으로 돌아간다 한다.
夫物芸芸 各復歸其根 歸根曰靜 是謂復命
부 물 운 운 각 복 귀 기 근 귀 근 왈 정 시 위 복 명

지극히 사적인 철학

여기서 고요함이란 도가 사상의 무위無爲를 뜻한다. 이를 행동하지 않는 자세로 이해하면 안 된다. 우리는 살고 싶어도 죽고 싶어도 행동해야 하기 때문이다. 《도덕경》에서 노자는 대립을 피할 것을 권한다. 예컨대 부당한 비난이라도 조용히 받아들이고 화를 다스리라는 것이다. 아예 화가 나지 않는 성미를 기른다면 다스릴 것도 없으니 더욱 좋다. 그런데 무위의 고요함을 반대로 해석하면 '어떤 일이 일어나더라도 간섭하지 않는다'가 될 것이다. 이는 어떤 말을 들었을 때 자연스레 일어나는 울화를 참지 말아야 한다는 뜻일 수도 있지 않을까? 다시 구절을 읽어보자. 전자의 뜻으로 바라보면 개인사로 힘겨운 시간을 보내는 친구를 위로하는 여인의 모습이 떠오른다. 여인은 이렇게 조언한다.

"철학적으로 봐봐. 그러면 더는 골머리 앓을 필요 없어."

후자의 해석으로 바라보면 감정에 발언권을 주고 나서게 돼야 한다는 생각과 결을 같이한다. 이어서 노자는 우리가 어떻게 살아야 하는지 말한다.

만물이 운명으로 돌아가는 것을 늘 그러하다 하고

늘 그러함을 아는 것을 밝다고 한다.

늘 그러함을 알지 못하면 망령되게 흉한 일을 하게 된다.

靜曰復命 復命曰常 知常曰明 不知常妄作凶
정 왈 복 명 복 명 왈 상 지 상 왈 명 부 지 상 망 작 흉

무슨 의미일까? 인간이 자연과 그 법칙의 일부라면 우리는 자연과 도를 따르는 것 외에는 할 수 있는 일이 없을 것이다. 어떻게 복종하지 않을 수 있을까? 소극적으로 대응하든 감정을 억누르든 감정대로 행동하든 어차피 정해진 운명이 있는데 말이다. 인간에게 자유의지가 있을까? 있다면 자유의지는 어떻게 자유로운 행동으로 연결될까? 도가 사상에서는 이 심오한 철학적 질문이 수수께끼가 아니다. 인간이 자연이라는 통일된 전체의 일부일 뿐이고 자아가 환상에 불과하다면 어떤 행동을 자유롭게 했는지에 대해 고민하지 않아도 된다. 물론 여전히 어떤 행동을 할지는 결정해야 한다.《도덕경》37장의 말처럼 우리의 욕망을 어떻게 해야 할지 고민할 수도 있다.

이름 없는 통나무로 욕심을 없애니

욕망이 없으면 고요해지고

천하는 저절로 제자리를 잡는다.

無名之樸 夫亦將無欲 不欲以靜 天下將自定
무 명 지 박　부 역 장 무 욕　불 욕 이 정　천 하 장 자 정

도가에서는 사회가 만든 수많은 도덕법칙과 인습 또는 질서 따위가 평화를 해친다고 본다. 이런 규칙은 혼란과 반발, 다툼을 초래하기 때문이다.《도덕경》18장에 적힌 구절이다.

큰 도가 쇠퇴하면 인의가 나타나고

지혜가 나타나면 큰 위선이 생겨난다.

大道廢 有仁義 智慧出 有大僞
대 도 폐 유 인 의 혜 지 출 유 대 위

인간이 자연과 그 법칙의 일부라면 아이러니하게도 도와 인간의
조화를 해치는 것은 바로 학문과 도덕이다. 우리는《도덕경》을 읽
으며 배우면 안 된다는 것을 배워야 한다. 우리는 애쓰지 않기 위해
애써야 한다. 인간이 성장하는 과정을 보자. 어린아이는 걷고 잡고
글씨를 쓰고 숫자를 셈하려 노력하다가 마침내 애쓰지 않고 손쉽
게 이루는 단계에 이른다. 도를 추구하려면 매일 조금씩 덜어내야
하며, 덜어내고 덜어내다 결국에는 아무것도 하지 않아야 한다는
뜻이다. 다시《도덕경》1장으로 돌아가자.

항상 욕망이 없는 자는 만물의 본질을 보고

항상 욕심이 있는 자는 드러난 것만을 본다.

이 두 가지는 근원을 함께하나 이름이 다르다.

이 근원을 신비함이라 한다.

故常無欲 以觀其妙 常有欲 以觀其徼
고 상 무 욕 이 관 기 묘 상 유 욕 이 관 기 요

此兩者同出而異名 同謂之玄
차 양 자 동 출 이 이 명 동 위 지 현

위 구절은 이렇게 이어진다.

신비하고 또 신비한 것이

모든 신비함이 드나드는 문이로다.

玄之又玄 衆妙之門
현 지 우 현 중 묘 지 문

노자는《도덕경》을 통해 인간이 어떻게 행동해야 하는지 알려주면서도 자신을 포함한 사람들에게 그렇게 행동하지 말라고 한다. 노자의 역설적인 생각을 피하는 방법은 간단하다. 노자는 존재하지 않으니 어떻게 말하든 상관없다고 주장하면 된다. 더 좋은 방법은 비트겐슈타인이 쓴《논리–철학 논고Tractatus Logico-Philosophicus》에 담긴 말을 진지하게 고민해 보는 것이다. 비트겐슈타인은 이 논고에서 말할 수 있는 명제와 말할 수 없는 명제를 구분해 언어가 사고에 미치는 한계를 설명하고 삶의 문제에 해답을 제시하려 했다. 다음은《논리–철학 논고》의 결론 부분에 실린 명제다.

6.521 인생의 문제에 대한 해답은 그 문제가 소멸할 때 인지된다.

처음에 등장한 현명한 노파는 삶의 의미가 무엇인지 말하는 데 아무런 관심이 없었다. 노자는 모순 없이 표현하고자 하는 바를 표현할 수 없었다. 명제는 이렇게 이어진다.

6.521 (⋯) 이것이 오랜 질문 끝에 삶의 의미를 분명히 깨달은 사람들이

삶의 의미를 말할 수 없었던 이유가 아닐까?

6.522   분명히 말로 표현할 수 없는 것들이 존재한다. 그것들은 자신을
        스스로 나타내 보인다. 그것들이 바로 신비적인 것이다.

2,000년 전에 쓰인 도가의 매혹적이면서도 수수께끼 같은 격언은, 의도했든 아니든 100년도 채 되지 않은 서양의 위대한 분석철학자의 사상에 영향을 미치고 있다.

노자처럼 생각하고 싶다면?

궁극적으로는 아무 말도 하지 않는 편이 가장 좋겠지만 그때까지는 '흐름에 따라' 도에 맞춰 흘러가 보자.

사포

사랑을 사랑으로 잊을 수 있을까?

◆

사랑의 에로스가 또다시 나를 마디마디 풀리게 뒤흔드네.
달콤쌉쏠하고 대책 없는, 그 휘감는 신이여.

사포

오늘날 대중은 레즈비언 사포는 잘 알지만 철학자 사포는 잘 모른다. 사포(기원전 630 추정~기원전 570 추정)에게 철학자의 자격이 있는지 없는지 논하기 전에 우선 그녀의 삶을 살펴보자. 사포는 에게해의 레스보스섬 출신이다. 이 섬을 방문하는 관광객들은 레즈비언이라는 단어를 가장 먼저 떠올리는데, 이곳의 주민들에게서 그 단어가 유래했기 때문인 듯하다. 하지만 레스보스섬은 2010년대 중동의 공포를 피해 탈출한 이주민들의 절박한 비극과도 연관이 있는 장소이기도 하다. 난민들이 유럽으로 가기 위해 꼭 들르는 유럽 최대의 난민 집결지이기 때문이다.

 사포의 생애에 대한 확실한 정보는 거의 없다. 결혼을 했거나 딸이 하나 있었을 수도 있다. 그렇지만 사포가 그리스·로마 시대의 가장 유명한 여성 시인이자 누구보다 먼저 시인이라는 찬사를 받았다는 데에는 이견의 여지가 없다. 노랫말로 쓰인 사포의 시는 서정적이다. 그런데 고대에는 사포가 레즈비언이라는 것보다 방탕하게 살았다는 소문이 더 주목받았던 듯하다. 이 때문에 시인 사포와 매춘부 사포, 두 명의 사포가 존재했다고 보는 이들도 있다. 두 가지 일을 함께하지 못할 이유는 없다고 보지만 말이다.

한 사람이든 두 사람이든 사포는 사랑에 관해 많은 글을 썼다. 그녀는 주로 에로틱한 사랑을 그리거나 젊은 여성을 사랑했는데, 여자만을 사랑하지는 않았다. 사포는 여인들과 애정을 나누면서 뱃사공 파온이라는 남자와 사랑에 빠졌다. 그녀의 마지막에 관해서는 레우카디아 절벽에서 몸을 던져 세상을 등졌다고 전한다.

~

어떤 이들은 사포를 레즈비언으로 부르는 것이 시대착오적이라고 말한다. 고대 그리스인들은 성적 관계의 도덕성을 평가할 때 상대방의 성별보다 누가 더 적극적이고 소극적인 파트너인지에 더 주목했기 때문이다. 그렇다고 사포를 지혜를 사랑하는 사람, 즉 철학자로 소개하지는 않는다. 그녀는 과연 철학자였을까?

사포는 치열한 논증을 담은 글을 쓰거나 연역적 논증을 펼치거나 노자처럼 현인다운 모습을 뽐내지 않았다. 위대한 철학자들은 대개 현실이나 인간 또는 우주에 관한 포괄적 이해를 제시하려 애썼는데 사포는 그런 노력을 하지는 않았다. 하지만 삶이나 우주 중 하나에 관해서만 철학적으로 사고해도 되지 않을까? 오늘날 철학자들은 언어, 마음, 감정, 심지어 춤에 이르기까지 한 분야에만 집중해 사유하니 말이다. 사포의 주된 관심사인 에로틱한 사랑은 훌륭한 철학적 사유의 대상이라고 할 수 있다.

그녀의 시나 노래 역시 충분히 적절한 철학적 사유 수단이다. 이 책에 사포를 설명한 여러 이유 중 하나는 폭넓은 주제를 다루는 시를 쓰지 않아도 시문학으로 철학적 사유를 할 수 있다는 것과 그 방법을 보여주고 싶었기 때문이다. 스스로를 철학자보다 시인이라 여기는 시인들도 충분히 철학적 사고를 드러낼 수 있다. 사포의 시에는 에로틱한 사랑에 관한 사색뿐만 아니라 시간에 따라 개인의 정체성을 성찰하는 모습이 드러난다.

다만 사포를 철학자로 보려면 한 가지 큰 걸림돌을 넘어야 한다. 안타깝게도 그녀의 시가 단편적인 조각으로만 남아 있기 때문이다. 찢어진 파피루스 조각에 적힌 이상한 단어가 전부인 경우도 있었고 후대 작가들의 저작에서 짧게 인용된 형태로 발견되기도 했다. 남은 작품이 거의 없다 보니 어떤 학자들은 사포가 실제로 존재했는지 확신할 수 없다고 말하며 사포의 작품을 후대에 만든 시적 구성으로 보기도 한다.

20세기 여성들의 글을 모은 어느 전집에서는 〈사포〉라는 장을 만들고는 내용을 비워두기도 했다. 또 다른 책에서는 사포와 그녀의 작품을 여러 장에 걸쳐 상세히 다루며 동성애를 평가하고 남성의 시각, 즉 남성적인 시풍과 남성 지배적 문화에 어떻게 도전했는지를 논했다. 이런 관점은 아리스토텔레스가 사포의 시에 찬사를 보내면서 "여성임에도 훌륭한 글을 썼다"라는 말을 덧붙였다는 점에서도 드러난다.

사포의 삶에는 철학적 의미가 있다고 본다. 그녀가 남성과 여성이 받는 대우와 이른바 정상적인 성적 관계에 관한 문화적 상대성을 집중적으로 조명하기 때문이다. 하지만 여기서는 사포의 글에 초점을 맞추겠다. 사포의 글에는 분명 철학적 영향력이 있다. 물론 우리가 사포의 사유에서 느끼는 매력의 어느 정도는 번역자의 이해에서 기인했을 수도 있다.

소크라테스와 플라톤은 번역을 거치지 않은 사포의 작품을 읽고 사포를 최고의 여성 시인으로 칭송하면서 "아름다운 사포, 10번째 뮤즈"라고 일컬었다. 뮤즈는 시나 음악, 학예를 주관하는 아홉 명의 여신이다. 사포의 문학적 재능을 신에 견준 것이다. 심지어 플라톤은 사포의 에로틱한 사랑을 묘사한 언어와 욕망에 관한 설명을 빌려 인간은 아름다움 그 자체를 알아보는 행위에 탐닉할 수 있다는 견해를 펼쳤다. 플라톤이 사포에게 보낸 찬사는 더욱 놀랍다. 플라톤은 평소 "시인들은 환생한 영혼의 위계 중에서도 낮은 곳에 자리한다"라고 말하며 시인을 멸시했기 때문이다.

사포가 남긴 조각에서 어떤 특별한 철학적 사고를 볼 수 있을까? 그녀가 남긴 말 중 사색에 불을 지피는 단어로 달콤쏩쏠함_{glukupikron} (그리스어로 γλυκύπικρον)이 있다. 〈조각시(130)〉 하나를 살펴보자.

사랑의 에로스가 또다시 나를 마디마디 풀리게 뒤흔드네.

달콤쏩쏠하고 대책 없는, 그 휘감는 신이여.

지극히 사적인 철학

달콤쓸쓸함은 열정적인 사랑을 품었을 때 마음속에서 한꺼번에 솟구치는 모순적인 감정을 하나로 지칭하는 표현이다. 사랑하는 사람에게 끌리는 감정은 달콤하지만 이질적인 욕망에 점령당하는 듯 무력하고 절박하게 느껴지기도 한다. 사포는 이렇게 노래했다.

당신을 욕망할 때 나의 일부가 사라지네.

어느 한순간의 달콤쓸쓸한 갈등은 시간이 지나며 생기는 사랑 갈등과 다르다. 사랑과 욕망은 지금은 달콤할지라도 나중에는 괴로움이 될 수 있다. 상실감과 질투, 관계에서 주도권을 쥐고 싶다는 욕망이 우리를 지배하기 때문이다. 연애가 얼마나 많은 기쁨을 가져다주는지는 상관없다. 시간이 지나면 그 관계에 발을 들인 것을 후회하거나 사랑하는 사람을 잃고 고통받을 수 있다는 것을 누구나 안다. 사랑은 우리를 위험에 노출시킨다. 그러나 사포의 달콤쓸쓸함은 합리성이 최고의 가치라는 사상과는 반대로 사람이 사람답게 사는 데 에로스적 사랑의 모순되는 감정이 얼마나 중요한지 보여준다. 이것이야말로 진정한 인간다움이 아닐까?

사포의 언어는 우리의 모든 감각을 훑으며 사랑의 광기를 드러낸다. 그녀는 〈조각시(31)〉에서 신과 동등해 보이는 남자가 그와는 정반대로 상냥하게 말하며 환하게 웃는 소녀에게 매료된 이야기를 노래한다. 사포가 소녀에게 말하는 듯한 이 시는 화자가 소녀의 어떤 모습에 가슴이 설렜는지 묘사한다.

> 내 가슴 속 심장이 두근대네.
> 그대를 잠시 바라본 것만으로도
> 나는 아무 말을 할 수가 없네.

> 마치 혀가 부러진 듯하더니
> 부드러운 불길이 내 피부 위로 흘러내리네.
> 두 눈에는 아무것도 보이지 않고
> 귓가에는 윙윙대는 소리만이 들리네.

주석자들은 여러 추측을 내세운다. 사포가 남성을 질투한 건 아닐까? 소녀를 향한 자신의 사랑이 그 어떤 남성, 심지어 신에 가까운 남성에 대한 관심보다 훨씬 크다고 말하고 싶었던 걸까? 이런 질문들을 차치하더라도 사포의 언어는 에로스적 사랑이 우리 감각에 미치는 폭넓은 영향을 전면에 내세운다. 우리가 무엇을 보고 듣는지, 무엇이 우리의 살결을 간질이는지, 무엇이 우리의 말문을 막는지 노래한다. 시는 이렇게 이어진다.

> 식은땀이 흐르고
> 떨림이 나를 붙잡아 온통 장악하네.

지극히 사적인 철학

나는 풀보다 더 창백하고

거의 죽은 듯 보이네.

공포와 절망은 인간이라면 누구나 느끼는 감정이다. 그렇기에 우리는 사포가 절벽에서 몸을 던진 이유를 이해할 수 있다. 이런 광란은 삶에 인간이 합리적인 동물이라는 판단이 늘 적용되는 것은 아니라는 사실을 명확히 보여준다. 언제나 이성이 앞선다면, 예외 없이 승리를 거둔다면 인생에서 가치 있는 많은 것을 잃지 않을까?

다음으로 에로스적 욕망은 역사 속 수많은 추문을 통해 그런 욕구가 우리 삶을 어떻게 지배했는지 잘 보여준다. 일례로 아르투어 쇼펜하우어 Arthur Schopenhauer 는 이렇게 말했다.

에로스적 욕망은 정치가의 협상과 학자들의 연구에 아무런 망설임 없이 끼어든다. (그런 욕구는) 장관의 지위와 철학 원고에 연애편지와 반지를 끼워 넣는 방법을 알고 있다.

사포는 우리가 종종 그런 욕구에 흔들리는 모습과 그런 욕망을 가치 없다고 치부해서는 안 된다는 것, 그런 감정을 북돋는 방법을 생생히 보여준다. 그런데 사포의 시를 읽다 보면 무엇이 에로스적 욕망의 대상인지에 대해 철학적 궁금증이 생긴다.

사포는 소녀가 자신에게 어떤 영향을 미쳤는지 말한다. 소녀의 달콤한 웃음소리를 들었고, 그 미소를 아꼈으며 이외에도 여러 가지를 좋아했을 것이다. 과연 사포는 그런 모습의 소녀라면 모두 마음에 들어 했을까? 샤블리 와인을 한잔하고 싶다면, 같은 병에 담긴 술을 따른 잔이라면 어느 잔을 들든 상관없을 것이다. 하지만 누군가를 향한 에로스적 사랑은 오직 그 사람만을 겨냥한다. 에로스적 욕망의 대상은 불분명하지만 특정 개인과 연관된다. 상대를 소유하고 싶고 상대에게 소유되고 싶은 마음에 어떤 의미가 있는지에 관한 질문들도 있는데, 이는 뒤에서 장 폴 사르트르_{Jean Paul Sartre}와 함께 이야기하겠다.

지금까지 사랑이 우리를 어떻게 위험에 빠뜨리는지 살펴봤다. 위험은 타인과 타인의 욕망 변화에 따라 내가 좌지우지될 수 있다는 데서 비롯한다. 사포는 〈조각시(94)〉에서 상실감을 겪는 여인의 심정을 그녀의 입을 빌려 표현한다.

"거짓으로 하는 말이 아니라,
　정말 차라리 죽고 싶어요."

사포는 뒤이어 상황을 묘사한다.

눈물짓는 나를 떠나는 그녀는

몇 번이고 내게 말했다.

"사포, 마음이 너무 아파요.

우리에게 너무나 끔찍한 일이 일어났어요.

이렇게 떠나는 건 맹세코 제가 선택한 일이 아니에요."

사포는 이렇게 답했다.

"가서 행복해야 해.

그리고 날 기억해 줘."

그러고는 두 사람이 나눈 온갖 좋은 것들을 상기시킨다.

"내 곁에는,

제비꽃과 장미로 만든 수많은 화관이 있고

네 가녀린 목에 두른 꽃들로 엮은

수많은 갈런드가 있어."

이를 보면 우리가 아무리 사랑의 상실 가능성과 약점을 안다고
해도 사랑은 여전히 자발적인 헌신으로 이어지는 듯하다. 비극적인
사랑을 그린 영국 소설가 토머스 하디Thomas Hardy의 작품《비운의 주

드_Jude the Obscur_》에는 이런 말이 나온다.

그리하여 두 사람은 죽음이 그들을 갈라놓기 전까지 앞으로 살아가는 모든 순간에 걸쳐 지난 수 주간 믿고 느끼고 바랐던 그대로 믿고 느끼고 바라겠노라 했다. 그 자체로도 굉장한 언약이었지만 더 놀라운 것은 아무도 그들이 맹세한 것에 대해 놀라지 않았다는 사실이다.

실로 굉장한 언약이 아닐까? 사람들은 사랑에 도사린 위험을 알면서도 어떤 상황에서도 끊임없이 서로를 사랑하겠노라 일부러 약속한다. 자신과 타인을 미래, 그것도 불투명하고 먼 미래에 투영하는 셈이다.

사포는 나이 듦에 관해서도 노래한다. 우리는 결국 젊음은 물론 매끈한 피부와 머릿결을 잃는다는 사실을 잘 안다. 나이가 들어 거울을 보면 주름이 드러난다. 기억은 흐려지며 무릎에서도 지친 기색이 올라온다. 사포의 어떤 조각시에는 나이 듦의 필연성과 죽음에 관한 사색이 담겨 있다. 고전학자이자 시인인 앤 카슨_Anne Carson_은 사포의 노래를 이렇게 번역했다.

한때 부드러웠던 내 살결은 이제 나이가 앗아갔고
검은 머리칼은 하얗게 변하네.
내 심장은 무겁게 짓눌리고, 무릎은 올라가지를 않네.

지극히 사적인 철학

한때는 판(그리스·로마 신화에 등장하는 반은 인간이고 반은 염소인 생명체)처럼 춤출 만큼 가벼웠건만.

사포는 늙음에 따른 곤경과 상실감을 한탄하면서도 인간의 삶과 자연의 변화 사이에 어떤 관계가 있는지 폭넓게 반추한다. 뒤이어 등장한 소크라테스 이전의 철학자들도 이런 문제에 흥미를 보였다. 기원전 5세기경에 활동한 것으로 추정되는 파르메니데스Parmenides는 실제로는 아무것도 변하지 않는다고 했고, 기원전 6세기 말의 철학자 헤라클레이토스Heracleitos는 반대로 모든 것은 유동적이라고 주장했다.

사포는 우리를 죽음과도 마주 앉힌다. 그녀는 〈조각시(55)〉에서 이렇게 썼다.

죽을 때면 당신은 그 자리에 누울 테고,
당신에 관한 기억은 아무것도 남지 않을 겁니다.
미래에는 당신을 향한 욕망도 없을 테지요.
당신의 몫이 될 피에리아의 장미는 없으니까요.

유명한 시인의 작품이라도 불멸하지 못할 수 있다. 하지만 사포는 〈조각시(147)〉에서 "미래에 누군가가 우리를 기억할 것"이라고도 했다. 그렇다면 기억될 만한 내 자아는 무엇으로 이뤄질까? 평론가들은 사포의 시에서 훨씬 많은 의미를 끌어냈다. 어떤 이들은 사포가 경계의 상실에 주목했다는 점을 강조한다. 예컨대 사포는 늙음과 죽음을 통해 여성의 아름다움이 향기와 꽃, 노래로 둘러싸인 자연 환경에서 재발견될 수 있다고 시사한다. 노지의《도덕경》에서 본 것과 마찬가지로, 고대의 작품에서도 자연의 일부인 인간에 대한 현대인의 열정이 존재한다는 사실을 알 수 있다.

～

성별 때문인지 레즈비언이기 때문인지, 관음증이 더해진 에로티시즘 때문인지는 몰라도 사람들은 지난 수 세기 동안 사포에게 끊임없이 관심을 보였다. 에로스적 사랑을 향한 사포의 찬미는 왜 주목을 받았을까? 페미니스트와 젠더플루이드 운동의 영향도 있다. 사포의 사상은 성적 고정관념의 경계를 무너뜨리는 것처럼 보이니 말이다. 사포가 불가사의한 인물로 비쳤기 때문이기도 할 것이다. 철학적으로 생각할 때 명확한 경계선을 찾고 나누려 하는 우리의 합리성이 일으키는 문제가 다시 드러난 셈이다. 실제로 사포와 그녀의 작품이 가진 수수께끼가 젠더 문제로 이어진다는 해석도 있다. 매춘부들이 주로 남성 고객에게 그런 수수께끼를 던지기 때문이다.

어쩌면 사포의 시 대부분은 신과 초월적 존재에 대한 주문이었을지도 모른다. 우리가 오르가슴의 쾌락을 느낄 때를 생각해 보자. 이 세상 밖으로 밀려 나가는 것처럼 '오, 신이시여'를 외치며 울부짖는 경우가 있지 않나? 여기서 '이 세상 밖'이라는 생각은 플라톤과 관련된다. 신기하게도 플라톤은 에로틱한 흥분에 관한 사포의 달뜬 묘사를 취해 실재, 아름다움, 진리에 대한 철학적 이해에서 진전을 보이는 사람들을 표현하는 데 썼다. 플라톤에게 사포의 작품은 철학적이었을 뿐만 아니라 오르막길 같은 철학을 제대로 이해하기 위한 자극제이기도 했던 셈이다.

사포처럼 생각하고 싶다면?

에로틱하고 비합리적인 사랑의 뮤즈를 받아들이자.

엘레아의 제논

일이 내 생각대로 흘러가지 않는 이유

만물은 하나다.

파르메니데스

철학자들은 사고실험을 한다. 안락의자에 앉아 완벽하게 가능한 시나리오를 구상하고, 그럴듯한 추론으로 터무니없고 상식에 반하는 결론을 도출한다. 고대 그리스 엘레아의 제논(기원전 490경~기원전 430경)은 안락의자의 주인이 아니었을지 몰라도 몇 가지 사고실험의 창시자이자 대가였다. 제논이 고안한 너무나 충격적인 사고실험은 제논의 역설이라는 이름으로 널리 알려졌으며 수많은 연구의 대상이 됐다.

예컨대 제논은 아킬레우스와 거북이의 경주를 논했다. 아킬레우스는 고대 아테네에서 가장 빠른 인물이었다. 거북이는 느리지만 멈추지 않고 결승선으로 나아갈 수 있는 평범한 동물이다. 편의상 거북이를 거북 씨로 부르겠다. 아테네의 신사 아킬레우스는 거북 씨에게 한참이나 유리한 출발선을 내준다. 거북 씨가 아킬레우스보다 100피트 앞에서 출발하고 아킬레우스가 거북 씨보다 10배 빠르게 뛴다고 가정해 보자. 여기까지는 아무런 모순이 없다. 이때 제논의 추론이 등장해 단순하지만 놀라운 결론을 보여준다.

아킬레우스가 이기려면 거북 씨를 추월해야 하고, 거북 씨를 추월하려면 거북 씨의 현재 위치에 도달해야 한다. 그러니 먼저 100피트 앞에 있는 거북 씨의 출발점까지 가야 한다. 아킬레우스가 100피트 지점에 도착했을 때 거북 씨는 그곳에서 10피트 앞에 나가 있다. 아킬레우스는 이 새로운 위치까지 가야 하는데, 도착하면 거북 씨는 그곳에서 1피트 더 나가 있다. 아킬레우스가 이 위치에 다다르면 거북 씨는 0.1피트 앞에 있다. 경주는 이후로도 같은 식으로 마치 끝나지 않을 듯 계속된다. 언제나 거북 씨가 앞서고 아킬레우스에게는 더 달려야 할 거리가 남아 있다.

우스갯소리로 말하자면 억압받는 자들을 위한 철학인 셈이다. 거북 씨는 행복하다. 아킬레우스가 거북 씨를 추월하기는커녕 따라잡지도 못하니 말이다. 아킬레우스와 거북 씨 사이의 거리는 0.1피트, 0.01피트, 0.001피트로 점점 줄어들지만 결코 0이 되어 사라지지는 않는다. 제논은 이 사고실험으로 공간 세계를 나누는 우리의 상식과 믿음에 개념상의 혼동이 있다는 것을 보여줬다. 세상은 움직이고 있을까? 아니면 그렇게 보이는 것일 뿐일까? 이때부터 여러 철학자가 이 혼선을 극복하려 했다. 잠시 제논의 사고가 어떤 맥락을 바탕으로 탄생했는지 살펴보자.

～

제논은 지금의 이탈리아 남부 지역이자 당시 그리스어권에 속한 도시였던 엘레아에서 생애 대부분을 보냈다. 물론 아테네에도 방문했을 것이고, 그때 소크라테스가 제논의 강연을 소크라테스가 들었을 수도 있다. 플라톤과 아리스토텔레스는 확실히 제논의 역설을 다루려 했다. 여기서 잠깐 제논의 역설 속 중요성을 알아보고 후대에 전할 가치가 있다고 판단한 아리스토텔레스에게 감사의 인사를 전한다.

제논의 역설을 이해하려면 우선 기원전 515년경 엘레아에서 태어난 파르메니데스Parmenides를 살펴봐야 한다. 파르메니데스는 서양 철학에 큰 영향을 준 철학자로 손꼽히며 엘레아학파의 창시자로 알려져 있다. 간단히 설명하면 이들은 세상은 우리 눈에만 그렇게 보일 뿐 실상은 고정돼 있다고 주장했다. 제논이 엘레아학파의 일원으로 알려진 것은 비단 파르메니데스와 같은 지역에 살았기 때문만은 아니다.

파르메니데스의 사상에 관해 남아 있는 자료는 위대한 형이상학 시 〈진리의 길The Way of Truth〉의 일부뿐이다. 이 시의 수수께끼 같은 서두는 철학자이자 시인인 화자가 낮과 밤의 영역을 벗어나 어느 여신의 환영을 받는 신비로운 여정으로 시작한다. 여기서 철학자는 여신에게 모든 것, 즉 균형 잡힌 진리의 마음과 진정한 신뢰가 깃들 수 없는 필멸자의 의견을 배워야 한다. 여행의 신비로운 분위기와 별개로 여신은 이성에 따라 진리를 밝히고자 한다. 진리는 일상적인 생각과 근본적으로 다르다. 여신은 이렇게 말한다.

오라, 그리하면 네게 생각할 수 있는 유일한 물음의 방법을 알려주겠노라.

일자一者. 즉 존재하는 것이자 부재할 수 없는 것, 그것이 설득의 길이다 (진리를 모시는 여신이기에 그러하다).

타자他者. 즉 부재한 것이자 반드시 부재해야 하는 것, 나는 이를 결코 헤아릴 수 없는 길이라 하겠다. 무엇이 부재한지(이뤄질 수 없는지) 알 수도 밝혀낼 수도 없기에 그러하다.

〈진리의 길〉은 우리가 무엇을 탐구하든 '그것은 존재하거나 부재한다'는 간단한 가정을 바탕으로 한다. 이 두 가지 외에는 선택지가 없다. 사실 부재한다는 선택지는 무시해도 된다. 어차피 그것이 부재한다면 탐구할 대상이 없기 때문이다. 따라서 진리의 길은 존재하는 것만을 다룬다.

그런데 사람들은 이 간단한 원리를 모르고 살아간다. 여신의 말에 의하면 우리가 초점 없는 눈으로 바라보고 잡음 가득한 소리를 듣기 때문이다. 우리가 오직 존재하는 것만 논할 수 있다는 것을 분명히 깨닫는다면 이성은 존재하는 것이란 없어지지도 않고 생기지도 않으며, 변하지 않고 완벽하다(전면적으로도 분명 그러하다)는 것을 보여준다. 만약 깨닫지 못하면 다른 시간과 다른 공간에 부재하는 것을 논해야만 하는데, 그러면 우리는 결코 헤아릴 수 없는 길 위에 놓인다.

파르메니데스는 현실이 한 가지 근원적 사물 또는 한 가지 근원적 종류의 사물로 구성된다는 일원론을 제시한다. 파르메니데스의 일원론은 극단적이다. 하나의 실재는 분화되지 않은 하나의 영원한 전체라고 하기 때문이다. 여기서 영원한 도에 관한 노자의 수수께끼 같은 주장이 떠오른다. 제논의 역설도 떠오른다. 제논의 역설 자체가 파르메니데스의 실재에 관한 관점을 옹호하기 위한 개념, 적어도 우리가 일상적인 방식으로 현실을 논한다면 모순에 부딪힌다는 점을 보여주기 위한 개념이라고 알려졌기 때문이다.

철학에서 역설은 자주 등장한다. 그렇다면 역설이란 정확히 무엇일까? 역설_{Paradox}이라는 단어는 '넘어선'이라는 뜻을 가진 그리스어 'para'와 '견해'라는 뜻의 'doxa'에서 유래했다. 종합하면 '일반적 견해를 넘어서다'라는 뜻이다. 물론 이 말로 철학적 역설의 본질을 모두 담아내지는 못한다. 영국이나 미국처럼 부유한 국가에 노숙자와 굶주린 시민이 너무 많다는 사실을 믿지 못하는 이들도 있기 때문이다. 일례로 1616년 존 불로커_{John Bullokar}는 지구는 둥글게 움직이고 하늘은 가만히 서 있다는 역설을 제시했다.

제논의 아킬레우스와 거북이 역설에서도 살펴봤듯 역설은 명백히 사실로 보이는 것에서 시작하지만 몇 가지 간단한 추론을 거친 뒤 명백한 거짓으로 끝난다. 고대 그리스에 전해지는 또 다른 유명한 철학적 역설이 있다. 기원전 6세기 크레타에 살았던 에피메니데스_{Epimenides}의 역설이다. 어떤 진술이 참이거나 거짓이라는 문장을 보자. 합리적으로 보이지만 이를 받아들인다면 곧 거짓말쟁이의 역설에 부딪히고 만다.

'나는 지금 거짓말을 하고 있다.' 만약 이 문장이 참이라면? 곧 거짓이 된다. 만약 거짓이라면? 곧 참이 된다. 거짓말쟁이의 역설에는 정리가 필요하다. 이떤 주장은 참도 거짓도 아닐 수 있기 때문이다. 여기에 표명한 명제는 참이 아니라고 정리한들 역설은 여전히 해결되지 않고 남아 문제를 일으킨다. 다시 제논으로 돌아가 보자.

제논은 아킬레우스와 거북이 역설에서 생생하고 기억에 남는 장면을 보여주며 우리 사고에서 잘 드러나지 않는 혼란을 조명한다. 제논이 다른 역설에서 그랬던 것처럼, 우리는 거북이라는 생물의 생동감과 재미를 벗겨내고 오직 물리적 움직임에만 집중해 볼 수도 있다.

자전거를 타고 샌프란시스코의 금문교를 건넌다고 하자. 반대편 끝에 도착하려면 우선 다리의 절반까지 가야 하고, 그다음에는 나머지 절반을 건너가야 한다. 그러려면 나머지 절반의 절반을 건너야 하고 그 절반의 절반을 건너야 한다. 계속해서 2분의 1, 4분의 1, 8분의 1, 16분의 1 같은 식으로 끝없이 이어진다. 아무리 열심히 페달을 밟아도 절대 다리의 반대편 끝에 이를 수 없다. 언제나 나머지 절반의 거리가 남기 때문이다.

제논은 이런 일이 현실에서는 아예 일어날 수 없다고 믿었다. 일정 거리를 달리거나 자전거를 타는 것 외에 다른 예시도 있다. 우리가 방 반대편의 창문까지 가려면 우선 방의 절반을 가로질러야 한다. 그런데 절반까지 가려면 우선 4분의 1까지 가야 하고, 또 절반까지 가려면 8분의 1까지 가야 하며 이후로도 마찬가지다. 이때 우리는 우리가 가야 할 첫 번째 거리가 어떤 것인지 말할 수 없다. 어떤 거리든 이전에 먼저 가로질러야 할 절반의 거리가 남아 있기 때문이다. 물론 꼭 절반으로 나눠야 할 필요는 없다. 영국의 철학자 러셀은 철학의 요지를 '말할 가치도 없는 단순한 무언가에서 시작해 너무나 역설적이어서 아무도 믿지 않을 무언가로 끝나는 것'이라고 말했다. 이게 정말 철학의 요지인지는 의심의 여지가 있지만, 수많은 철학의 결론으로 미뤄 볼 때, 철학자가 아닌 사람들은 충분히 그렇게 생각할 수 있다.

비슷한 역설의 수수께끼는 우리가 움직임이 없는 시간과 공간에 계속 존재한다는 점에서도 발생한다. 당신이 앞으로 한 시간 동안 존재하려면 우선 반 시간 동안 존재해야 하고, 그 전에 반의반 시간 동안 존재해야 하며 또 반의반의 반 시간 동안 존재해야 한다. 이번에도 끝이 없다. 연속되는 모든 객체를 같은 방식으로 생각할 수 있다. 이 책의 두께는 수 인치에 달한다. 그 두께는 계속해서 더 작아지는 수많은 두께로 이루어져 있다. 왼쪽에서 오른쪽으로 본다면 우선 두께의 절반이 있고, 그다음에는 4분의 1이, 또 8분의 1이 있고 같은 식으로 계속된다.

제논의 역설이 생기는 이유는 뭘까? 어떤 거리를 두고 생각할 때 생각 속에서는 그 거리를 더 짧은 거리로 끝없이 나누고 나눌 수 있는 것처럼 보이기 때문이다. 가로질러야 할 거리는 점점 더 짧아지지만 아무리 짧아져도 우리 앞에는 일정 거리가 남아 있다. 일정 거리를 나누고 나눈다고 무無의 거리가 생기지는 않는다. 제논은 현실은 불가분의 일체가 분명하다(현실은 나눌 수 없는 통일체여야 한다)는 파르메니데스의 주장을 지지했다. 그런데도 피타고라스Pythagoras와 그의 수학적 개념을 현실에 적용한 이론에 도전장을 내민 사상가였다.

제논의 사상이 정확히 무엇이었든 그는 우리를 당황하게 만드는 자신만의 방식으로 한 가지 근본적인 문제를 다룬다. 만약 우리가 환상에 빠져 있다면? 다시 말해 우리가 거짓의 길에 있다면? 그리하여 우리 주변의 세상을 나누거나 움직일 수 있다고 생각해 보면 제논의 역설 강의를 듣는 우리는 찾아오고 떠나고 나뉘고 변화하는 경험과 생각, 소리와 말의 연속을 어떻게 이해해야 할까? 그 변화도 환상일까? 우리가 변화하는 환상 속에 있다는 것도 환상일까? 그 환상은 실제로는 변화하지 않는 환상일까? 이런 질문들은 많은 철학적 논의에서 좋은 한 수로 쓰인다. 철학적 입장이 어떻게 작용하는지 묻는 데 유용하기 때문이다.

앞서 거짓말쟁이의 역설을 통해 자기 참조라는 특성을 살펴봤다. '이 명제는 참이 아니다'라는 명제는 자신을 스스로 뒤집어 개념상 혼란을 일으킨다. 물론 제논은 여기서 특유의 오만함으로 현실은 대부분 사람이 생각하는 것과 다르다고 결론 내린다. 운동, 분할,

지극히 사적인 철학

변화 따위는 환상에 불과하다. 하지만 철학적 사고를 하는 철학자들은 제논의 주장에 이끌리더라도 상식적으로 현실에 대한 우리의 이해가 근본적으로 잘못됐다기보다 제논의 논증에 오류가 있었으리라고 겸손하게 결론 내릴 것이다.

제논의 역설 문제의 원인으로 수학적 무지를 지적하고 싶은 충동이 들 수 있다. 수학자와 수학적 성향의 철학자들은 무한하거나 끝없는 산술급수가 어느 한계에 수렴하는 방식에 관해 즐겁게 이야기를 나누곤 한다. 예를 들면 2분의 1 더하기 4분의 1 더하기 8분의 1 같은 식으로 이어지는 급수의 값은 1에 수렴한다. 우리는 이에 대해 '무한급수를 따라가는 식으로 끝에 도달할 수 있나요? 도달할 수 있다면 어떻게 도달할 수 있죠?'라고 물을 수 있다. 수렴이 도달을 뜻하지는 않기 때문이다.

～

철학적 사고는 우리에게 있는 그대로의 현실을 보여주고, 우리가 모든 것을 잘못 이해하고 있다는 것을 깨닫게 해주겠다는 결의를 다진다. 제논과 마찬가지로 말이다. 어떤 철학적 사고는 무한이라는 개념을 제대로 이해할 때 역설 없이 물리적 세계에 적용할 수 있다며 이를 입증하는 식으로 체면을 차린다. 또 다른 철학적 사고에서는 한쪽에서 문제없이 적용되는 개념이라면 여기에서도 문제없이 적용된다는 가정에 의구심을 가진다.

체스 게임을 떠올려 보자. 체스판 위에서는 일부만 움직일 수 없다. 2분의 1 또는 4분의 1만 나아갈 자리가 없기 때문이다. 한 체스 말이 움직이니 다른 체스 말도 일부 움직여야 한다는 주장은 체스 말의 움직임을 본질적으로 잘못 이해한 것이다. 체스 말의 움직임을 반으로 나눌 수 있는 빵 덩어리로 취급하는 꼴이다. 사실 체스 게임은 말을 전혀 움직이지 않고도 가능하다. 아무 사각형 판에 아무 기물을 나열해서 할 수 있기 때문이다. 실제 체스 게임에서 가능하거나 불가능한 움직임은 빵이나 나무 조각을 기물로 둔 세계의 움직임에 영향을 미치지 않는다.

이에 대해 제논은 어쩌면 '수학적 나눗셈을 체스에 적용할 수 없는 것과 달리 물리적 움직임에 적절하게 적용하면 유용한 결과를 얻을 수 있다. 하지만 정말 그럴까? 기차 시간표에 보통 도착 시간을 적지 않은 것처럼 우리는 여전히 역설을 겪는다'고 지적하며 반박할 수 있다. 이 반박의 핵심은 '적절하게'에 달려 있다.

예컨대 현대인은 컴퓨터 시뮬레이션으로 비를 비롯한 날씨 변화를 정확하고 적절히 모형화할 수 있다. 그런데 이때 시뮬레이션을 진행하는 컴퓨터를 건조한 상태로 유지한다면 이것이 곧 날씨가 건조하다는 뜻일까? 평행선들이 무한대에서 만난다는 수학자들의 담론은 우주 어딘가에 평행선이 만나는 지점이 있다는 것을 증명하지 않는다. 마찬가지로 추상적인 무한한 달리기 거리를 합산하면

지극히 사적인 철학

가야 할 거리가 점점 줄어든다고 할 수 있다. 하지만 이것이 현실 세계에서 굽 있는 부츠를 신은 아킬레우스가 몇 피트보다도 짧은 거리를 달리기할 수 있는지를 증명하지는 않는다.

제논의 역설과 파르메니데스의 〈진리의 길〉이 추구한 도전은 오늘날까지 훌륭하고 진지한 철학적 사고의 사례로 남아 있다. 이들의 철학적 사고는 우리가 일생에서 다루고 겪어야 하는 도전 정신을 자극한다는 점에서 아주 흥미진진하다.

제논처럼 생각하고 싶다면?

언제나 현실에 대한 상식적인 이해에 반기를 들 준비를 하고 역설을 받아들이자.

소크라테스

'내가 좀 안다'고 말하는 사람들에게

반성하지 않는 삶은 살 가치가 없다.

소크라테스

전통 서양철학을 배우는 학생이라면 첫 강의에서 소크라테스(기원전 470 추정~기원전 399)와 소크라테스 변증법으로 알려진 대화법을 접할 것이다. 철학적 사고란 토론을 통해 질문을 주고받고 탐구하고 제안하고 반박하는 행위다. 즉 다른 사람과 대화하며 지식이나 용기, 정의 또는 진리의 본질에 관한 진리를 찾아 헤매는 과정이다.

소크라테스는 아테네의 위대하고 선한 자들에게 의문을 제기하면서 쇠파리, 등에, 말파리 등 찬사 어린 별명을 얻고 사형을 선고받았다. 아테네 법정의 배심원단 앞에 선 그는 이렇게 말했다.

나를 죽인다면 나 같은 사람을 또 찾기는 쉽지 않을 것이오. 우스꽝스럽게 표현해 볼까! 훌륭하고 좋은 혈통이지만 몸집이 너무 커서 누군가 일깨워 줘야만 움직이는 준마 같은 이 나라에 신께서 붙여놓으신 쇠파리 같은 사람 말이오.

소크라테스는 젊은이들을 타락시키고 거짓 신을 숭배한다는 죄목으로 사형당했다. 하지만 실상은 제 방식대로 질문을 던지는 그의 경박함 때문이었다.

내가 바로 신께서 내려주신 그 쇠파리라 종일 온갖 곳에 달라붙어 당신들을 일깨우고 설득하고 꾸짖는 게요.

소크라테스는 매우 중요하고 영향력 있는 철학적 인물이지만 주류는 아니다. 그는 철학의 선구자라 할 수 있다. 그리스어로 철학이라는 단어를 만든 이는 소크라테스의 추종자였던 플라톤이다. 예수와 비슷한 경우라고 할 수 있다. 예수는 기독교인이 아니었지만 그의 삶과 가르침이 기독교를 일으켰으니 말이다.

~

소크라테스는 글을 남기지 않았다. 하지만 위대한 철학자인 플라톤이 소크라테스의 철학 사상을 찬란한 표현으로 기록해 준 덕분에 톡톡히 빛을 봤다. 플라톤의 초기 저술에 등장하는 소크라테스의 목소리는 중기와 후기 《대화편Platonic Dialogues》의 어느 순간에 플라톤의 목소리로 변한다. 사실상 소크라테스는 플라톤의 모든 저작에서 아테네인과 대화를 나누는 모습으로 등장하는데 이 아테네인들은 정치인, 부자, 잘난 척쟁이들까지 이른바 '내가 좀 안다'며 으스대는 인물들이다.

소크라테스는 대화를 통해 상대방을 쇠파리처럼 쏘아대며 그들이 안다고 주장하는 것을 깊이 통찰해 보도록 이끈다. 《대화편》의

제목은 늘 '아는' 아테네인들의 이름에서 가져왔는데, 예컨대 곧 살펴볼 《대화편》〈메논Meno〉에는 메논의 이야기가 등장한다. 소크라테스는 단순한 변론가가 아닌 상대방을 감전시키는 전기가오리나 모호한 신념의 심장을 찌르는 독뱀, 모순을 밝혀 상대를 마비시키는 노랑가오리로 그려지기도 한다. 대화는 대개 소크라테스가 상대방이 안다고 생각한 것을 그렇지 않다고 밝히는 식으로 끝난다.

쇠파리라는 이미지는 철학적 사고의 핵심 요소, 즉 도전하고 질문하고 자유롭게 발언하는 모습을 연상시킨다. 자극적이기 때문인지 토론의 개방성은 늘 공격의 대상이 된다. 심지어 오늘날의 자유민주주의 사회에서도 발언자가 발언대를 빼앗기거나 언행 하나로 조리돌림 당하는 경우가 많다. 심지어 자신의 말이 증오 발언으로 오해받을까 두려워 입을 다무는 사태가 나타나기까지 한다.

플라톤의 말에 따르면 우리의 쇠파리 소크라테스는 자신이 행하는 일이 산파의 일과 비슷하다고 봤다. 잠재적 지식이 명확하고, 정직한 사고를 통해 사람들이 세상의 빛을 볼 수 있도록 돕기 때문이다. 산파라는 비유는 매우 강력하고 적절하다. 철학자들은 주로 경험 연구보다는 추론을 통해 철학을 한다. 경험 연구는 폭발 위험을 감수해야 하는 화학 실험실의 과학적 실험일 수 있다. 손이 흙으로 더러워지는 건 예사요, 팔다리가 부러질 수도 있는 고고학적 발굴일 수도 있다. 유럽입자물리연구소의 어마어마하게 비싼 입자가속기가 필요한 연구일 수도 있다.

그런데 철학적 사유는 타인과 한두 잔의 와인을 곁들이며 대화를 나눌 때 이뤄진다. 물론 이는 이상적인 상황이긴 하다. 다만 이때도 누군가가 소리 높여 주장하는 바를 상대방이 듣지 않겠다고 나서면 싸움이 일어난다. 게다가 일상과 편안함, 이른바 지식을 뒤흔들 위험이 거의 확실하게 따른다. 그렇지만 놀랍게도 철학적 사고는 경험적 연구 없이도 세상과 그 안에 사는 우리 삶에 대해 많은 것을 보여준다. 우리의 개념이 언어를 통해 어떻게 발전했는지, 언어가 세상에 관한 많은 옳고 그른 경험적 정보를 어떻게 구현하는지 말이다. 이것이 바로 철학의 특징이자 매력이다.

물론 철학자들의 가치와 추론에 의구심을 품는 이들도 있다. 고대 그리스의 극작가 아리스토파네스Aristophanes 는 소크라테스를 구름 속에 머리를 박은 현실과 동떨어진 존재로 표현했다. 하지만 이 묘사는 부당하다. 일례로 소크라테스는 정치인이자 군인인 메논에게 질문하며 지식과 참된 신념을 상기하라고 했다. 지식과 참된 신념이 다를까? 다르다면 어떻게 다를까? 메논에게 생각의 문을 열어준 소크라테스는 그리스신화 속 뛰어난 조각가 다이달로스가 만든 섬세한 조각상들에 관해 이야기한다. 신화에 따르면 이 조각상들은 실물과 너무 비슷해 꽁꽁 묶어놔야만 했다고 한다.

묶여 있지 않은 다이달로스의 조각상 하나를 사는 일에는 그다지 가치가 없소. 도망치는 노예와 마찬가지로 빠져나가고 말지. 하지만 그 조각상들은 무척 아름다우니 묶여 있다면 아주 큰 가치가 있다네!

메논이 당황한 기색을 보이자 소크라테스가 설명했다.

참된 믿음은 제자리에 머물러 있는 한 아름답고 온갖 좋은 일을 하지만 오래 머무르지는 않소. 곧 인간의 마음 밖으로 달아나지. 그러니 추론을 통해 묶어두지 않는 한 그다지 가치가 없소.

이 대화를 통해 메논은 지식을 얻으려면 일반적으로 우리가 믿는 것에 대한 일종의 정당성, 즉 증거 또는 이유가 필요하다는 사실을 깨달았다. 정당성이 없다면 진리를 소유하더라도 세 치 혀에 현혹돼 잘못된 길로 가거나 다른 것을 믿게 만드는 소셜미디어의 폭격에 노출될 수 있다. 물론 세뇌를 당하면 자신도 모르게 잘못된 믿음에 얽매일 수 있으니 우리가 믿는 것에 대한 반증에 눈을 감을 정도로 강하게 묶여서는 안 될 것이다.

쇠파리의 톡 쏘는 버릇 탓에 소크라테스의 반대자들은 메논처럼 종종 혼란과 모순에 빠졌다. 이윽고 소크라테스는 아테네에서 가장 현명한 사람으로 알려진다. 왜 자신을 가장 현명한 사람이라고 부르는지 궁금해하던 소크라테스는 곧 자신이 모른다는 사실을 알았기 때문에 가장 현명한 사람이 됐다는 것을 깨달았다. 나는 여기서 소크라테스가 '단편적인 지식과는 별개로'라는 단서를 덧붙여야 했다고 말하지 않을 수 없다. 어쨌든 소크라테스의 자기 이해는 진지하게 성찰할 가치가 있고 현재 우리에게도 권할 만하다.

스스로 무지하다고 한 소크라테스의 주장이 아이러니하게 들릴 수 있다. 하지만 한발 물러서서 우리가 종종 틀릴 수 있고, 안다고 생각하는 것을 모를 수 있다고 인정하는 일은 충분히 가치 있는 행동이다. 철학적 사고에는 겸손이 필요하다. 역설적으로 겸손은 소크라테스에게서 유래한 가치다. 나는 여기에 우리가 실제로는 아는데도 모른다고 잘못 생각할 때도 있다는 낙관론을 덧붙이고 싶다.

두 가지 모두 반성하여 더 깊이 생각하고, 나아가 무언가를 여러 번 시도해 본다는 데서 가치 있는 행위다. 예컨대 이제는 그리스어를 모두 까먹었다거나 수영하는 법을 완전히 잊어버렸다는 확신이 들더라도 일단 그리스 전통 요리를 맛볼 수 있는 식당 타베르나가 있는 땅을 밟아보자. 어쩌면 주변 사람들과 술술 대화를 나누는 자신을 발견할 수도 있다. 수영하는 법을 잊어버렸더라도 물에 들어가면 헤엄칠 수 있을지 모른다.

〜

이번 장은 소크라테스가 법정에서 자신을 변호하는 것으로 시작했다. 만약 지금 소크라테스가 아테네에서 했던 일들을 그대로 재현한다면 경찰이 그를 체포할 수도 있다. 어쨌든 논란의 여지가 있는 사안에 대한 소크라테스의 발언은 특정 소수나 다수 집단에 불쾌감을 줄 수 있기 때문이다. 소크라테스를 교수형에 처해야 한다거나 다시는 사회에 나오지 못하게 감옥에 가둬야 한다는 요구가 신문 헤드라인을 장식했을 수도 있다. 만약 그런 일이 벌어진다면 소크라테스의 쇠파리 같은 언행 때문은 아니겠지만 말이다.

당시에는 드문 일이 아니었지만 소크라테스는 몇몇 10대 소년, 다시 말해 수염 나지 않은 젊은이를 낭만적으로 사랑하기도 했다. 이는 소년이 어른이 되도록 지적 발달을 이끌어 주는 데서 끝나지 않았다. 다만 분명한 것은 소크라테스는 낭만적 사랑을 아름다움과 진리에 대한 지적인 사랑, 오늘날의 이름을 빌리자면 '플라토닉 러브'로 승화해야 한다고 주장하고 이를 갈망했다.

플라톤 학자이자 19세기 위대한 번역가인 옥스퍼드대학 베일리올칼리지의 벤저민 조웨트Benjamin Jowett는 사랑의 육체적인 면에 대한 소크라테스의 관심에 흥미를 두는 학생들을 탐탁지 않게 여겼다. 조웨트는 정화 의제를 들어 학생들이 소크라테스와 수염 나지 않은 젊은이들에 관한 플라톤의 글을 분석하지 못하게 막았다.

오늘날의 학교, 심지어 대학에서도 일부 학생에게 불쾌감을 주거나 불편함을 유발할 만한 작품, 더는 허용되지 않는 말을 사용하거나 그런 관점이 드러나는 작품들은 교육과정에서 제외한다. 미국의 소설가 마크 트웨인Mark Twain의 《허클베리 핀의 모험 Huckleberry Finn》이 떠오른다. 이런 수정과 검열은 좋은 조짐이 아니다. 소크라테스를 사형시킨 아테네인들, 앞으로 살펴볼 스피노자의 저작을 금기시한 이들, 뉴욕에 머물던 러셀을 퇴출한 이들에 가까워지는 행위이기 때문이다.

법정에 선 소크라테스는 어떤 후회도 내비치지 않았다. 자기 행동을 변명하지도 않았다. 플라톤이 《소크라테스의 변론Apology of Socrates》에서 전한 바에 따르면 소크라테스는 오히려 배심원단 앞에서 아무 변론도 하지 않았고 자신의 도전을 아테네 시민이 칭송해야 한다고 주장했다. 그는 이렇게 행동할 때 앞서 말한 겸손, 즉 자기가 모른다는 것만 아는 겸손 때문에 별로 부담을 느끼지 않았다.

재판은 보여주기식에 불과했다. 사실 소크라테스는 유죄 판결과 독초인 헴록으로 만든 독배를 마시는 사형선고를 받는 것은 피할 수 없었더라도 형의 집행은 피할 수 있었다. 재력가 친구를 여럿 둔 소크라테스는 쉽게 아테네를 탈출할 수 있었고 아테네 당국도 그 결과에 만족했을 것이다. 하지만 소크라테스는 소크라테스답게 도망치지 않기로 결심했다.

소크라테스는 플라톤의 《대화편》 〈크리톤Crito〉에서 그 이유를 설명한다. 그는 이 경우처럼 자신이 하는 일, 이른바 법을 어기는 행위가 아테네인에게 이롭다는 것을 보여줄 수 있을 때조차도 법을 따라야 한다고 주장했다. 소크라테스가 제시한 복종의 이유는 탁월한 극작가 플라톤의 손을 거쳐 소크라테스가 법이 말을 건다고 상상하는 이야기로 전한다.

　　　　　　　　　　　　　　　지극히 사적인 철학

율법은 소크라테스와 법의 관계가 자식과 부모의 관계와 비슷하다면서 부모를 공경하고 순종해야 한다고 했다. 당시 소크라테스는 아테네의 교육과 국가안보의 혜택을 받았다. 얼마든지 떠날 수 있었지만 자발적으로 여기에 남았으니 사실상 이미 율법을 받아들인 셈이었다. 이런 사유는 오늘날에도 시민불복종이 정당화될 수 있는지에 관한 논의와 연관된다. 소크라테스에게 도피한다는 것은 결국 부당한 행동이었다. 소크라테스는 소크라테스이기 때문에 그 사실을 분명히 알았다. 부당한 행동은 자신을 해하는 행위나 다름없었다. 여기서 우리는 자신에게 가장 이로운 것이 정의가 요구하는 행동과 일치한다는 도발적이고도 매혹적인 믿음을 만난다.

~

소크라테스의 생전 마지막 모습은 플라톤의 《대화편》〈파이돈 Phaedo〉에 담겨 있다. 어떤 사람들은 소크라테스의 죽음이 자살이라고 주장하는데 이는 그가 도망칠 수 있었음에도 자발적으로 독배를 들었기 때문이다. 소크라테스는 자신을 백조에 빗댔다. 그는 은유적 묘사에 능한 달변가였다. 그의 삶은 온통 백조의 노래였다. 이 땅에 사는 동안 철학을 하지 않으면 영혼이 당나귀나 매, 말벌이나 개미 따위의 몸으로 들어갈 수 있다고 생각했다.

소크라테스는 지상에서 죽음을 맞이한다면 먹고 마시는 일 또는 소년들의 몸에 주의를 뺏기는 일 없이 영혼이 계속될 수 있다고 생각했던 듯하다. 이는 진정한 지식, 즉 수학과 선善에 대한 소크라테스의 이해에서 비롯한다. 소크라테스는 진정한 지식이란 이번 생에 이전에도 존재한 우리 기억의 한 형태라고 봤다. 어떤 의미에서 그에게 죽음은 치료였다. 죽음으로 인해 육신의 방해에서 벗어나 영원한 현실에 접근할 수 있게 됐다. 당나귀나 매의 몸에 들어가는 걸 피할 수 있다면 말이다.

독은 몸을 타고 번지며 점점 그를 마비시켰다. 크리톤은 소크라테스가 다음과 같은 마지막 말을 남겼다고 전했다.

크리톤, 우리는 아스클레피오스에게 수탉 한 마리를 빚졌다네. 잊지 말고 갚게나.

아스클레피오스는 치유의 신으로 알려졌지만 어떤 이들은 치유의 힘을 가진 역사적 인물이었다고 본다. 소크라테스의 마지막 말은 영혼은 불멸하며 죽음으로써 치유되고 이 세상의 존재로부터 해방된다는 그의 믿음을 암시하는 것으로 볼 수 있다. 물론 소크라테스식 아이러니와 맞물려 모호한 의미를 내포한다. 환자가 죽기 일보 직전인데 치유의 신이 보상받을 자격이 있을까?

플라톤은 우리 벗의 마지막, 즉 소크라테스의 죽음에 관한 이야기를 마무리하며 자신이 알았던 모든 이 중에서 소크라테스가 가장 현명하고 정의로웠으며 최고였다고 말한다. 소크라테스와 그의 삶, 철학을 소중히 여기고자 우리 각자가 불멸의 영혼을 소유하고 있다는 믿음을 받아들일 필요는 없다. 쇠파리 같은 질문이 얼마나 중요한지, 역설이 얼마나 가치 있는지와 별개로 소크라테스는 흘러가는 대로 살지 않고 사유하는 것이 얼마나 중요하고 매혹적인지를 보여줬다.

그의 가장 근본적인 사상은 '성찰하지 않는 삶은 살 가치가 없다'로, 델포이의 신탁 '너 자신을 알라'에서 비롯했다. 때로 우리는 자기 삶을 너무 자세하게 들여다보지 않는 편이 더 낫다고 느낀다. 언제나 그렇듯 성찰에는 여러 정도가 있고 때와 장소가 있다. 자기 삶에 관한 깊은 철학적 사유도 마찬가지다.

소크라테스처럼 생각하고 싶다면?

질문을 던지는 솔직한 대화에 뛰어들어 논쟁을 따라가 보자. 어디로 이어지든 간에.

05
Plato

플라톤
게으름 때문에 친구를 만나기가 힘들다면

사실 철학을 제대로 하는 사람은
모두 죽는 것 외에는 아무것도 연습하지 않는다.
소크라테스

그리스어 플라투스Platus는 '넓다'는 뜻이다. 플라톤(기원전 428 또는 427~기원전 424 또는 423)은 지성과 시야는 물론, 사회를 위해 최선의 것을 추구하는 마음도 넓은 인물이었다. 실제로 어깨도 넓었다고 한다. 플라톤은 삶과 우주의 많은 수수께끼, 가능한 해답, 접근방식에 대한 우리의 인식을 넓혔다. 그래서 사람들은 그를 이렇게 평한다. '아무도 그를 능가하는 사람은 없다.' 이 세상 너머의 경이로움에 눈 뜨게 한 철학자로 플라톤을 따라 올 사람은 없다는 뜻이다.

서양철학에서 플라톤은 소크라테스의 이야기를 전하는 사람으로 처음 등장한다. 그의 《대화편》33편에 담긴 탁월함과 도발적이며 섬세한 논증과 은유를 두고 20세기의 수학자이자 철학자인 아서 화이트헤드Arthur Whitehead는 이렇게 말했다.

플라톤 이후 서양철학 전체가 그저 플라톤에 대한 주석에 불과하다.

플라톤은 소크라테스에게 지대한 자극과 영향을 받았다. 하지만 《대화편》속 소크라테스식 대화의 대부분이 플라톤의 발전과 독특하고 놀라운 사고를 드러낸다는 것만큼은 자명하다.

플라톤은 삶을 잘 사는 것이 무엇인지 파악하는 수단으로 합리적 의문을 중요하게 생각했다. 그의 저작에는 선善과 아름다움, 진리를 제대로 이해하려는 열망에 가득 찬 사고가 잘 드러난다. 소크라테스와 플라톤은 다른 사람과 대화할 때 사고가 가장 잘 이뤄진다고 봤다. 물론 자기 자신과 대화를 할 수도 있지만 그런 시도는 그다지 효과적이지 않다고 생각했다.

21세기 초, 영국의 어느 규제 기관이 여러 대학을 돌아다니며 각 학교의 기준과 연구 수준, 수업의 질과 비용 대비 가치 등을 조사했다. 한번은 어느 예리한 조사관이 식견이 넓고 친절하며 널리 존경받던 옥스퍼드대학의 선임 철학 교수 버나드 윌리엄스Bernard Williams에게 철학과 교수들의 최신 강의법이 무엇인지 물었다고 한다. 윌리엄스는 사려 깊은 눈으로 짓궂게 미소 짓더니 이렇게 말했다.

"글쎄요, 저희는 주로 소크라테스의 방법을 씁니다."

"매우 흥미롭군요."

예리한 조사관이 대답했다.

"얼마나 최근에 만들어진 방법인가요?"

그러자 교수가 대답했다.

"아, 한 2,000년 전에요."

　　　　　　　　　　　　　　　　지극히 사적인 철학

플라톤에 관해 논의할 내용은 무척 다양하지만 우선 플라톤이 자신의 중요한 신념 몇 가지를 어떤 식으로 표현했는지에 초점을 맞추겠다. 플라톤은 왜 자신의 모든 철학적 사고를 《대화편》으로 보여줬을까? 소크라테스와 마찬가지로 플라톤은 철학적 탐구에 얼굴을 맞대고 주고받는 구두 토론이 필요하다고 생각했다. 여기서 새로운 질문 하나가 나온다. 그렇다면 플라톤은 왜 글을 썼을까?

아마도 플라톤은 《대화편》을 읽은 독자가 타인과의 대화를 추구할 것이며, 나아가 《대화편》에서 논한 내용을 다시 일깨우기 위해 또 대화를 나누리라 예상한 듯하다. 글은 최선책인 토론에 비하면 형편없는 차선책이지만 좋은 동기 부여 수단이기 때문이다. 여기서 최선의 토론이란 일부 전통적인 대학의 교육 방식대로 학생 한두 명이 스승과 직접 만나 토론하는 일대일 교습 또는 지도를 말한다. 하지만 철학을 비롯한 인문학 수업은 코로나19 팬데믹이 발생하기 훨씬 전부터도 극장 규모의 많은 청중을 대상으로 했으며 학생들은 스스로 생각할 필요조차 느끼지 못한 채 필기를 받아 적었다.

글 형태의 철학은 특정 독자를 겨냥하거나 특정한 오해를 해소하거나 필요한 뭔가를 알아보거나 질문과 걱정을 불식시킬 수 없다. 저자도 독자로부터 배울 수 없다. 구술 대화가 더 나은 이유는 화자가 사람들의 표정에 서린 의문이나 놀라움을 읽고 맥락을 고려할 수 있기 때문이다. 글에는 그런 유연성이 부족하고 개인 간에 활발하게 오가는 의견 다툼도 없다.

《대화편》〈파이드로스Phaedrus〉는 이런 사고와 표현, 그리고 관계에 관한 철학적 문제를 제기한다. 이 진기한《대화편》은 사랑과 수사학이라는 주제를 빠르게 오간다. 곧 살펴보겠지만 이 두 가지 주제는 플라톤이 촉구하는 철학적 사고 방법과 잘 사는 방법의 핵심에 자리한다.

사랑에 관한 논의에서는 영혼의 세 갈래를 상징하는 날개 달린 말 두 필과 마부 한 명이 등장한다. 어느 젊은이를 향한 사랑이라는 맥락에서, 말들은 이상ideal을 향해 날아가고 있다. 검은 말은 육체적이고 성적인 욕구에 지배당한다. 소년과 밤을 함께 하고 싶다는 욕망에 휘둘린 나머지 폭력적일 수 있다. 검은 말은 노예처럼 자신의 욕망에 복종하며 그저 자기가 원하는 바를 위해서만 움직인다. 검은 말 옆 마구를 쓴 흰 말은 예의와 명예, 그리고 율법에 대한 순종 의식을 가진 피조물이다.

두 마리의 말이라는 은유에서 볼 수 있듯 우리는 내면의 갈등을 인식하기 위해 사랑과 욕망에 집착할 필요가 없다. 우리는 술을 마시면 안 된다는 것을 알면서도 한 잔 더 마시고, 화를 참는 게 나은 상황임을 알면서도 분노를 다스리지 못한다. 이처럼 일상생활 속에서도 쉽게 예를 찾을 수 있다.

하지만 이 그림 같은 영혼의 갈래에는 마부가 있다는 걸 잊지 말자. 마부는 인간의 내면과 영혼의 지배자이자 지혜와 진리, 지식을 추구하며 잠시나마 엿본 진정한 이상에서 동기를 얻는다. 마부는

지극히 사적인 철학

두 말이 가는 길을 바로잡을 수 있다. 그렇다. 흰 말의 준법 의식도 때로는 바로잡아야 할 필요가 있다.

이것이 바로 플라톤이 제시한 영혼의 삼분법, 다시 말해 한 인간의 정신을 생각하는 방식이다. 정신분석학을 창시한 20세기의 철학자이자 심리학자 지그문트 프로이트Sigmund Freud 또한 이에 영향을 받았다. 하지만 이 삼분법은 의식과 무의식을 구분하지 않는다. 또한 욕망과 식욕을 상징하는 검은 말, 의무를 상징하는 흰 말, 이성을 상징하는 마부 등 마음이 세 가지 기능으로 나뉜다고 조명하지도 않는다.

결국 검은 말은 설득을 시도하고 흰 말은 의무에 대해 추론하며 마부는 진리를 갈망한다. 플라톤은 우리가 인생을 잘 살기 위해서는 마부에게 동감해야 한다고 주장한다. 마부는 영혼의 통합과 전체로서의 한 사람을 위해 가장 좋은 것을 추구하고 따르기 때문이다. 왜곡된 두 마리 말은 무엇이 최선인지 판단하지 못한다.

우리가 영혼의 삼분법을 과연 제대로 이해할 수 있을까? 앞서 살펴본 내 주해는 '나'가 또 다른 행위자를 형성해 말과 마부 중 어느하나에 동감할지 선택해야 한다는 것을 시사한다. 나는 마부지만 말들이 무엇을 해야 할지를 결정할 때 통제할 수 없는 듯하다. 그렇다면 나는 말 중 한 마리와 동일시되는 것 아닐까? 플라톤의 삼분법을 제대로 이해하기란 쉽지 않다. 특히 영혼의 단일성이라는 이상적인 결과에 대한 우리의 이해를 돕기 위해 만들어진 구분법이기에 더욱 어렵다.

영혼의 단일성이라는 개념은 플라톤이 《대화편》〈국가Republic〉에서 주장한 것처럼 도시 국가의 이상적인 통합, 즉 순조롭게 운영되는 상태를 가리키는 데 사용된다. 〈국가〉에는 수많은 은유가 나온다. 예컨대 플라톤은 이상적인 국가인 공화국의 통치자가 가져야 할 태도에 대해 "늑대, 군중과 논쟁에서 이기는 것만을 중시하는 소피스트를 막기 위해 마치 경비견처럼 나라를 지키는 수호자가 돼야 한다"라고 말한다. 또 정의로운 국가라면 여성과 남성을 동등하게 대우해야 한다고 강조한다. 여성이 남성과 동등한 지위에 오르거나 교육받아야 한다는 식이다.

논쟁의 여지를 주는 대목도 있다. 국가가 정의를 실현하려면 가족 단위를 포기해야 한다고 적었기 때문이다. 부모라면 자기 자식을 편애하기 마련이니 가족이 정의를 왜곡하고 훼손한다는 것이다. 따라서 공동체는 모든 아이를 공평하게 대우하면서 공동의 목표를 향해 나아가야 한다. 이처럼 플라톤의 철학적 사고는 여기서 말하는 정의처럼 어떤 확고한 명목이 있다면 어떻게 사는 것이 가장 잘 사는 것인지에 관해 극단적인 사상을 낳을 수 있다.

잘 산다는 것에 대해 조금 더 자세히 이해하려면 플라톤의 저서인 《파이드로스Phaedrus》를 살펴볼 필요가 있다. 여기서 소크라테스는 파이드로스와 일리소스강을 따라 걸으며 강물과 초목, 하늘까지 자기 주변의 사물에 주목한다. 의사와 수사학자는 쉬는 날을 정

지극히 사적인 철학

할 수 있지만 철학자는 언제나 이해를 향한 탐구를 계속해야 한다. 여기서 플라톤이 묘사하는 소크라테스는 초록의 자격을 말하는 것이 아니다. 오히려 이렇게 말한다.

보이는가, 풍경과 나무는 나에게 아무런 가르침도 주지 못한다네.
오직 도시의 사람들만이 나에게 가르침을 주지.

매미, 투명한 날개를 활짝 펴고 울어대는 이 곤충의 소리는 기이한 신화를 통해 우리에게 가르침을 준다. 한때는 매미도 사람이었다. 그런데 뮤즈 여신들이 나타나 아름다운 노래를 부르자 그들은 먹고 마시는 것조차 잊을 정도로 노랫소리에 마음을 빼앗겼다. 덩달아 노래하기 시작한 그들은 죽을 때까지 노래를 불렀고 후대에 이르러서는 오늘날 우리의 귀에 들리는 울음소리의 매미로 변했다.

이 신화는 기이하지만(한편으로는 철학자의 사고에 관한 기이한 이야기 덕분에 우리가 얼마나 사물을 새로운 시각으로 바라볼 수 있는지를 짚고 넘어가는 것도 좋겠다) 귀중한 교훈을 준다. 일생생활과 마찬가지로 철학에서도 몸과 마음을 늘어뜨리고 게으르게 쉰다면 우리의 안녕이 위태로워질 수 있다는 교훈이다. 그자들은 노래에 사로잡힌 나머지 결국 노래하는 곤충으로 전락했다.

플라톤은 게으른 마음이 올바른 철학에 위협이 된다고 주장한다. 게으르게 굴다가는 철학을 논쟁에서 이기기 위해 속임수를 쓰고 적당한 이야기를 늘어놓는 법이나 논리적 오류를 집어내는 일 정도로 치부하게 된다. 게으름은 지혜를 가리켜 재치 있는 말과 현명한 답변을 뽐내는 일 정도로 여긴다. 게으른 접근법은 수박 겉핥기를 조장하므로 비난받아 마땅하다. 게으름을 피우든 포커스그룹에 세심한 주의를 기울이든, 정치인들은 연설이나 인터뷰에서 상투적인 이야기나 미사여구, 표리부동한 대답과 모든 게 잘 될 거라는 말 따위로 겉껍데기만을 내보이는 데 능숙하다.

이제 〈국가〉로 돌아와서 유명한 동굴 우화를 만나보자. 이 우화는 겉모습이 실재를 구성한다는 인식을 거부해야 하는 이유를 보여준다. 진지하게 사고하기 전까지 우리는 피상적인 것, 즉 겉모습에 매몰돼 있다. 우리는 마치 동굴에 갇힌 죄수처럼 줄지어 행진하는 실제 물건의 그림자를 바라본다. 일상의 우리는 자신도 모르게 겉모습에 갇혀 있다. 이때 한 가지 의문이 든다. 그림자는 실제 물건보다 덜 현실적이라지만 실제 물건은 무엇보다 덜 현실적일까?

플라톤에게 철학이란 동굴을 벗어나 현실에 주목하기 위해 노력하는 것이다. 이는 앞서 언급한 소피스트의 활동이나 수사학과 대조된다. 소피스트들은 사안의 진실과는 상관없이 돈을 받고 사건을 주장하거나 심지어는 객관적 진실이란 게 존재하긴 하는지 의심하기도 한다. 저명한 소피스트인 기원전 5세기의 프로타고라스Protagoras는 자신이 언제나 약한 주장을 더 강해 보이게 만들 수 있다고 주장했다. 그는 인간이 만물의 척도라고 했는데, 이는 객관적인 진리는 없다는 극단적인 상대주의로 통하기도 한다.

이제 우리는 엘레아의 제논과 함께 살펴본 거짓말쟁이의 역설을 떠올리며 이리저리 철학적 춤을 출 수밖에 없다. 모든 진리는 상대적이라는 진술이 객관적 진실이라면 명제 자체를 스스로 반박하는 것이고, 프로타고라스의 사고대로 상대적 진리에 불과하다면 우리가 굳이 주목해야 할 이유가 있을까? 플라톤은 수사학이란 소피스트식 궤변적 효과를 위해 사용되는 것이 아니며 제대로 이해되고 실행될 때 진리와 영혼을 들여다보며 무엇이 선인지 밝혀준다고 했다. 소피스트에 대한 플라톤의 태도는 오늘날 '정교하다' 또는 '궤변 같다'는 뜻의 단어 'sophisticated'와 관련이 있다.

~

이제 실재가 추상적 형상form 또는 이데아idea로 구성된다는 플라톤의 주장을 살펴보자. 예를 들어 우리가 어떤 두 막대의 길이가 같다는 것을 파악했다면 이는 곧 두 막대가 동등함의 형상(동등함의 이데아)에 속한다는 것을 이해한 셈이다. 플라톤의 후기 《대화편》을 보면 그는 자신의 형상론에 반대하는 주장들을 알고 있었다. 플라톤은 아름다움, 진리, 정의, 사랑, 평등이라는 이상을 따라 형상을 추구해왔다. 그렇다면 그는 과연 침대, 먼지, 머리카락 따위의 형상이나 이데아에 진심으로 전념했을까? 플라톤은 《대화편》 〈파르메니데스〉에서 자신의 이론에 반론을 펼친다. 그가 위대한 철학자인 또 다른 이유는 이처럼 한 가지 이론에 집착하지 않았기 때문이다.

《향연Symposium》에서 플라톤은 앞서 살펴본 사포의 묘사를 일부 빌려 우리가 이상적이라고 여기는 미의 형상 또는 이데아에 이르는 단계를 보여준다. 이런 단계는 가치가 있다. 예를 들자면 청년의 매력(소크라테스와 수염 나지 않은 젊은이를 떠올려 보자)을 보고, 그 아름다움에 대해 인식하고, 그것에 이끌려 사랑에 빠진다는 식이다. 플라톤의 상상력과 호기심, 지적 능력은 이제 자라나지도 썩지도 않고 차오르지도 이지러지지도 않는 영원한 아름다움이라는 이상을 사색하기에 이른다. 어떻게 보면 공평하지 않은 아름다움이지만 어떻게 보면 불공평하고, 어떤 관점에서는 공평하지만 다른 관점에서는 그렇지 않은 아름다움이다. 그렇기에 플라톤은 이 지상의 비루한 세상 너머를 바라본 탁월한 철학자로 여겨진다.

플라톤은 연인들의 사랑에는 마치 사랑이 다른 모든 것에 우선하는 운명인 것처럼 광기의 손길이 서려 있다고 말한다. 연인은 가족과 친구를 포기하고 다른 모두를 버릴 수 있지만 헌신적인 철학자도 그렇게 할 수 있다. 그조차도 그리 간단하지 않다. 플라톤의 수호자인 철학자들은 동굴 밖에서 빛과 이상, 실재와 형상을 보지만 플라톤은 그들을 다시 동굴로, 일상 세계로 돌아가 도시와 국가를 다스리고 정의를 지켜야 한다고 말한다.

플라톤은 우리의 관점을 천상으로, 이상향으로, 영원과 형상으로 향하게 한다. 일상이 제시하는 것보다 삶과 현실에 더 많은 것이 있다는 사실을 우리가 인식하길 바란다. 플라톤이 그리는 그림이 아무리 매혹적일지라도 우리는 이 땅에 두 발을 붙이고 현실을 살아가야 한다. 이런 하향 움직임은 다음으로 살펴볼 철학자인 아리스토텔레스와 깊게 관련된다.

플라톤처럼 생각하고 싶다면?

시선을 들어 올려 영원과 아름다움, 진리, 선의 형상을 바라보자.

06

Aristotle

아리스토텔레스

정직함으로 먹고살 수 있을까?

알고자 하는 것이 모든 사람의 본성이다.

아리스토텔레스

16세기 초 르네상스 시대의 거장 라파엘로Raphae는 로마 바티칸사도 궁전의 방 한 면을 장식하는 프레스코화 〈아테네 학당Scuola di Atene〉을 그렸다. 그림에는 고대 아테네와 관련된 철학자들의 모습이 담겨 있다. 정중앙에서 계단을 내려오는 두 인물은 플라톤과 아리스토텔레스(기원전 384~기원전 322)로, 대조적으로 그려져 한눈에 들어온다. 플라톤은 한쪽 팔을 들어 올려 위를 가리키고 아리스토텔레스는 정면과 주변을 향해 한쪽 팔을 쭉 뻗고 있다. 실제로 두 사람의 철학도 대조적이다. 플라톤은 끊임없이 변화하는 일상의 모습 뒤에 있는 더 높은 실재를 갈망한 반면 아리스토텔레스의 철학은 세상과 주변의 상식적인 믿음에 근거했다.

아리스토텔레스는 오늘날 마케도니아 중부에 속하는 스타게이라의 유복한 집안에서 태어났다. 젊은 시절 그는 아테네로 건너가 플라톤의 학당에서 다른 소수의 학생과 함께 공부했다. 아리스토텔레스는 기원전 347년 아테네를 떠나기 전까지 거의 20년 동안 이 학당에 머물면서 여행을 다니며 서툴지만 과학 연구를 하고 자료를 수집했다. 그리하여 천문학, 화학, 생물학, 동물학, 식물학 등 다양한 과학 분야를 정립했다. 그는 훗날 알렉산더대왕이 되는 마케도니아의 알렉산더 왕자를 수년간 가르치기도 했다. 두 사람은 이후에도 가까운 친구로 지냈다.

기원전 330년대 중반 아테네로 돌아온 아리스토텔레스는 리케이온에 학당을 세웠는데, 걸어 다니며 수업하는 방식으로 유명해지면서 페리파토스학파 또는 소요학파라는 이름으로 알려졌다. 플라톤의 학당과 매우 달랐던 아리스토텔레스의 학당은 일반인들에게도 개방돼 원하는 이라면 강의를 들을 수 있었다. 이런 차이는 철학적 접근방식에서 드러나는 차이와도 조화를 이룬다. 아리스토텔레스는 플라톤과 달리 먼저 어떤 주제에 대한 평판 좋은 상식적 믿음과 관련 증거를 확립한 다음 이를 정리하고 모순을 제거해 진실과 올바른 설명을 찾아내려 했다. 경험론자와 마찬가지로 이미 존재하는 데이터를 들여다보는 접근방식이었다.

아리스토텔레스는 플라톤을 한 인간이자 철학자, 스승으로 존경했다. 플라톤과 근본적으로 반대되는 철학을 발전시키면서도 여전히 플라톤에게 헌신하고 존경했다. 선善의 본질을 탐구하던 아리스토텔레스는 자신의 연구가 환영받지 못할 수도 있다는 것을 예상했다. 우리에게 형상을 알려준 플라톤에게 도전하는 셈이었기 때문이다. 그럼에도 아리스토텔레스는 "경건함은 친구보다 진리를 더 명예롭게 여기라고 명한다. 우리는 철학자이므로 더욱 그러하다"라고 말했다.

아리스토텔레스가 남긴 저술은 방대하지만 극히 일부만 남아 있다. 그중에 플라톤의 저작만큼 문학적 우아함을 지닌 글은 없다. 아리스토텔레스의 글은 짜깁기된 논문이나 강의용 메모처럼 주제가 갑자기 바뀌고 반복되거나 덧붙인 부분도 있다. 시작 단계였던 과학적 연구는 잘못된 추측으로 결론짓기도 했지만 그의 형이상학과 인식론, 윤리학은 지금도 막대한 영향을 미친다. 13세기 위대한 도미니코회 수사이자 철학자, 신학자였던 성 토마스 아퀴나스St. Thomas Aquinas는 아리스토텔레스를 최고의 철학자로 여겼으며 아리스토텔레스식 이해를 기독교에 도입했다.

형이상학metaphysics이라는 용어는 아리스토텔레스의 저작과 기원전 3세기 알렉산드리아대도서관에서 일한 어느 사서를 통해 널리 알려졌다. 아리스토텔레스의《물리학Physics》을 접한 적이 있던 사서는 어느 날 제목 없는 한 뭉치의 저작을 발견했고, '물리학 너머meta에 있다'는 뜻에서《형이상학》이라는 제목을 붙였다. 다행히도《형이상학》은 이름처럼 물리학을 넘어선 존재, 존재 자체로서의 존재, 존재 자체의 본질에 대해 다루는 내용이었다.

아리스토텔레스는《형이상학》과 관련 저작인《범주Categories》에서 존재의 다양한 범주를 탐구한다. 동음이의어처럼 명백한 모호성을 가진 경우를 제외한다면, 우리는 자연스럽게 어떤 단어가 같은 의미로 쓰인다고 가정한다. 아리스토텔레스는 '건강하다'라는 단어에 주목했다. 우리는 건강한 사람, 건강한 환경, 건강한 음식, 건강한 머릿결 등을 이야기한다. 이 용어들은 서로 연관성이 있다. 하지만 환경은 사람과 같은 방식으로 건강할 수 없다. 오히려 건강한 환경이 사람의 건강에 도움이 된다.

아리스토텔레스는 인간이라는 존재가 말, 금반지, 창백한 빛깔과 근본적으로 어떻게 다른지 탐구했다. 그는 인간과 말, 금반지 같은 대상을 성질과 특징, 속성을 지닌 제1 실체로 본다. 창백한 빛깔은 이런 방식으로 존재하지 않는다. 소크라테스의 얼굴에 창백한 빛이 있을 수는 있지만 불그스름한 혈색이 도는 소크라테스도 여전히 소크라테스다. 반면 소크라테스는 남자고(최근의 트랜스젠더 논쟁은 제쳐두자), 남자가 아닌 것은 소크라테스일 수 없다. 소크라테스는 소크라테스로 남아 있으면서 고슴도치나 복숭아로 변할 수는 없다.

만약 아리스토텔레스가 인간 운명의 부조리와 인간 존재의 불안을 그린 실존주의 문학가 프란츠 카프카Franz Kafka의 소설《변신Meta-morphosis》에서 주인공 그레고르 삼사가 벌레의 몸이 되는 이야기를 읽었다면 말도 안 되는 이야기라고 무시했을 것이다. 아리스토텔레스는 어느 정도의 상식을 바탕으로 동일성과 변화를 탐구하는 길로 우리를 안내한다.

그레고르 삼사 이야기는 몸이 바뀌거나 없어져도 정신, 영혼 또는 실체는 계속 존재한다는 많은 종교인의 믿음과 조화를 이룬다.

지극히 사적인 철학

소크라테스와 플라톤은 적어도 그런 존재의 가능성을 인정했다. 참고로 우리는 나중에 데카르트와 함께 이 믿음에 관한 문제를 다시 살펴볼 것이다. 다시 본론으로 돌아와서, 아리스토텔레스의 생각은 두 사람과 매우 달랐다. 그는 구체가 나무토막이나 금괴 같은 재료로 구성된 형상인 것처럼 소크라테스의 정신이나 영혼도 소크라테스의 몸이라는 생물학적 재료로 구성된 형상이라고 생각했다.

소크라테스의 생물학적 물질은 어느 정도 변할 수 있다. 에컨대 머리카락이 빠지거나 피부가 주름질 수 있다. 하지만 그 형상 덕분에 소크라테스의 동일성은 그대로 남아 있으며 그는 여전히 소크라테스다. 추측건대 아리스토텔레스가《변신》을 읽었다면 곤충의 생물학적 물질이 인간, 특히 소크라테스로 이야기될 수도 있다는 생각을 거부했을 것이다. 아리스토텔레스는 정신이 물질과 별개로 존재할 수 있다는 데 동의하지 않았지만 뒤에서 소개할 에피쿠로스의 원자주의 같은 단순한 유물론에도 동의하지 않았다.

동일성 문제는 테세우스의 배에 관한 사고실험을 통해 잘 드러난다. 테세우스는 아테네를 세웠다는 전설적인 인물이다. 고대 로마의 철학자이자 작가였던 플루타르코스Plutarch가 쓴《영웅전Parallel Lives》〈테세우스〉에 따르면, 테세우스의 배는 여러 해에 걸쳐 새로운 목재와 새로운 밧줄로 돛 등이 수리되고 교체돼 결국 원래의 재료가 하나도 남지 않았다. 그렇다면 이 배는 여전히 그 배일까? 물질 구성은 다르지만 기능은 같다. 여기서 동일성에 관해서는 여러 기준을 적용할 수 있으니 어떻게 말하는지에 달린 문제일 뿐이라고 답할 수도 있겠다. 하지만 뇌 이식처럼 신체에 변화를 주는 경우라면 이런 답은 설득력이 떨어진다. '그래도 여전히 나일까?'라는 질문은 실질적이고 더 시급한 개인의 정체성에 관한 질문일 것 같다.

아리스토텔레스의 형이상학 연구에는 특수자particular와 보편자universal 사이의 까다로운 관계가 포함된다. 형상 지지자들, 이를테면 형이상의 창시자인 플라톤은 창백함이라는 보편 추상적 형상이 존재하며 소크라테스가 다른 많은 사람과 마찬가지로 이 형상을 띤 것이라고 주장했을 것이다. 아리스토텔레스는 이를 인정하지 않았다. 더 정확하게 말하면 형상이라는 개념을 현실로 끌어내렸다. 창백함이란 말해지는 것이며 우연히 소크라테스에게서 나타난 것이다. 그것이 어떻게 나타났는지는 여전히 수수께끼다. 보편자에 관한 담화는 서로 닮았다는 것이 뭔지, 무엇이 닮음을 구성하는지에 관한 의문을 일으킨다.

~

이제 인간을 전면에 내세운 형이상학에서 벗어나 아리스토텔레스의 《니코마코스 윤리학Nicomachean Ethics》을 살펴보자. 윤리학이라는 제목에는 오해의 소지가 있는데, 윤리학이라는 단어의 근원인 그리스어 에티카êthika가 개인의 인격에 초점을 맞추기 때문이다. 우

지극히 사적인 철학

리가 아는 덕德이라는 용어는 아리스토텔레스가 주장한 아레테 aretê로, 탁월함excellence이라는 의미의 선善을 뜻한다. 도끼에 덕이 있다고 하면 이상하게 들릴 수 있지만 아리스토텔레스는 날카로운 날을 갖고 있고 나무를 자르는 데 탁월하다면 아레테가 있다고 여겼을 것이다.

아리스토텔레스는 일반적인 견해에서 출발해 인간이 궁극적으로 추구하는 삶의 목적이 무엇인지 묻는다. 우리말로 번역한 답은 행복happiness이지만 여기에서도 번역의 함정에 빠질 수 있다. 행복이라고 하면 기쁨과 쾌락이 떠오르겠지만 이에 해당하는 그리스어 에우다이모니아eudaimonia는 번영flourishing이라는 뜻에 더 가깝다.

아리스토텔레스는 인간으로서 번영하려면 어떤 성격 특성이 탁월해야 한다고 했다. 물론 모든 인간이 번영을 추구하느냐고 반문할 수도 있다. 어떤 사람들은 어떤 이들은 행복한 돼지 상태에 만족할 수도 있다(16장 참고). 게다가 뒤에 살펴볼 칸트를 비롯한 몇몇 이들은 도덕적 의무가 행복보다 우선하며, 행복을 대가로 이를 저버려서는 안 된다고 주장한다.

다만 아리스토텔레스식 접근방식은 무엇이 나를 행복하게 하는지를 직접 묻는데, 이는 의무를 수행하거나 모든 사람을 고려해야 한다는 도덕적 요구와는 대조된다. 그런데 놀랍게도 아리스토텔레스 방식으로 무엇이 나와 우리를 행복하게 하는지 좇다 보면 전형적인 도덕적 입장과 크게 다르지 않은 결론을 깨닫는다.

아리스토텔레스는 우리 영혼을 선하게 변화시키려 했다. 이런 목표는 고대 철학 전반에 걸쳐 발견된다. 결과는 모두 다르지만 말이다. 20세기의 많은 철학자는 우리가 어떻게 행동해야 하는지를 말할 용기나 자부심이 부족했고 도덕적 언어의 사용을 분석하는 데 그칠 뿐이었다(29장 참고). 하지만 오늘날의 많은 철학자는 새로운 아리스토텔레스 방식인 신新아리스토텔레스주의를 따른다. '신'이라는 단어가 붙었다는 것은 아리스토텔레스처럼 노예제를 기꺼이 받아들이고 여성을 고려 대상에서 제외하지 않는다는 의미다. 너무 거창한 이름이었기 때문일까? 신아리스토텔레스주의는 덕 이론이 되었다가 이제는 덕 윤리학으로 변모했다. 이에 따라 윤리학은 이론이나 일련의 원칙에 대한 집착에서 벗어난 것으로 보이게 됐다.

무엇이 우리를 행복하게 할까? 또 무엇이 우리를 번영케 할까? 아리스토텔레스는 덕과 다양한 인격적 특성을 강조했다. 기독교처럼 신앙이나 희망, 자선을 권장한 것이 아니다. 여기서 논하는 미덕은 경찰관들이 쫓아다니는 악덕의 반대개념이 아니다. 아리스토텔레스는 다양한 성격적 특성과 그에 관한 우리의 상식적인 견해를 통해 번영을 가져올 수 있는 최선의 특성을 끌어낸다. 그는 자연주의, 즉 우리가 자연스럽게 가치 있다고 여기는 것이라고 생각했다.

최근 몇몇 정치인이 떠오르는 몇 가지 예외를 제외하면, 사람들은 대개 정직함을 중요시한다. 정직이 번영하는 삶을 보장하지는 않지만 번영하는 삶에 도움이 될 수는 있다. 때로는 정직함을 덜어

지극히 사적인 철학

내고 친절하게 굴어야 할 때도, 누군가에게 진실을 알려주지 않는 편이 더 나을 때도 있다. 번영하려면 우정도 필요하다. 친구는 어려움을 극복하는 데 도움을 줄 수 있지만, 그 유용성이 우정의 동기가 돼서는 안 된다. 내가 얻어낼 게 있을 때만 친구가 된다는 것을 다른 사람들이 안다면 일이 잘 풀리지 않을 테니 말이다. 때로는 사리사욕을 버리고 다른 사람들을 위해 뭔가를 할 수 있는 태도를 보일 필요가 있다.

번영하는 삶을 살려면 다양한 성격 특성을 발전시켜야 하며 지성과 지혜 또한 필요하다.

모든 걸 두려워하고 자기 입장을 내세우지 않는 자는 겁쟁이다.

이런 사람은 번영하지 못한다. 모든 위험을 무릅쓰고 달려가는 사람은 경솔하거나 어리석다. 이것 또한 번영의 길이라 할 수 없다. 용기, 관대함, 절제 같은 미덕은 지나침과 결핍으로 파괴된다. 딱 한 번, 일회성으로 용감하게 행동하는 것이 용기 있는 사람으로 만들어 주지는 않는다.

소크라테스의 사고로 돌아가 보자면 사실 미덕은 하나로 통합될 수 있다. 정직하려면 자리에서 일어나 진실을 말할 용기가 필요하고, 용감해지려면 언제 자리에서 일어나야 하는지를 아는 지혜가 필요하다는 식이다. 하지만 여기서 아리스토텔레스의 사고는 기능을 중심으로 전개된다. 플루트 연주자에게는 플루트를 잘 연주한다는 기능이 곧 선인 것처럼, 아리스토텔레스는 번영하려면 인간 고유의 기능이 무엇인지 찾아내야 한다고 말했다. 그것이 바로 지적 활동이며, 이 기능을 잘 수행하는 것이 최고선이자 미덕이라고 주장했다.

아리스토텔레스의 주장에는 문제를 제기해 볼 만한 다양한 가정과 수가 있다. 예컨대 인간에게는 어떤 기능이 있다는 근본적인 가정이 그렇다. 우리는 곧 이에 대해 진심으로 의문을 던진 사르트르를 만나볼 예정이다.

～

다양한 유형의 원인을 탐구한 아리스토텔레스는 자연이 끝, 즉 텔로스telos를 향해가며 변화한다고 가정했다. 마치 미래의 뭔가가 인간과 동물, 심지어 나무와 행성의 움직임을 끌어내는 것처럼 말이다. 오늘날 목적론이 과학적으로 일리 있는 설명이 아니라는 점은 분명해졌다. 오히려 과학은 수학의 추상 관념을 적용해 자연이 어떻게 움직이는지 이해하고자 하는데, 이는 플라톤의 사고에 더 부합하는 방식이다.

자연과학에서 아리스토텔레스의 시도는 그다지 성공적이지 못했지만 타당한 논증의 과학인 논리학에 관한 연구는 박수받았다.

지극히 사적인 철학

아리스토텔레스는 일련의 논증을 공식화한 최초의 인물로 우리에게 삼단논법이라는 개념을 선보였다. 삼단논법의 가장 기본적인 형식은 '모두' '일부' '어떤 것도 ~이 아님'을 사용하는 두 전제와 하나의 결론을 갖는다. 이 형식만으로도 논증이 타당한지, 전제에서 결론이 나오는지를 알 수 있다. 다음의 간단한 형식 하나를 살펴보자. A, B, C는 적당한 용어로 바꿀 수 있다.

모든 A는 B다.

모든 B는 C다.

그러므로 모든 A는 C다.

'모든 고양이는 포유류고, 모든 포유류는 동물이다. 그러므로 모든 고양이는 동물이다' 등 여러 가지 경우가 있다. 타당한 형식만으로 결론이 참임을 보여주기에는 부족하다. '모든 돼지는 날개 달린 동물이고, 모든 날개 달린 동물은 날 수 있다. 그러므로 모든 돼지는 날 수 있다.' 이제 타당하지 않은 예를 보자.

어떤 A는 B다.

어떤 B는 C다.

그러므로 어떤 A는 C다.

이때 결론은 타당하게 도출되지 않는다. 예를 들어 '어떤 고양이는 다정한 동물이고, 어떤 다정한 동물은 라마다. 그러므로 어떤 고양이는 라마다.' 분명 타당하지 않은 논증이다.

주의해야 힐 필요가 있다. 삼단논법은 아니더라도, '고양이는 포유류고, 제미마는 고양이므로, 제미마는 포유류다'라는 말이 타당하게 보일 수 있지만 무조건 타당하다고 결론지어서는 안 된다. 그렇게 생각한다면 '고양이는 많고, 제미마는 고양이다. 그러므로 제미마는 많다'라는 논증도 받아들여야 한다. 2,000년도 더 지나서야 논리학자 고틀로프 프레게Gottlob Frege와 러셀이 아리스토텔레스식 접근법에 한계가 있다는 것을 밝혔다. 접근법의 복잡성을 잘 보여주는 적절한 예를 살펴보자. 1940년대 영화 〈쉽 아호이Ship Ahoy〉에 나온 노랫말이다.

멋진 여자들은 모두 선원을 좋아하네.

운 좋은 선원이 한 명 있다는 뜻일 수도 있고, 각각의 멋진 여자는 모두가 선원을 좋아한다는 뜻일 수도 있다. 하지만 무엇보다 멋진 여자라면 그 여자에게 사랑받는 선원이 있다는 뜻일 가능성이 가장 크다.

위와 같은 복잡성을 아리스토텔레스의 윤리학으로 가지고 와보자. 아리스토텔레스는 모든 사람은 행복한 상태를 원한다는 입장에서 모든 사람이 원하는 행복한 상태는 하나라는 입장으로 옮겨 간 듯 보인다. 물론 행복을 구성하는 요소에 대해 사람들이 근본적으로 다른 생각을 하고 있을 수도 있다. 수 세기 동안 이어진 중국의 전통 사상에서는 행복樂을 가문의 전통이나 음악 듣기, 우주에 대한 감상, 심지어 선량한 사람을 관직에 올리는 일 등 오랜 시간 전 넘하는 데서 오는 만족감으로 이해했다. 누구보다 경험주의 철학자였던 아리스토텔레스는 이런 관념이 증거와 얼마나 부합하는지 살펴보고 행복에 대한 자신의 이해에 추가 조사나 수정이 필요한지 평가했을 것이다.

아리스토텔레스처럼 생각하고 싶다면?

두 발을 땅에 단단히 고정한 채 호기심과 경이로움을 갖고 사방을 둘러보자.

에피쿠로스

고통과 불안을 피하는 건전한 방법

◆

죽음이 있을 때 우리는 존재하지 않고
우리가 있을 때 죽음은 존재하지 않는다.

에피쿠로스

18세기 초 영국 런던의 세인트폴대성당이 막 완공됐을 때, 국왕이 대성당을 보자마자 "우스꽝스럽고 끔찍하며 인위적이구나"라고 말했다고 한다. 오늘날에는 꽤 심한 폄하 표현으로 들리겠지만 당시에는 성당을 바라보는 것이 즐겁고 경탄할 만하며 숙련된 솜씨로 가득 차 있다는 뜻이었다. 단어의 의미는 변한다. 이야기의 주체도 마찬가지다. 이 왕실 이야기의 주인공이 누구인지에 관해서도 여러 설이 있다.

오늘날 누군가가 에피쿠로스주의자라고 하면 보통 그 사람이 좋은 음식과 술에서 즐거움을 찾는다는 뜻으로 받아들인다. 대체로 에피쿠로스 철학 즉, 에피쿠로스주의가 쾌락을 중시한다고 이해한다. 그래서인지 에피쿠로스(기원전 341 추정~기원전 270 추정)를 논할 때는 내일 죽으리니 먹고 마시고 즐기자는 표어가 따라붙는다.

쾌락주의자들은 궁극의 가치가 쾌락pleasure이라고 주장하니 에피쿠로스는 확실히 쾌락주의자였다고 하는 게 옳다. 하지만 앞서 대성당을 본 군주의 평을 제대로 파악하기 위해 언어에 담긴 역사적 맥락을 이해해야 했던 것처럼, 철학적으로 사고하려면 철학자가 핵심 용어를 어떤 의미로 사용했는지 살펴봐야 한다. 에피쿠로스주의에서 핵심 용어는 쾌락이다. 오늘날에는 에피쿠로스식 쾌락을 감각적인 미식의 즐거움으로 이해한다. 더 나아가 쾌락주의를 에로티시즘과 유흥, 구속되거나 구속되지 않은 즐거움을 장려하는 것으로 본다. 하지만 에피쿠로스의 쾌락은 그리 간단하지 않다.

~

에피쿠로스를 전후 맥락과 함께 살펴보자. 에피쿠로스는 아테네에서 태어났지만 30대 중반에야 아테네에 정착해 세상을 떠날 때까지 이곳에서 살았다. 그전까지는 오늘날 터키의 콜로폰에서 철학을 공부하고 강연하다가 레스보스섬으로 가 추종자를 모았다. 아테네로 돌아온 에피쿠로스는 학교를 지었는데, 구입한 땅의 이름을 따 정원Garden으로 불렀다고 한다. 현재 에피쿠로스의 이론에 대해 알려진 바는 그가 쓴 세 통의 편지와 고대 그리스의 전기작가인 디오게네스 라에르티오스Diogenes Laërtius가 남긴 몇 가지 명언과 관찰 모음집에서 찾아볼 수 있다.

에피쿠로스는 주변 세계를 이해하는 방법으로 두 세기 전의 철학자 레우키포스Leucippus나 데모크리토스Democritus의 이론을 바탕으로 한 원자론을 주장했다. 굳이 여기서 원자와 원자들이 얽히고 맞물린다는, 원자론에서 주장하는 세계의 본질을 탐구하려 들지 말자. 눈여겨봐야 할 부분은 에피쿠로스가 원자론자들의 유물론에 본격적으로 전념했다는 점이다. 유물론은 만물의 근원을 물질로 보고 모든 정신 현상도 물질의 산물이라고 주장하는 이론이다.

영혼, 즉 정신은 원자로 구성되고 세밀한 원자들은 육신을 구성하는 더 굵은 원자들 사이에 분포한다. 원자가 흩어져 각자의 길을 가면 집합이 깨지면서 죽음이 발생한다. 육신의 죽음은 영혼 즉, 정신의 죽음이기도 하다. 그러니 육신이 만족스러워야 정신도 만족스러워진다. 이것이 바로 에피쿠로스가 가장 강조하는 점이다. 에피쿠로스는 즐거운 삶을 위한 일종의 치유법을 제시했고, 미신과 사후세계에 대한 두려움에서 자유로워야 한다고 주장했다.

에피쿠로스는 철학적 사고의 목표를 영혼의 치유로 삼았다. 그는 이렇게 말했다.

우리에게 필요한 것은 건강 비슷한 것이 아니라 진정한 건강이다. 이처럼 치유를 위해 필요한 것은 가식이 아니라 진정으로 철학을 추구하는 것이다.

철학적 사고의 가치에 대한 이런 명확한 의학적 설명 방식은 스토아학파나 회의론자를 비롯해 다른 고대 그리스·로마 철학자들에게서도 보인다. 물론 각자 방법은 달랐고 치유법 역시 각기 다른 효과를 추구했다.

에피쿠로스는 인간의 삶과 죽음, 신에 관한 진리를 보여주고자 했다. 성공한다면 우리가 무엇도 두려워할 필요가 없다는 것을 깨달을 수 있기 때문이다. 치료의 효과를 제대로 보기 위해서는 에피쿠로스의 주장에 대한 제대로 된 이해가 필요하다. 물론 결론을 암기하고 반복하는 것만으로도 효과를 볼 수 있다. 에피쿠로스 철학은 사람들의 정신 건강 유지에 일조하겠다는 일념하에 여러 방식으로도 인도적이고 도움이 된다는 평판을 받았기 때문이다.

에피쿠로스는 쾌락이 축복받은 삶의 시작이자 끝이라고 했다. 무슨 뜻일까? 우리는 갓난아기 때부터 쾌락을 추구한다. 하지만 이는 성인이 된 우리가 쾌락을 중요하게 생각해야 한다는 이유가 되지는 못한다. 에피쿠로스는 유아기의 쾌락 추구는 무엇이 옳고 그른지를 판단하는 감정의 관점에서 이해해야 하며, 쾌락이야말로 아기 때부터 좋은 것으로 인식하는 유일한 감정이라고 가정했다. 물론 쾌락을 극대화하는 삶의 방식을 알아내려면 여전히 이성과 합리적 추론이 필요하다. 여기서 우리는 에피쿠로스가 쾌락의 가치에 관한 진실을 찾는 행위를 중시했다는 것을 알 수 있다.

쾌락에 대한 에피쿠로스의 말에 동의한다 해도 그가 쾌락을 어떻게 이해했는지를 알면 비판할 수도 있다. 그에게 쾌락이란 고통 없는 상태일 뿐이었다. 어쩌면 에피쿠로스도 긍정적 쾌락을 인정하되 그것을 추구하면 고통이라는 위험을 무릅쓰니 그럴 가치가 없다고 주장했을지 모른다. 위험 회피를 추구했다는 점은 평정, 즉 아타락시아ataraxia로서의 쾌락을 강조한 그의 주장과도 일맥상통한다. 이

지극히 사적인 철학

를 종합해 보면 당시 에피쿠로스가 주장한 에피쿠로스주의는 오늘날 알려진 대중적인 개념과 다르다는 것을 알 수 있다.

그러므로 쾌락이 목적이라고 말할 때 쾌락이란 무지하거나, 우리와 의견이 다르거나, 제대로 이해하지 못하는 일부 사람들이 생각하는 것처럼 방탕한 쾌락과 관능으로 이뤄진 개념이 아니다. 육신의 고통과 마음의 괴로움에서 벗어난 자유를 뜻한다.

에피쿠로스의 철학적 사고는 우리를 괴로움 없는 마음으로 인도한다. 하지만 우리는 진리에도 관심이 있기 때문에 에피쿠로스의 다른 치유 철학에도 열린 자세를 가져야 한다.

키티온의 제논Zeno of Citium을 이어 스토아철학의 두 번째 창시자로 알려진 기원전 3세기경의 철학자 크리시포스Chrysippus는 우리에게 스스로 추론해야 하며 자연을 따라야 한다고 했다. 스토아학파는 이성과 금욕적인 삶을 중시했고, 이를 통해 행복을 느낄 수 있다고 믿었다. 또 인간이 이 세계에 관해 확실한 진리를 찾는다는 가능성에 회의를 느낀 관점인 회의론을 주장한 그리스 철학자 피론Pyrrho의 계보를 따른 회의론자들은 모든 믿음을 거두어야 가장 평온하게 살 수 있다고 설명한다. 문제의 옳고 그름을 떠나 논쟁을 마주한다는 것만으로도 평온할 수 없기 때문이다. 그렇다면 우리는 모든 상충하는 논쟁에서 한발 물러나 안락한 정원으로 피신해야 할까?

에피쿠로스의 생각으로 돌아가 보자. 그는 욕망을 구별해야 하며 어떤 욕망은 극복해야 한다고 촉구한다. 예컨대 대부분의 욕망은 자연스럽지도 필요하지도 않다. 나쁜 욕망에서 비롯한 경우도 있다. 명성에 대한 욕망이 그 예다. 어떤 욕망은 자연스럽거나 자연스럽게 생기지만 전혀 필요하지 않을 수도 있다. 사치스럽게 먹고 마시고 싶은 욕구가 대표적인 예다.

계속 마시고 흥청망청 놀거나 욕정을 채우거나 생선을 비롯한 호화로운 식탁에서 사치를 즐기는 건 쾌락의 삶으로 이어지지 않는다. 냉철한 정신으로 추론하고, 모든 선택과 회피의 동기를 찾고, 영혼에 가장 큰 혼란을 일으키는 단순한 의견들을 쫓아내야 한다.

하지만 맑은 정신으로 추론하는 과정은 우리가 쾌락의 삶이 무엇인지 알 때, 즉 고통 없는 삶이자 소란 없는 삶이 아주 작은 것에 만족하는 삶임을 깨달을 때에만 가치가 있다. 에피쿠로스는 실로 아주 작은 것에 만족하는 사람이었다. 보잘것없고 단순한 식습관을 지키는 사람이라면 사소한 진미라도 연회만큼 좋을 수 있다. 사치를 추구하기 위한 수고와 희망, 실망이라는 고통을 겪을 필요도 없다. 에피쿠로스는 고통이 따를 위험만 없다면 사치에는 아무 문제가 없다고 생각한 듯하다. 그는 실제로 이렇게 썼다.

방탕한 이들에게 쾌락을 만들어 주는 무언가가 천상과 죽음과 고통에 대한 두려움 또한 녹여준다면, 게다가 그자들이 식욕의 한계를 배웠다면, 그들을 비난할 이유는 없다.

에피쿠로스는 우리가 위험으로부터 자신을 보호하기 위해 부와 권력, 명성을 추구하면서도 이로부터 고통이 가중된다는 것을 깨닫지 못하는 이유를 삶에 대해 불안을 느끼기 때문이라고 생각했다. 고통의 원천 중 하나는 죽음에 대한 두려움이다. 종교와 미신은 사후 세계를 비관하고 걱정하게 만들며 이런 심리는 강박적인 행동으로 이어질 수 있다. 바로 여기서 이 장의 첫머리에 적은 에피쿠로스의 문장을 보자.

죽음이 있을 때 우리는 존재하지 않고
우리가 있을 때 죽음은 존재하지 않는다.

에피쿠로스의 견해와 이에 대한 주장은 에피쿠로스의 추종자이자 기원전 1세기경 로마의 시인 루크레티우스Lucretius가 쓴 위대한 철학시 〈사물의 본성에 관하여De Rerum Natura〉에 자세히 나온다.

우리가 태어나기도 전에 지나간 영원을 되돌아보고 그것이 우리에게 얼마나 아무것도 아닌지를 생각해 보라. 이는 자연이 우리에게 비추는 거울이며 우리가 죽은 후의 시간을 볼 수 있는 거울이다. 정말 끔찍한 것, 우울한 것 또는 가장 깊은 잠보다 더 평안하지 않은 게 보이는가?

이때 태어나기 전에 존재하지 않는 것과 죽음 이후에 존재하지 않는 것의 유사성에 의문이 생길 것이다. 중요한 차이는 무엇일까? 바로 우리가 '주어진 시간보다 더 오래 살더라도 그는 여전히 나이며 내 기억을 가지고 미래로 계속 나아간다'는 말은 이해할 수 있지만 반대로 '내가 2세기 전에 태어났더라도 그건 여전히 나였을 것이다'는 말을 납득하기 어렵다는 데서 드러난다. 에피쿠로스철학을 넓힌 루크레티우스의 다른 주장을 살펴보자.

미래에 고난과 고뇌가 기다리고 있다면 그때 그것을 경험하려면 자아가 존재해야 한다. 하지만 죽음은 그런 역경 속에서 괴로워할 자아의 존재를 부정해 우리를 이 운명에서 구원한다. 그러니 안심하라. 우리는 죽음을 두려워할 이유가 없다. 더 이상 존재하지 않는 자는 고통을 느낄 수 없고 불멸의 죽음이 필멸의 삶을 강탈하고 나면 태어난 적조차 없는 자와 모든 면에서 다를 수 없다.

에피쿠로스가 유물론에 전념했기에 죽음은 곧 소멸이라고 믿었다는 점을 다시 떠올려 보자. 물론 어떤 이들은 에피쿠로스의 주장에 확신을 갖지 못하거나 납득이 가지 않아 고통스러울 수 있다. 어떻게든 죽음을 소멸로 받아들인다 해도, 개인이 어떤 사건을 겪을 당시에 경험의 주체로 존재할 때에만 좋거나 나쁠 수 있다는 주장이 성립하는지 의문이 들 수 있다. 만약 그렇다면 내가 죽고 난 후의 어떤 나쁜 일도 내게 나쁠 수 없다. 따라서 죽음을 두려워하는 것은 비합리적이다.

그런데 실제로 우리는 일반적으로 죽을 때 생기는 고통이나 다른 사람이 겪을 고통 때문에 죽음을 두려워할 수 있다. 쉽게 죽는다고 해도 죽음이 미래의 삶을 박탈하기 때문에 여전히 죽음을 두려워할 수 있다. 즉 죽음이 필멸의 삶을 강탈한다, 다시 말해 미래를 박탈당한다는 것은 살면서 느낄 수 있는 더 많은 즐거움을 잃는다는 의미다. 그 쾌락이 오직 평온함과 약간의 맛있는 음식에 지나지 않더라도 말이다.

이제 인생의 길이와 관련된 의문이 떠오를 것이다. 케임브리지대학 출신의 수학자이자 철학자, 무신론자였던 프랭크 플럼프턴 램지Frank Plumpton Ramsey는 26세에 세상을 떠났고, 18세기 영국의 낭만주의를 대표하는 시인 존 키츠John Keats는 25세에 사망했다. 핀란드의 작곡가 장 시벨리우스Jean Sibelius는 91세에 운명했고, 17세기 정치철학자 토머스 홉스Thomas Hobbes는 86세에 세상을 등졌다. 먼저 사망한 램지와 키츠는 시벨리우스와 홉스에게 없는 뭔가를 잃지 않았을까? 불의의 사고를 당해 30세에 사망한 이의 삶과 90세까지 살다 떠난 이의 삶을 비교해 보자. 더 긴 삶에 더 많은 쾌락이 있지 않았을까? 인간의 최대 수명을 200년으로 본다면 26세에 사망한 램지는 86세에 떠난 홉스보다 더 많은 세월을 놓친 셈이다.

루크레티우스는 죽음을 두려워하지 말라고 한다. 하지만 그 말과 모순적으로 죽음이 너무 빠르게 올 수 있고 쾌락의 손실이라는 고통을 겪을 수 있음을 인식한 것처럼 보인다.

왜 죽음을 슬퍼하고 통곡하는가? 지금껏 살아온 삶이 즐거웠다면, 그 모든 축복이 깨진 항아리에 부은 물처럼 새어 나가 미처 다 누리지 못하고 낭비되지 않았다면, 아둔한 자여, 왜 삶의 만족을 얻은 손님처럼 인생의 연회에서 물러나지 않는가?

로마식 연회를 논한 루크레티우스는 에피쿠로스의 단출한 식사를 그리 좋아하지 않았을 것이다. 역설적이게도 루크레티우스가 말하는 연회는 에피쿠로스다운 소박함에 어울리는 식사가 아니었다.

～

에피쿠로스의 인간적인 생각으로 마무리해 보자. 그는 우정을 매우 중시했다. 그는 이렇게 말했다.

우정은 온 세상을 춤추고 돌아다닌다. 잠에서 깨어나 행복을 누려라.

심지어 현명한 사람이라면 친구의 고통을 자신의 고통처럼 느낄 것이며 친구를 배신하기보다 친구를 위해 죽을 것이며, 그렇지 않으면 자기 삶이 혼란스러워질 것이라고 주장한다. 하지만 이런 가치 있는 생각들은 에피쿠로스가 불안에서 벗어나는 데 필요하다고 말한 요건들과 잘 어울리지 않는다. 친구가 있으면 걱정이 늘어날 수도 있지 않을까?

생애 마지막 날, 에피쿠로스는 그날을 축복받은 날이라고 했다. 그는 삶에 대한 자신의 기본 신념인 4단계 치유법, 즉 테트라파르마코스tetrapharmakos를 잘 알았다. '신을 두려워하지 말라. 죽음을 걱정하지 말라. 선한 것은 쉽게 얻을 수 있고, 나쁜 것은 견디기 쉽다.'

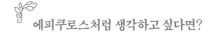

에피쿠로스처럼 생각하고 싶다면?

문제에 시달리는 영혼들에 치유를 선사하자. 기왕이면 정원에서.

이븐 시나

어른에게도 의지할 곳이 필요하다

물론 존재는 있다.

시나

여기 한 철학자가 자신의 작업 방식을 묘사한다. 진정으로 일하는 철학자의 모습이 아닐 수 없다.

> 밤이면 집에 돌아와 등불을 앞에 놓고 독서와 글쓰기에 몰두한다. 잠이 밀려오거나 의식이 가물가물해질 때마다 옆으로 돌아서서 포도주 한 잔을 마시면 힘이 돌아오곤 했다. (…) 그렇게 나는 논리, 자연, 수학과 과학에 통달했으며 (…)

이 이야기의 주인공은 바로 10세기 이전에 활동한 철학자 중 가장 위대한 형이상학자로 꼽히는 아부 알리 알 후사인 이븐 시나~Abū 'Alī al-Husayn ibn Sīnā~(980~1037)다. 보통은 라틴어 이름인 아비센나로 부른다. 시나는 이슬람 철학은 물론 유대교와 라틴 기독교 전통에도 막대한 영향을 미쳤다.

실크로드에 자리한 중앙아시아의 부하라는 많은 이가 오가는 중요한 도시였다. 시나의 가족은 정치 엘리트층이었고 시나는 청년 시절부터 궁정 도서관을 드나들었다. 이슬람 철학서는 물론 그리스 철학의 아랍어 번역본까지도 잘 갖춘 공간에 말이다.

시나는 일찍이 두각을 드러냈다. 열 살 때 이슬람 경전인《코란Qur'an》을 통째로 외웠다고도 한다. 성인이 된 후에는 페르시아 통치자들의 의사이자 보좌관으로 많은 곳을 여행했다. 이때 시나는 아리스토텔레스 철학과 이슬람 신앙을 조화롭게 엮어 개작했고 후대 아랍계 철학자들은 시나의 개작을 통해 아리스토텔레스를 논했다.

시나는 의사로도 유명하다. 사고, 질병, 심리적 장애 등을 다양하게 다룬《의학전범The Canon medicinae》은 수 세기 동안 많은 의료인의 의학 교과서로 사용됐다. 시나의 철학을 의학 없이 논하기는 어렵다. 차치한단 곧 분리한다는 뜻인데, 분리는 시나의 사상과 어울리지 않는 개념이기 때문이다. 그는 모든 것을 통합해 이해하려 했다. 22권에 달하는 위대한 저작《치유의 서Sufficientia》는 정치학과 가정사 관리법, 의술과 윤리학을 비롯한 실용 철학, 수사학과 운율학을 포함한 논리학, 자연계와 천상계, 광물학과 기상학, 식물학과 동물학을 포함한 물리학, 음악과 천문학을 포함한 수학, 심지어 형이상학까지 다룬다.

시나는 아리스토텔레스처럼 온갖 주제를 탐구한 박식가였으나 그와 달리 모든 지식을 하나로 통합하려는 목적이 있었다. 그는 아리스토텔레스주의와 신新플라톤주의를 아랍식으로 발전시킨 사상인 파르사파falsafa와 이슬람 교리 칼라암kalām을 결합했다. 시나는 오늘날 과학자들이 세운 만물에 대한 이론, 즉 물리 세계의 모든 측면을 설명하는 통일 이론을 뛰어넘는 사고를 발휘했다. 시나의 만물론은 신, 영혼, 주변 세계, 신체 질병의 사례와 치료법까지 모든 것을 아우르는 진정한 의미의 통합 이론이었다.

~

    서양의 유명 대학들에서는 시나를 비롯한 아랍계 철학자들을 거의 다루지 않는다. 중요한 신학자로 꼽히는 아퀴나스는 아리스토텔레스의 저작에 기독교 색을 입혔다고 알려진 인물이다. 그런데 이는 두 세기 전 시나가 자신만의 아리스토텔레스식 관점으로 이슬람 신앙에 접근한 방식과 매우 유사하다.

    이슬람과 시나 철학의 중심은 바로 신神이다. 이를 바탕으로 시나의 사상을 살펴보자. 먼저 시나가 존재에 의문을 품었다는 점에서 출발하겠다. 존재를 이해하려면 존재가 왜 필요한지 알아야 한다. 이어서 필연성이 어떻게 문제를 해결해 주는지 궁금해질 것이다. 이 문제를 해결하기 위해 질문을 하나 던지겠다. 우리가 뭔가를 필요로 해야 할 이유는 무엇일까?

    '진실의 증거'라는 이름으로 알려진 그의 견해를 살펴보자. 필요한 존재가 있으며 그에게는 이슬람과 유대교, 기독교를 비롯한 아브라함계 일신교가 신에게 부여한 핵심 특징이 있다는 주장이다. 실제로 시나의 의견에는 아퀴나스와 17세기 유럽 철학자들의 추론에서 발견되는 특징이 보인다. 예컨대 우주적 존재에 대한 고트프리트 라이프니츠Gottfried Leibniz의 우연성 논증과 유사하다.

시나는 처음부터 사물이 실제로 존재한다고 인정했다. 회의론자라면 사물의 존재를 정말 확신할 수 있느냐고 물을 것이다. 시나는 사물의 존재가 환상일지라도 그 환상은 존재한다고 답한다. 그의 '나는 사람flying man'으로 알려진 사고실험은 기본적인 인간 존재를 확립한다. 매달린 사람suspended man 또는 떠다니는 사람floating man으로도 불리는 나는 사람은 이런 조건에 놓인 한 어른이다.

그는 무엇도 보이지 않고 느끼지도 못하는 허공 속을 맴돈다. 팔다리는 분리돼 서로 닿을 수 없다. 소리도 없고 냄새도 없으며 감각을 완전히 박탈당한 상태다. 막 창조된 그는 이전의 감각 경험에 대한 기억이 없다.

시나는 이런 상황에서 사람이 무엇을 알 수 있고, 알게 되는지 물었다. 지식이 감각에서 비롯된다면 아마 아무것도 알 수 없다고 답할 것이다. 시나는 이런 상황에서도 개인은 자신의 존재를 인식할 수 있다고 주장했다. 이 예시는 육체의 소유는 인간 존재의 본질적인 것과 아무 관련이 없다는 것을 보여준다. 만약 그렇다면 나는 사람이 자기 자신과 자신의 존재를 파악하기란 불가능할 것이다.

이 사고실험의 정확하게 설정된 조건에 관해 특히 많은 논의가 이뤄졌다. 우리는 감각 박탈 상태가 가능한지, 그 상태에서 자의식이 남아 있을 수 있는지 질문해야 한다. 시나가 중시한 필수 또는 필연적 존재와 우연적 존재 사이의 구분법을 조명하기 때문이다. 사람은 독신일 수도 있고 오만하거나 관능적일 수도 있다. 하지만 이는 사람으로 존재하기 위한 필수 요소가 아니다. 반면 어느 정도의 자의식은 꼭 필요하다. 이런 필연과 우연의 구분은 철학적 사고 전반에 걸쳐 있다. 시나가 신이 필연 또는 필수로 존재한다는 것을 증명하기 위해 이 개념을 어떻게 활용했는지 살펴보자.

원인이 있는 사물은 다른 사물의 존재, 즉 원인에 의존하기 때문에 그 본성만으로는 필연적 존재가 될 수 없다. 우연으로 존재한다는 것은 존재할 수도, 존재하지 않을 수도 있다는 뜻이며 존재 여부는 존재의 원인 유무에 따라 달라진다. 주변을 둘러보자. 우리가 보는 모든 것은 우연적이다. 눈앞의 사물은 존재하지만 존재하지 않았을 수도, 원인이 없거나 달랐다면 존재하지 않았을 수도 있다. 우연적 존재와 달리 필연적 존재는 존재하지 않을 가능성을 아예 배제한다. 즉 존재하는 것으로 사물의 본질이 존재를 보장한다. 둥근 사각형처럼 본질적으로 불가능한 것의 존재가 보장되기도 한다.

시나는 우연적인 것들이 존재하거나 존재하지 않으려면 어느 한쪽으로 무게가 더 실려야 한다고 말했다. 저울이 이쪽이나 저쪽으로 기울어 그 사물의 존재와 부재를 결정한다는 뜻이다. 우연적 존재는 그 자체로 존재해야만 하는 것도, 존재하지 않아야만 하는 것도 아니다. 외부의 원인, 즉 저울을 어느 한쪽으로 기울이는 무게추라는 다른 무언가를 통해 필연적 존재가 된다.

필연적 존재가 있다고 믿을 만한 타당한 이유가 있을까? 앞서 시나는 단 하나의 필연적 존재가 있다고 믿었으며 이에 합당한 이유가 있다고 주장했다. 모든 우연적 사물을 한데 모은다고 해보자. 모두 집합했으니 당연히 집합 바깥에는 우연적 존재가 없다. 이 총집합의 원인은 무엇일까? 집합이 부재하지 않고 존재하도록 저울을 기울여 준 무게추는 무엇일까? 이 집합이 무無에서 비롯했을 리가 없다. 집합체의 존재를 떠받치는 필연적 존재, 그 자체로 존재하는 분명한 존재가 있어야만 한다.

여기서 우리는 시나의 추론에 이의를 제기해야 한다. 집합에 속한 개별 사물이 우연적 존재라고 해도 집합 전체가 우연적 존재라고 할 수는 없다. 집합이 충분히 크다면 필연성이 생길지도 모르기 때문이다. 예를 들어 제비 한 마리가 보인다고 봄이 왔다고 할 수는 없다. 하지만 많은 제비가 나타났다면 봄이 왔다고 해야 한다. 누군가가 주식을 하나 팔았다고 그 회사가 망하지는 않는다. 하지만 다수가 주식을 매도한다면? 어딘가에는 전환점이 있기 마련이다.

하지만 우연적 존재의 집합은 아무리 커도 필연적 존재가 될 수 없다. 그렇다고 그 집합의 바탕이 되는 필연적 존재가 반드시 있다는 뜻은 아니다. 그러려면 모든 우연적 존재에 원인이 있어야 한다. 물론 신이 필연적 존재로서 반드시 실존한다고 믿는 어떤 이들은 '어쩌면 우연적 사물이 존재한다는 것이 엄연한 사실이지 않을까?'라고 생각할 수 있지만, 이는 말보다 수레가 먼저인 생각일 뿐이다.

시나의 생각을 더 깊이 이해하기 위해 필연적 존재가 실존한다는 그의 주장을 유효하다고 가정해 보자. 이제 시나는 자신이 존재한다고 증명한 필연적 존재가 이슬람교와 모든 아브라함계 종교의 신과 같다는 것을 보여주기 위해 또 다른 논증을 해야 한다.

아브라함계 종교는 아브라함의 유일신 신앙에 기원을 둔 종교를 총칭한다. 이들에게 신은 오직 하나뿐이다. 그렇다면 우연적 사물이 모인 별개의 집합이 별개의 필연적 존재를 가리키는 것은 아닐까? 시나는 그럴 수 없다면서 필연적 존재가 그 자체로 별개가 될 수 없다는 근거를 제시했다. 별개가 되려면 필연적 존재가 어떤 외부 원인으로 구분돼야 하는데 필연적 존재는 어떤 식으로든 외부 요소에 의존하지 않는다면서 말이다.

다른 문제도 있다. 예를 들어 필연적 존재인 신이 우연적 사물의 집합인 우주를 창조했다는 말을 어떻게 이해해야 할까? 창조라는 행위는 시간 속에서 이뤄진다. 그렇다면 시간은 신과 별개로 존재할까? 시간이 신의 속성이라면 우리는 어떻게 시간 속에서 창조가 일어났는지를 질문하고, 신이 왜 특정 시간에 우주를 창조했는지 고민하는 등 난제의 늪에 빠질 것이다.

시나는 신이 변하지 않으며 영원히 우주를 지탱한다고 봤다. 따라서 신이 처음부터 모든 것을 정했다고 생각해서는 안 된다. 그런데 신이 변하지 않는다고 가정한다면, 과연 신은 우연 사이에서 일어나는 시간의 변화를 어떻게 알 수 있을까? 어쩌면 불변하는 자연법칙을 알지도 모른다. 그것이 신이라는 존재의 속성일 수도 있다. 하지만 이것만으로 신이 어떻게 세부적인 것에 대한 지식을 가졌는지 알기는 어렵다. 신은 본질이나 정의를 통해 인간이 필멸자라는 것을 알지만 특정 인간, 이를테면 소크라테스가 특정일에 한 일은 알지 못하는 듯하다.

시나는 이 마지막 난제에서 전통 이슬람을 비롯한 다른 여러 신앙과도 큰 갈등을 빚었다. 그가 굳게 믿었던 모든 일은 필연적으로 일어난다는 필연주의의 필연성이 많은 종교적 믿음과 충돌하기 때문이다. 신의 존재에 관한 시나의 주장은 우연적인 것의 실존을 바탕으로 한다. 필연적 존재가 우연적 사물의 실존 원인이라면 우연적 사물의 실존과 이에 관한 모든 것은 필연적으로 정해진다. 필연적 존재인 신에게 우연적 원인이라는 속성이 있다고 하지만 않으면 납득할 수 있는 생각이다.

그런데 이 말이 성립하려면 신이 특정 시간에 특정 사물을 창조하도록 저울을 기울여 줄 외부 원인이 필요하다. 필연성과 자유의지가 양립할 수 없다고 한다면 필연주의에 따라 피조물인 우리에게는 자유의지가 없다. 게다가 신에게도 선택이나 의지의 자유는 물론 진정한 선택권이 없는 것으로 보인다. 전통 이슬람 시각에서 보면 배교에 해당하는 입장이다. 물론 필연적 존재에 신의 속성, 이를테면 신의 선함과 지혜, 일부 특정 피조물에 대한 보살핌이 있다는 시나의 주장은 이슬람 신앙의 많은 요소와 합의가 필요하다.

이슬람에는 《코란》에서 유래한 이성 신학인 칼라암이 있다. 칼라암이 계시에 반문할 수 있는 철학적 추론과 달리 그저 계시가 된 것을 이성으로 이해하려 한다고 보는 시각도 있지만, 시나를 비롯한 일부 사상가의 철학에 그런 첨예한 대립은 없었다. 다만 시나는 신은 어느 정도 인간의 이해를 넘어서는 존재는 맞지만, 그렇다고 우리가 그에 대해 아무것도 알지 못할 정도로 완전히 초월적인 존재가 아니라고 설명한다.

영향력의 관점에서 보면 시나의 철학은 확실히 성공했다. 하지만 많은 이가 회자하는 그의 격언을 보면 시나의 철학을 어떻게 평가해야 할지는 여전히 알기 어렵다.

번개는 밝을수록 더 빠르게 사라진다.

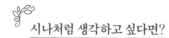

시나처럼 생각하고 싶다면?

하나의 통합 이론으로 존재를 비롯한 모든 것을 설명하려 해보자.

09
René Descartes

르네 데카르트

독립심과 이기심의 차이

나는 생각한다, 고로 나는 존재한다.

데카르트

철학 이야기를 할 때면 철학을 조금이라도 아는 사람들, 심지어 철학을 전혀 모르는 사람들도 종종 '나는 생각한다, 고로 나는 존재한다cogito, ergo sum'라는 말을 읊조린다. 바로 프랑스의 철학자 데카르트(1596~1650)와 그의 유명한 코기토에 관한 이야기다.

르네상스 이후 그리스 철학자들의 글이 전해지며 우주와 인간에 대한 다양한 생각이 나타났고, 세상에 진리란 없다는 회의론이 만연했다. 데카르트는 이에 반대하며 절대적 지식이 있으리라 믿었다. 또 우리의 지식이 의심할 수 없는 원리에서 시작돼야 한다고 생각해 모든 것을 의심하기 시작했다. 이때 단 한 가지 절대 의심할 수 없는 것이 있는데 바로 내가 지금 의심을 하고 있다는 사실, 즉 생각하고 있다는 사실이다. 그리하여 데카르트는 '나는 생각한다, 고로 존재한다'라는 명제를 도출했다. 그는 이를 다른 모든 것의 근거가 되는 가장 기초적인 명제로 봤다.

데카르트는 순수한 추론을 통해 이 확실한 코기토에서 매혹적이고 광범위하며 영향력 있는 결론을 도출했다. 가장 놀라운 점은 우리가 '나'라는 단어를 사용할 때 나는 영혼을 가리키고, 영혼은 마음이자 자아이며 육체나 모든 물질과 완전히 구분되는 실체라는 것이다. 윤기 나는 머릿결과 탄탄한 몸매, 요염한 미소, 침침해지는 시력과 희끗해지는 수염, 지루함이 묻어나는 한숨까지 우리는 각자의 육체와 연결돼 있더라도 육체와 별개로 존재할 수 있다.

데카르트는 여기서 멈추지 않았다. 그는 코기토를 바탕으로 전통적인 의미의 신이 존재하며, 우리는 육신이 죽더라도 계속 존재한다는 결론에 다다랐다. 정신이라는 실체, 즉 나는 영혼이라는 단순한 실체이며 부분으로 나눌 수 없다. 나는 와인 잔이 깨지듯 부서지는 식으로 파괴될 수 없다. 단 여기에는 영원불변한 실체, 즉 전능한 신이 원한다면 나를 완전히 소멸시킬 수 있다는 조건이 붙는다. 그러니 우리는 신에 관련된 일이라면 신중해야 한다.

철학의 주요 임무를 어떤 세계관에 대해 말하는 것이 아니라 언어와 기호를 논리적으로 분석하는 것으로 보는 많은 분석철학자는 데카르트의 결론을 기괴하다 여기며 그의 추론이 잘못됐으리라 주장한다. 하지만 수백만, 수십억 명의 사람 그리고 독자들이 신앙이나 성경에 대한 몰입, 추론 등으로 다양하게 확신을 가지고 데카르트의 결론을 받아들인다는 점을 기억하자.

데카르트 철학은 마음의 병 극복과 잘 정돈된 마음과 평온함을 추구한다. 신은 속이는 존재가 아니다. 하지만 한낱 인간은 신중히 주의를 기울여야 한다. 가능한 것에 집중하지 않으면 실수를 저지르거나 불안에 빠지기 쉽다. 우리는 진리 묵상의 즐거움과 어떤 고난도 이겨낼 정신적 자유가 있음을 깨닫는다면 행복해질 수 있다.

데카르트는 근대 철학의 아버지로 명성이 높다. 1600년대에 활동한 철학자의 사상을 '근대' 철학이라고 부르는 데서 그의 접근방식이 이전 유럽 철학자들과 얼마나 다른지 알 수 있다. 데카르트는 자신이 인간과 세계를 이해하는 방법을 새롭게 구축한다고 생각했다. 이는 교회나 스승들, 특히 아리스토텔레스를 비롯한 기독교 이전 철학자들의 가르침에도 머리를 조아리지 않겠다는 뜻이었다.

모든 것을 의심해 절대적으로 의심할 수 없는 학문의 토대를 찾기 위한 논의를 담은 데카르트의 저서 《성찰Meditations》의 〈제1 성찰Meditation I〉에는 성숙함과 여유로움이 드러난다. 또 그가 명쾌하게 사고해야 한다는 걱정에서 얼마나 벗어나 있었는지 알 수 있다.

수년 전 나는 얼마나 많은 거짓을 참으로 알고 어린 시절을 보냈는지, 이 위에 세운 체계의 본질이 얼마나 회의적인지 깨닫고 충격받았다. 학문에서 안정적이고 지속 가능한 뭔가를 정립하려면 살면서 한 번은 모든 것을 완전히 무너뜨리고 기초부터 다시 시작해야 한다는 것을 깨달았다.

《성찰》은 새롭게 시작한다는 점에서뿐만 아니라 자서전을 가장한 철학서라는 면에서도 매우 독특한 책이다. 데카르트는 독자들이 단숨에 읽지 않고 몇 달에 걸쳐 자기만의 1인칭 시점으로 문제를 새롭게 시작해 여러 주제를 성찰하도록 구성했다. 본래 라틴어로 썼으나 고전학자들뿐만 아니라 더 폭넓은 독자층이 읽을 수 있도록 프랑스어로 번역했다. 데카르트는 "상식은 세상에서 가장 잘 유통되는 상품이다. 모든 사람이 자신에게 상식이 충분하다고 확신하기 때문이다"라며 유머 감각도 드러냈다.

데카르트는 가능한 한 모든 것을 의심하기로 결심했다. 평소 시력이 나쁘다, 꿈을 꿨다, 피곤하다 등의 이유로 실수를 저질렀기 때문이다. 사악한 악마와 사악한 천재가 존재해 그에게 바다와 굴, 뇌와 비스킷으로 이뤄진 세계가 존재한다는 환상을 심었을 수도 있다고 생각했다. 말도 안 되는 것처럼 보이지만 이 가정에는 논리적 모순이 없다. 어쩌면 육체와 뇌를 비롯한 온 우주가 허상에 불과하고 그의 경험은 사악한 천재가 불어넣는 헛된 느낌일지도 몰랐다.

데카르트는 싱싱한 사과와 썩은 사과가 함께 든 바구니로 비유했다. 썩은 사과가 늘어나는 것을 방지하려면 모든 사과를 꺼내 싱싱한 사과만 다시 담는 것이 현명하다. 마찬가지로 무언가를 의심하려면 조금이라도 불확실한 신념은 모두 버리고 부인할 수 없는 진실만을 품어야 한다. 그런데 이 사과 바구니 비유에는 문제가 있다.

어떤 믿음을 평가하려면 또 다른 믿음이 필요하다. 사과 바구니도 그런 믿음으로 이뤄지지 않았을까? 오스트리아의 사회학자인 빈학파의 오토 노이라트Otto Neurath는 더 나은 비유를 제시했다. "우리는 망망대해에서 배를 재건해야 하는 선원과 같아서 마른 부두

　　　　　　　　　　　　　　지극히 사적인 철학

에서 배를 해체하고 그곳에서 최고의 재료로 배를 다시 지을 수 없다"라고 말이다. 우리는 어떤 신념의 일부를 바탕으로 다른 신념을 평가해야 한다. 일부는 버리고 일부는 남겨둬야 한다. 처음에 확고하게 믿던 신념을 재검토해야 할 수도 있기 때문이다.

데카르트의 진리를 찾기 위한 접근방식으로 돌아가 보자. 데카르트는 어떤 실수나 속임수를 마주하든 이를 겪으려면 존재해야 한다는 것을 깨달았다. '나는 생각한다. 나는 경험하고 있다. 어쩌면 나는 속고 있다. 고로 나는 존재한다.' 여기서 하나 짚고 넘어가자면 사실 데카르트는 이를 의심할 수 있었다. 취할 만큼 코냑을 마셨다면 데카르트도 자기 존재를 의심했을 것이다. 우리는 가능 여부를 따질 때 조심해야 하고 심리적인 것과 논리적인 것을 구분하는 단계까지 확장해서 사고해야 한다. 우리는 어떤 일이 불가능하다고 믿는 실수를 할 수도, 논리적으로 불가능한데 가능하다고 생각하는 실수를 할 수도 있다는 점을 기억해야 한다.

코기토라는 결론을 낸 데카르트의 회의론은 독창적이지 않았다. 3~4세기경의 신학자이자 철학자 성 아우구스티누스St.Augustine도 데카르트와 비슷하게 주장했는데 일부는 데카르트의 신경을 거스를 정도였다고 한다. 하지만 데카르트는 코기토를 근거로 정신이 실제로 육체와 구별된다고 주장했다. 마음은 크기도 없고 공간을 차지하지도 않지만 본질적으로 생각을 담고 있다. 몸은 그와 정반대다.

데카르트의 '나'가 본질적으로 비물질적 실체, 즉 정신이라는 것을 입증하는 추론은 시나의 나는 사람에 대한 사고와 비슷하게 반박의 대상이 된다. 물론 데카르트가 자신의 생각이 특정 신경학적 변화와 같을 뿐이라는 것을 알아차리지 못했을 수도, 사람들이 슈퍼맨이 클라크 켄트라는 지구인이라는 사실을 깨닫지 못할 수도 있다. 하지만 켄트와 슈퍼맨은 차림새가 다르다. 우리는 어떻게 신경학적 변화를 정신적 경험으로 치장해서 이해할 수 있을까? 데카르트는 우리 마음의 본질이 투명하다고 답변한다.

데카르트는《성찰》에서 의심을 극복하기 위한 방법적 회의와 체계적 의심을 제시한다. 그는 자신의 존재를 확고히 한 후 자기 생각을 검토했다. 그 결과 신은 반드시 존재하며 사악한 천재나 속이는 자가 아니라는 결론을 내렸다. 데카르트가 제시한 신의 존재에 대한 세 가지 논거 중 하나는 신은 완전성을 가진 존재로 다른 모든 것과는 독립된 최대의 실재로 이해해야 한다는 생각에 기초한다. 그는 신의 존재는 완전함이고, 따라서 신은 존재하며 반드시 존재할 수밖에 없다고 주장한다.

물리적 사물의 본성인 연장선$_{extension}$과 신의 현존에 대한 〈제5 성찰$_{Meditation V}$〉에 나오는 이 논증은 오직 추론에만 의존한다. 우리는 완전함의 의미가 명확하지 않다는 것을 비롯해 많은 반론을 제기할 수 있다. 철학을 할 때 인식해야 할 한 가지 중요한 점은 한 사물에 어떤 특징이 보인다고 그 특징을 가진 어떤 것이 존재한다고 단정하면 안 된다는 것이다. 그렇다고 이것이 데카르트의 주장과 연관된 것으로 유명한 11세기 캔터베리의 대주교 성 안셀무스 칸투아리엔시스St. Anselm of Canterbury가 주장한 신의 존재에 대한 존재론적 논증에 더 깊이 파고들 이유가 없다는 뜻은 아니다. 그의 논증은 한때 수정을 거쳤지만 여전히 일부 지지자가 있다.

마음과 몸에 대한 데카르트의 형이상학적 입장은 데카르트의 이원론으로 알려졌다. 물질계를 공간에 펼쳐진 하나의 실체로 이해한다면 각각의 마음, 각각의 '나'는 물질계와 독립적으로 존재할 수 있는 비물질적 실체다. 나는 물질계 일부거나 물질계의 변용인 신체, 즉 이 생물 덩어리와 우연히 직접 연결돼 갈증을 느끼거나 다리를 꼬고 기차를 잡기 위해 뛴다. 데카르트의 이원론은 데카르트의 상호작용론이기도 하다. 누군가가 필멸의 삶에 대해 생각한다면 이는 대략 마음과 몸이 상호작용한다고 할 수 있다. 그러므로 나는 본질적으로 내 마음이다.

정말 인간은 이원론적일까? 당시에는 철학자와 왕족의 교류가 그리 드물지 않았는데, 데카르트는 보헤미아의 엘리자베스 공주와 서신을 주고받았다. 그녀는 데카르트와 치열한 논쟁을 벌였다. 공주는 나와 내 몸은 하나의 단일체를 이룬다고 강조했다. 물론 사람은 권투 장갑, 휴대전화, 와인 잔과 연결돼 있다고 느끼는 것처럼 우연히 몸과 연결된 정신으로만 구성되지 않는다.

데카르트는 이런 단일성을 인정했고 자신은 이 배의 유일한 조타수가 아니며 내 몸과 훨씬 더 긴밀하게 연결된 조타수일 뿐임을 받아들였다. 하지만 그는 정신이 뇌 중앙의 영혼의 자리인 송과선을 통해서만 작동한다고도, 몸 전체와 결합해 있다고도 말하는 등 단일성에 대한 불만족스러운 설명으로 몸살을 앓았다. 현명한 엘리자베스 공주는 그가 빠져나가게 두지 않고 계속해서 단일성의 요건을 강조했다. 마침내 격분한 데카르트는 사실상 인간의 마음과 몸이 또 다른 실체적 단일체인 제3의 실체를 형성한다고 선언했다. 그렇다면 어떻게 형성된다는 말인가? 그녀는 계속 의문을 던졌다.

데카르트주의자인 니콜라 말브랑슈 Nicolas Malebranche 는 몸과 마음의 상호작용에 대한 수수께끼를 풀기 위해 기회원인론을 제시했다. 공간에 존재하지 않는 비물질인 인간의 마음은 몸과 팔다리를 움직일 수 없지만 전지전능한 신은 비물질이어도 무엇이든 할 수 있다는 것이다. 내가 걷고 싶을 때 신이 개입해 내 다리를 움직인다. 그러니 안타깝게도 신은 우리의 모든 악행을 책임진다.

~

인간에게 영혼을 부여한 데카르트는 인간이 아닌 동물에 대해 어떤 태도를 취했을까? 그리 좋지는 않았다. 데카르트는 인간이 아닌 동물을 업신여겼다. 그의 아이를 낳은 하녀 헬레나의 애완견을 산 채로 못 박고 배를 갈라 장기를 연구했다는 소문도 있다. 이 이야기에 대한 확실한 증거는 없지만 데카르트는 다른 많은 과학자와

지극히 사적인 철학

마찬가지로 살아 있는 동물로 해부 실험을 했다. 데카르트가 동물의 고통에 연민을 느끼지 못해서였을까?

데카르트는 인간이 아닌 동물도 우리가 고통을 느낄 때와 비슷한 신체적 움직임을 보이지만 엄밀한 의미에서 고통을 느끼지는 못한다고 썼다. 경험에는 반드시 마음과 영혼이 필요한데 이를 가지지 못한 동물은 고통을 느끼지 못한다는 것이다. 누르면 소리가 나는 장난감처럼 꽥꽥 또는 컹컹거릴 뿐이라고 말이다. 데카르트는 인간과 인간이 아닌 동물 사이는 완전히 단절돼 있다고 봤다.

신체적 행동이 내적 경험을 합리적으로 드러내지 못한다면 우리는 타인의 마음이라는 문제에 부딪힌다. 정신이 행동으로 드러나지 않으면 내 주변의 인간도 경험하고 생각한다는 것을 어떻게 확신할 수 있을까? 물론 한 가지 사례를 근거로 무책임하게 일반화해서는 안 된다. 예컨대 '내 의식과 추론은 살아 있는 이 한 몸에 묶여 있다'는 예가 있다고 해서 '다른 모든 인간의 살아 있는 몸에도 비슷한 의식이 묶여 있을 것'이라는 결론에 다다를 수는 없다.

데카르트의 접근방식이 옳다면 우리가 다른 동물에게 연민을 느끼는 것은 잘못된 일이다. 그러나 우리는 염소가 살을 파고드는 철조망에 걸려 울부짖고 몸부림치는 모습을 볼 때 인간이 괴로워하고 울부짖는 것을 볼 때 느끼는 것과 똑같이 진짜 고통임을 믿어 의심치 않는다. 이를 근거로 데카르트의 추론이 틀렸다고 결론 내려야 할지도 모른다. 물론 우리는 어디까지 연민을 느낄 것인지를 느슨하게 정할 수 있다. 말라리아를 옮기고 피를 빠는 모기가 고통이나 쾌락을 느끼는 방식에 관심 있는 사람은 거의 없을 테니 말이다.

데카르트가 인간의 몸과 인간을 제외한 동물을 일종의 장치로 이해한 것 때문에 일부 반대론자는 그가 완전히 유물론자이며 영혼을 아예 믿지 않는다고 주장했다. 데카르트가 스파이라고 주장하는 이들도 있었다. 하지만 데카르트에게는 분명 자신의 신념에 대한 형식이 있었다. 항상 대중에게 자신의 진리 추구 과정과 결론을 공개한 것이 아니었을 뿐이다.

1633년 지구가 태양 주위를 돈다는 주장을 담은《세계 또는 빛에 관한 논고Le Monde ou le Traite de la Lumière》를 출간하려 했지만, 갈릴레오Galileo가 지동설로 뭇매를 맞았다는 소식을 듣고 계획을 접었다. 그를 유물론자라고 비난한 이들은 그가 사생아 딸의 이름을 딴 프랑신이라는 금발 로봇을 만들어 잠자리에 데리고 다녔다는 소문을 퍼뜨리기도 했다. 하지만 데카르트는 유물론자가 아니었다.

의식이 그저 기계·전기·화학적 또는 이원자적 신체 변화일 뿐이라는 명제에서 벗어나는 유일한 방법이 실체 이원론이라는 데카르트의 주장에 매몰될 필요는 없다. 오늘 저녁 마신 와인에 대해 생각하고, 어린 시절 그리스 섬에서 보냈던 즐거운 시간을 회상하며, 슈베르트의 음악을 듣고, 내년에 뭘 할지 상상하는 것이 그저 모종의 전기 자극일 뿐이라는 말을 납득할 수 있을까? 이에 빈정대고 싶은 마음을 참기 어렵다. '나는 생각하지 않지만, 그럼에도 존재한다고.'

지극히 사적인 철학

데카르트의 한 일화로 끝맺겠다. 데카르트는 철학자이자 수학자로 널리 명성과 악명을 떨쳤다. 17세기경 스웨덴의 크리스티나 여왕은 그를 불러 수업을 듣고자 했다. 학식이 풍부했던 여왕은 스톡홀름을 북유럽의 아테나로 만들고 싶어 했다. 데카르트는 썩 내키지 않았지만 왕실의 요청을 거절할 수 없어 스톡홀름으로 떠났다. 놀랍게도 여왕은 새벽 5시부터 강의를 듣고 싶어 했는데, 데카르트는 적어도 정오까지는 침대에서 나오지 않는 사람이었다. 유달리 매서웠던 스톡홀름의 겨울, 이른 아침부터 수업하던 그는 폐렴에 걸렸다. 그러고는 몇 달 만에 세상을 떠났다. 하지만 데카르트가 남긴 이론과 소문은 이후로도 오래도록, 여전히 살아 숨 쉬고 있다.

데카르트처럼 생각하고 싶다면?

진리를 추구하고 영혼과 그 불멸성을 발견해 보자. 그리고 그 안에서 기쁨을 느껴보자.

바뤼흐 스피노자

이제부터 혐오하지 않기로 결심했다

죽음은 최소한으로 생각하라.

스피노자

신에 심취한 덕망 있는 사상가라는 찬사와 탁월한 무신론자라는 칭송을 동시에 받은 대단한 업적을 이룬 철학자가 있다. 물론 어떤 이들은 그를 망할 무신론자라며 비난했고, 누군가는 신에 너무 도취해 집착한다고 질타했다. 그는 왜 이렇게 다른 평가를 받았을까? 두 얼굴의 사람이었기 때문도 아니고 그의 의견이 불분명하거나 계속 바뀌었기 때문도 아니다. 스피노자(1632~1677)는 우리가 두 가지 이상의 관점으로 우주를 바라보고 이해할 수 있다는 것에 주목했는데 이런 생각이 당대에 인정받지 못했기 때문이다.

그는 우주는 무수히 많은 존재 방식을 가지지만 인간은 그중 오직 두 가지만 다룰 수 있다고 여겼다. 한쪽에서 보면 볼록해도 다른 쪽에서 보면 오목한 곡면 유리와 같다. 스피노자는 존재하는 만물, 그의 표현을 빌리자면 신 또는 자연에 접근하는 여러 가지 방법을 설명했다. 그리고 다른 이들은 우리에게 스피노자를 보는 다른 방법을 알려줬다.

라틴어로 데 에스피노자De Spinoza라는 이름을 가진 스피노자는 바뤼흐Baruch, 벤토Bento, 베네딕트Benedict, 베네딕투스Benedictus 등 다양한 이름으로 불리는데 모두 축복받은 사람이라는 뜻이다. 이름에서부터 찬사를 받는 사상가, 스피노자의 생애를 잠시 살펴보자.

～

스피노자는 암스테르담의 포르투갈 출신 유대인 이민자 가정에서 태어났다. 그는 신의 본질을 깊이 고찰하는 유대계 철학자의 재능을 타고났지만 유대교의 반대 결론에 이르렀다. 신과 우리 주변의 자연 세계 또는 우주를 분리해서 생각할 수 없다고 주장한 것이다. 결과는 어땠을까? 신과 자연(이때 자연은 우주를 가리킨다)에 관한 그의 사상은 괴테Goethe, 노발리스Novalis, 아인슈타인Einstein을 비롯한 후대의 많은 이에게 존경받았다. 하지만 아이러니하게도 스피노자 본인은 철학적 생각을 말하면 곤란해질 수 있는 시대에 살았다. 1656년 7월 27일, 23세의 스피노자는 몸담았던 암스테르담 시나고그의 탈무드 토라 회중이 퍼붓는 저주를 받았고 파문당했다.

낮에도 밤에도 저주받을 것이다. 누울 때도 일어날 때도 저주받을 것이다. 바깥에 나갈 때도 안으로 들어갈 때도 저주받을 것이다. 주님이 그를 용서하지 않을 것이고 주님의 노여움과 시기가 그에게 임할 것이며, 율법서에 쓰인 모든 저주가 그에게 떨어질 것이고 주님이 그의 이름을 하늘 아래에서 지워버릴 것이다. 주님은 이 율법서에 적힌 모든 언약의 저주대로 모든 이스라엘 민족에서 그를 분리해 악惡에게 보낼 것이다.

사실상 모든 유대인에게 그를 가까이하지 말라는 명령이었다. 스피노자는 아버지의 무역업을 이어받으려 했지만 당연하게도 사업이 기울었다. 스피노자는 고사양의 렌즈를 깎아 만들며 생계를 이어 나갔다. 여담이지만 이 렌즈는 런던왕립학회 학자들과 그와 서신을 주고받은 당대 과학자들에게 큰 사랑을 받았다. 그후로도 스피노자에 대한 처우는 나아지지 않았다. 자기 신념에 충실했을 뿐이지만 많은 이의 눈에 이교도로 비쳤기 때문이었다. 나중에 살펴볼 라이프니츠는 스피노자와 편지를 주고받다가 1676년 11월 헤이그에서 만남을 가졌다. 하지만 외교관이었던 그는 스피노자에 대한 많은 비난을 듣고 지나가다 우연히 마주친 것뿐이라고 말했다.

세계와 신을 이해하려는 스피노자의 시도에 담긴 정직과 성실, 지성은 그가 라틴어로 쓴 대표적인 저서《윤리학Ethics》에 분명히 드러난다. 단순히 윤리적 문제뿐 아니라 실재에 대한 이해 전반을 다룬 이 책은 스피노자 사후에 출간됐다. 예상을 빗나가지 않고 금서로 지정됐지만 스피노자의 친구들이 몰래 사본과 편집본, 번역본을 배포했다. 가톨릭교회 금서 목록에도 오른 이 책의 사본은 바티칸에도 보관됐다. 이 한 권의 사본은 2010년에야 재발견됐는데 역설적이게도 가톨릭에 검열당했다는 사실이 스피노자에 대한 학계의 이해를 넓히는 데 도움이 됐다.

《윤리학》의 본래 이름은《기하학적 질서로 증명한 윤리학Ethica, ordine geometrico demonstrata》이다. 철학 논문치고 전개 방식이 독특한데, 고대 그리스의 철학자 에우클레이데스Euclid가《원론Elements》에서 사용한 방식을 따른다. 번호를 매긴 많은 정의와 명제, 상호참조, 증거와 QED Quod erat demonstrandum(증명이 끝난 공식 뒤에 붙이는 말)를 제시하는 식이다. 제1부 〈신에 관하여Concerning God〉의 첫머리를 보자. 여기서는 정의definition 여덟 가지, 공리axiom 일곱 가지, 정리proposition 36가지를 안내한다.

정의

I. 자기원인이란 본질에 실존이 포함된 경우 또는 본성상 실존한다고 생각할 수밖에 없는 경우를 뜻한다.

II. 동종에 따라 유한한 사물이란 같은 본성을 가진 다른 사물로 제한될 수 있는 경우를 말하며 (…)

III. 실체란 자기 안에 존재하며 자기를 통해 생각되는 경우, 다시 말해 다른 어떤 생각에도 의존하지 않고 생각이 성립할 수 있는 경우를 말하고 (…)

공리

I. 존재하는 모든 것은 자기 안에 존재하거나 다른 무언가의 안에 존재한다.

II. 다른 무엇으로도 생각할 수 없는 경우는 자기를 통해 생각돼야만 하며 (…)

정리

정리 I. 실체는 본성상 자기 변용보다 우선한다.

증명: 정의 III과 V를 근거로 알 수 있다.

정리 II. 서로 다른 속성의 두 실체는 아무런 공통점이 없다.

증명: 마찬가지로 정의 III에서 명백하게 드러난다. 각 실체는 자기 안에 존재해야 하며 자기를 통해 생각돼야만 한다. 다시 말해 한 실체에 관한 생각은 나머지 실체에 관한 생각을 암시하지 않는다.

발췌만 보면 매우 어려운 책으로 보이지만 그렇지 않다. 여기저기 덧붙인 주석과 부록으로 의미를 길게 설명하기 때문이다. 스피노자의 신은 유대교의 아브라함 신이나 기독교의 그리스도와 동일시되는 신도 아니며 일반적인 의미의 알라도 아니다. 스피노자의 신은 노여워하지도 상을 내리지도 굽어살피지도 않는다. 실재, 그 단 하나의 실체는 바로 신 또는 자연이다.

스피노자는 신과 세계가 하나라는 범신론을 견지한 듯하다. 여기서 더 철학적으로 사유하면 자연과 우리가 신 안에 있다는 만유내재신론萬有內在神論으로 이어지는데 여기서도 신이 더 위대하다. 그러므로 스피노자는 "만물은 하나님 안에 있고 하나님 안에서 움직인다(《사도행전》 17:28)"라는 종교적 전통 안에서 실체라는 개념을 사용해 논리적으로 타당하게 도출되는 내용들을 찾으려 했다고 볼 수 있다.

신에 방점을 찍으면 자연의 능동적이고 생산적인 면모가, 자연에 방점을 찍으면 그렇게 생산된 것들이 보인다. 신에게 목적과 의도가 있다거나 신이 결정을 내린다는 이야기를 진지하게 받아들이는 것은 동화 속 요정을 만나겠다는 뜻이나 다름없다. 세상을 이해하려면 원인과 결과의 사슬에 주목해야 한다. 스피노자는

"하나님의 뜻이나 설계를 논하는 것은 무지의 안식처에 들어서는 꼴이다"라며 경멸조로 말했다.

이제 한 개념, 즉 실체(신 또는 자연)가 어떻게 세계에 대한 철학적 사고를 지배할 수 있는지 살펴보자. 실체는 다른 사물에 의존하지 않고 존재한다. 여기서 독립성이 강화돼 어떤 것에도 의존하지 않는 완전히 독립적인 수준에 오른다면 오직 하나의 실체만 존재할 수 있다는 결론에 이른다. 하나의 실체에 의존하지 않는 뭔가가 있다면 그 실체는 역량을 다하지 못하는 상황일 것이다. 따라서 만물은 어떤 식으로든 하나의 실체, 즉 신에 의존해야 한다.

데카르트는 일찍이 실체 개념을 활용했다. 그가 마음과 물질을 각각 실체, 즉 사유attribute of thought 실체와 연장extension 실체라고 불렀을 때, 바로 그 순간 신을 제외한 모든 것으로부터 완전히 독립한 복수의 실체를 만들어 낸 것이다. 세계를 제대로 이해하려면 실체 개념을 적용해야 한다는 것을 납득했어도 이를 만들어 낸 이유가 궁금할 것이다. 스피노자의 경우, 신을 일관된 개념으로 받아들인 후 정직하고 엄격한 지적 노고를 통해 결론을 도출했기 때문인 듯싶다. 그 결과 콩이나 고슴도치, 사람처럼 우리가 별개의 객체라 생각한 것들이 사실 바다의 파도처럼 하나의 실체가 변형된 것들이라는 결론에 이른다.

이 변형된 것들은 연장 사유라는 속성을 모두 지닌다. 스피노자는 데카르트가 제시한 마음과 몸의 상호작용 문제, 즉 '내 정신과 육체는 하나의 동일한 양태지만 서로 다른 속성을 지닌다'는 문제를 해결한 것이다. 물론 이를 어떻게 이해해야 하는지에 대해서는 여전히 논란의 여지가 있다. 예를 들면 같은 생각을 독일어로도, 프랑스어로도 표현할 수 있다는 식이다.

스피노자에게 겉으로 구별되는 모든 사물은 단일 실체의 여러 양태이기에 동물과 인간 사이에는 근본적인 구분선이 없다. 모두 각자의 본성에 따라 가능한 정도로 움직이기 때문이다. 동물의 감정이나 느낌은 인간과 본성이 다른 범위 내에서만 인간과 다를 뿐이다. 그렇기에 그는 말과 사람은 모두 번식의 욕망에 사로잡히지만 전자는 말의 욕망이고 후자는 인간다운 욕망이라고 말한다.

스피노자는 진정한 이해란 작은 관심 영역에 국한할 수 없고 무한한 속성이나 존재 방식을 가진 전체이자 실체, 즉 신 또는 자연에 대한 이해여야 한다고 말한다. 하지만 실체라는 개념을 적용할 수 있고 사물이 단일 실체의 양태에 불과하다는 점을 인정하더라도 여전히 여러 양태의 관계, 특히 앞서 말한 의식 상태와 육체의 관계를 어떻게 이해해야 하는지에 대한 문제가 남는다. 실체가 물리적 속성과 심리적 속성을 가진다는 점을 감안할 때 심리적 사건은 모든 물리적 사건과 평행하게 진행된다고 생각해야 할 듯싶다. 그렇다면 물리적 세계의 원인과 결과가 심리 세계의 이유와 결론으로 나타날 수도 있지 않을까?

스피노자는 국가가 어떻게 조직돼야 하는지 더 쉽게 설명했고 이를 1670년 저서 《신학정치론Tractatus Theologico-Politicus》에서 주요 주제로 다뤘다. 끔찍한 스피노자의 책이라고 비난받고 싶지 않았던 그는 일부러 함부르크에서 익명으로 출간했지만 이 계략은 실패했고 유대인 공동체를 넘어 정치 당국의 비난까지 받았다. 이 책에서 스피노자는 세속적인 사회와 언론의 자유, 그리고 자유를 논했다. 또 성경에 대한 텍스트 분석과 비판을 펼쳤는데 성경은 오직 문학과 역사로만 평가되고 도덕적 성찰을 위해 해석돼야 하며, 성경을 하나님의 말씀으로 취급해서는 안 된다고 주장했다. 그 결과 《신학정치론》은 매우 불경스러운 취급을 받았다.

하지만 철학사상가로서 스피노자의 성경 연구에 대한 접근법은 신문 논평, 정치인의 연설, 의학 연구 결과, 철학서, 사상 등 언어 정보를 접할 때 도움이 된다. '쓰인 단어의 뜻을 알려면 저자와 저자의 동기, 문맥, 전후 상황, 대상 독자를 알아야 한다.' 이것이 건강한 학문이다. 스피노자는 구약성경의 첫 다섯 편인 《토라Torah》와 관련 경전, 나아가 성경 전체를 평가할 때 이런 자세를 촉구했다.

형이상학 관점으로 돌아가서 인생을 어떻게 살아야 하는지 논해보자. 스피노자는 핏속의 벌레 이야기로 우리가 삶을 어떻게 살아야 하는지 말한다. 벌레는 피를 세상의 전부로 알 뿐 훨씬 더 큰 실재의 일부라고는 생각하지 못한다. 스피노자는 영원의 관점 아래에서, 다시 말해 우리가 서 있는 세계의 특정 위치와 무관하게 영원성의 측면에서 현실을 인식해야 한다고 강조한다. 사람은 감정에 휘

지극히 사적인 철학

둘려 서로 반목하지만 사물을 객관적으로 바라보는 이성의 명령은 사람을 모은다. 이성은 여러 마음을 한데 수렴해 상대방과 내 의지를 하나로 만든다. 이것이 스피노자의 낙관적 사고였다.

논리학자들은 종종 누가 커피를 만들 것인지, 누가 최초로 어떤 정리를 증명했는지에 대해 논쟁을 벌인다. 그러다 어느 단계에서 이성이 작용해 특정 명제가 특정 전제에서 나온다고 인정하며 조화를 이룬다. 추잡한 경험의 세계에서는 추론의 순수성이 대부분 결여된다. 관점은 물론 최선에 대한 생각이 다르기 때문이다.

우리는 벌레가 피에서 빠져나가듯 세상 속 특정한 위치를 벗어나야 한다. 이 분리는 추론으로 이뤄지며 이 과정에서 우리는 개인이 본성과 주변 환경에 따라 어떻게 행동하는지를 이해한다. 우리는 분리를 통해 더 잘 대처할 수 있다. 분명 스피노자도 세상에 더 잘 대처하고자 했다. 그는 "인간의 행동을 비웃거나 슬퍼하거나 혐오하지 않으며 그저 이해하려 노력했다"라고 적었다.

스피노자는 자신을 단련했으며 자비롭고 친절했다. 그가 거미집에 파리를 넣고 거미들의 싸움을 재밌게 지켜봤다는 이야기는 잠시 무시하자. 어쩌면 그는 그 싸움이 거대한 존재의 사슬에서 피조물이 자기주장을 펼치는 모습이라고 생각했을지도 모른다. 사회의 핍박과 공격에도 꿋꿋이 버틴 그가 거미의 강인함을 보며 일종의 심리적 해방감을 느낀 게 아니었을까? 실제로 스피노자는 "인간의 일 중에서 자신과 무관한 건 아무것도 없다"라고 말한 적도 있다.

스피노자는 부당한 처사와 가난, 비난을 씁쓸해하지 않고 견뎠다. 이를 염두에 두고 생각해 보자. 누군가의 행동에 화가 날 때, 그가 어쩌다 그렇게 행동했는지 이해하려 노력해야 하지 않을까? 그리고 스스로에게도 부당하고 불쾌하게 행동하는 사람이 되고 싶은지 물어봐야 하지 않을까? 되고 싶지 않다면 그 사람에게 미안한 마음을 가져야 한다고 권하고 싶다.

~

우주를 하나의 실체, 신, 자연으로 보고 인간을 신 또는 자연이라는 단일한 실체의 변용에 불과한 존재로 본 스피노자의 견해는 많은 사상가에게 영향을 미쳤다. 가상의 마을에 사는 사람들의 이야기를 그린 소설 《미들마치Middlemarch》로 유명한 조지 엘리엇George Eliot은 스피노자의 《윤리학》을 번역했고, 워즈워스Wordsworth나 콜리지Coleridge 등 낭만주의 시인들도 영향을 받았다. 19세기 낭만주의 시인 셸리Shelley는 《아도네이스Adonais》에서 이렇게 썼다.

하나님이 그대로 계시는 동안 많은 것이 변하고 지나간다.
천상의 빛은 영원히 빛나고, 지상의 그림자는 날아간다.
삶은 색색의 유리 돔처럼 빛난다.
영원의 하얀 광채를 얼룩지게 (…)

지극히 사적인 철학

내 관점이 아닌 영원의 관점으로 신이나 자연을 바라봐야 죽음을 가장 적게 생각하는 방법을 터득할 수 있다. 우리는 대개 죽음을 개인의 시간적 관점에서 바라본다. 이때 시간 속에서 세상은 계속되고 우리 주변의 친숙한 것들도 마찬가지다. 하지만 '나'는 없다. 내가 부재한다고 생각하면 겁이 난다. 여기서 한발 물러나 시간에서 벗어나면 모든 자아가 사라진 영원의 세계가 펼쳐진다.

스피노자는 경건한 삶, 이성의 삶을 추구했지만 담배 한 개비와 거미들의 싸움을 즐길 시간이 없지는 않았다. 그는 진정한 행복을 신이나 자연을 이해하고 우리의 영원성을 인식하는 것으로 봤다. 이는 추상적 추론뿐만 아니라 과학적, 경험적 연구로도 가능하다.

영원성에 관한 스피노자의 사상에 감명받은 1950년대 이스라엘의 초대 총리 다비드 벤구리온은 스피노자가 받은 저주를 풀기 위해 로비를 벌였지만 아무 성과도 거두지 못했다. 정교회에 따르면 스피노자가 세상을 떠났을 때 정통 유대교 율법에 따라 궁극적 추방이 이미 확정됐으며 돌이킬 수 없는 것이었기 때문이다. 물론 스피노자는 괴로워하거나 놀라지 않았을 것이다. 그가 "모든 훌륭한 것은 희귀한 만큼 어렵다"라고 말했듯이 말이다.

스피노자처럼 생각하고 싶다면?

영원의 관점 아래에서 세계와 타인을 이해하려 해보자.

고트프리트 라이프니츠

정말 이것이 최선일까?

◆

이것이 가능한 모든 세계 중 최고다.

라이프니츠

'단자'라는 뜻의 모나드monad는 사람들이 자주 사용하는 일상적인 용어가 아니다. 라이프니츠의 실체론 또는 형이상학설로 부르는 단자론은 철학계 밖으로는 거의 알려지지 않은 이론이다. 당대에는 크게 주목받지 못했지만 후에 이 단자론의 사상가는 철학, 논리학, 수학 분야에서 가장 위대한 인물 중 하나로 손꼽히게 된다.

그 주인공은 바로 독일 라이프치히에서 태어난 고트프리트 빌헬름 폰 라이프니츠(1646~1716)다. 라이프니츠라는 이름을 접해봤다면 대부분 1891년 하노버의 식품회사 발센에서 만든 비스킷인 초코 라이프니츠를 통해 알았을 것이다. 물론 라이프니츠는 초코 라이프니츠를 먹어보지 못했다. 다만 라이프니츠가 하노버에 산 것이 사실이고, 지역 유명인사의 이름을 따 상품을 만드는 일은 드물지 않으니 이해하고 넘어가자.

또는 18세기 계몽주의 철학자인 볼테르Voltaire의 소설《캉디드Candide》에 나오는 '이것이 모든 가능한 세계 중 최고'라는 만트라를 통해 라이프니츠를 알았을 수도 있다.《캉디드》는 1755년에 실제로 발생한 리스본 대지진이라는 참사에서 비롯한 고통과 괴로움, 절망을 보여주며 라이프니츠의 신념을 풍자한다. '정말 이것이 신이 빚을 수 있는 최고의 세계일까?' '어떤 기준에서 최고일까?' '결과의 풍요, 즉 다양성의 극대화와 수단의 절약은 인간의 삶을 위한 질서와 양립할 수 있을까?' '다양성이 부족하면 권태에 빠지겠지만 지나친 다양성은 혼란을 초래하지 않을까?' 등의 질문을 던지면서 말이다.

라이프니츠는 무엇이 가능하고 불가능한지를 알기 위해 가능세계possible worlds라는 틀을 도입했다. 그에 따르면 실제 세계와 매우 유사해 보이는 무수히 많은 가능세계가 존재하며 실제 세계와 극단적으로 다른 가능세계, 예컨대 자연법칙이 다르거나 생명이 전혀 발생하지 않은 가능세계도 무수히 많다. 하지만 숫자 19가 소수가 아니거나 이 순간 내가 런던에 있으면서 동시에 런던에 없는 가능세계는 존재하지 않는다.

라이프니츠와 대부분 철학자는 가능세계란 말 그대로 그저 가능한 세계일 뿐이라고 생각했다. 다만 어떤 이들은 가능세계가 실제 세계와 비슷하게 존재하며 '실재'하지만 '실제'는 아닌 다른 많은 세계에 우리가 대응하는 존재가 있다고 주장하기도 한다. 여기서 우리는 철학적 사고가 파생되는 모습을 볼 수 있다. 어떤 우주론자들은 다중우주라는 현실이 존재하며 우리 우주, 우리 우주와 극단적으로 다르면서 나름의 상수와 자연법칙을 가진 수많은 우주가 다중우주에 포함된다고 주장한다.

라이프니츠는 합리성의 정점이라고 불리는 충족 이유의 원리, 줄

여서 충족이유율을 굳게 믿었다. 이 원리는 앞에서 다룬 시나의 사상과도 맞물린다. 라이프니츠는 "자애롭고 전능한 신에 근거하지 않고는 이 세계가 어떻게 존재하는지 알 수 없다. 그러므로 이 세계는 분명히 최고의 가능세계다"라고 했다.

이때 우리는 라이프니츠의 엄청난 지성 앞에 맥없이 굴복하고 복종해서는 안 된다. 소크라테스 같은 쇠파리가 되어 왜 우리가 충족이유의 원리를 받아들여야 하는지 날카롭게 질문해야 한다. 어떤 사건이나 사물은 이유 없이 일어나거나 존재하는지도 모른다. 신을 믿는 많은 사람이 신의 존재를 확신한다는 점만 봐도 그렇다. 라이프니츠의 사상을 더 알아보기 전에 잠시 그가 누구인지 조금 더 이야기해 보자.

～

학자 집안에서 태어난 라이프니츠는 막 성인이 되었을 때 법학 교수직을 거절했다. 실용적인 외교의 세계를 선택해 남작과 공작을 위해 일하고 여행했고 다른 사상가들을 만나 교류하며 명성을 얻었다. 그는 새로운 생각과 최신 연구에 고무됐는데, 동양의 신비주의에도 흥미를 보였고 미생물의 아버지라 불리는 레이우엔훅Leeu-wenhoek이 현미경을 이용해 발견한 벌레 떼에 관한 연구에도 큰 관심을 가졌다. 라이프니츠는 이에 대해 〈일반 자연의 경이로운 비밀에 관한 발견의 표본A Specimen of Discoveries about Marvellous Secrets of a General Nature〉
이라는 멋진 제목으로 논문을 펴내기도 했다.

수도승처럼 학식만 쌓는 것을 거부한 라이프니츠는 경험과 활동
에 집중했다. 계산기를 고안했고 하르츠 은광을 위한 풍차를 만들
었다. 제대로 기능한 계산기와 달리 안타깝게도 풍차는 작동하지
않았지만 말이다. 또 당대 영국인들은 부정했지만 어쨌든 아이작
뉴턴Isaac Newton과 무관하게 미적분을 발명한 인물이었다.

다방면에 관심이 많았던 라이프니츠는 베를린아카데미를 설립
했고 개신교와 가톨릭, 프랑스인과 독일인의 화해를 모색했다. 심지
어 러시아 표트르 대제에게 중국과 수교하라고 권했다. 즉 라이프
니츠가 소크라테스처럼 공상 속을 거니는 철학자로 그려질 인물이
아니라는 의미다. 또 그는 '계산해 보자'는 뜻의 칼큘무스calculemus
라는 단어를 만트라처럼 사용했다. 개념을 분명히 정리하기만 한다
면 철학에서든 수학에서든 국가 간 갈등에서든 계산의 형식으로
추론해 명확한 결론에 다다를 수 있다고 믿었기 때문이다.

이제 라이프니츠의 난해하고 주옥같은 사상을 살펴보자. '진정
하나의 존재가 아닌 것은 결코 하나의 존재가 아니다That which is not tru-
ly one entity is not truly one entity.' 뻔한 말로 보이겠지만 이것이 바로 라이프
니츠가 제시한 형이상학의 핵심이다. 쉽게 말해 존재하려면 그것은
반드시 하나여야 한다는 뜻으로 이해할 수 있다. 그리고 그 핵심에
바로 모나드가 있다. 라이프니츠는 오직 개별 단자, 즉 모나드가 모

지극히 사적인 철학

여 실재를 구성한다고 생각했다. 방금 언급한 난해한 명제에는 적절한 강조가 필요하다. 진정으로 '하나'의 존재가 아닌 것은 진정한 하나의 '존재'가 아니다. 이처럼 멋지게 강조만 해도 그 차이가 확연하게 드러난다.

실재하는 존재, 실체에는 단일성이 필요하다. 우리는 양 떼를 하나의 집합으로 보지만 양 떼는 단일체가 아니므로 진정한 실체가 아니다. 양 떼가 얼마나 돌아다니든 양치기 개와 함께 한 자리에 가만히 서 있든 양 떼가 진정으로 하나의 존재가 아니라는 사실은 우리도 알 수 있다. 하지만 방에 널린 물건들, 이를테면 빈 와인 병과 커피, 책 몇 권, 쥐 한 마리, 먼지 따위를 골라 집합으로 삼아 아무개로 부르기 시작한다면? 양 떼는 아무개보다 더 단일한 형태가 된다. 아무개에는 거의 단일성이 없다. 와인 병은 곧 재활용 수거함에 들어갈 것이고, 쥐는 더 따뜻한 곳을 찾아갈 것이며 커피는 내가 곧 마실 예정이고 책과 먼지는 그대로 쌓일 테니 말이다.

라이프니츠는 진정한 실재가 되려면 확정성이 필요하다는 원리를 추구했다. 그런데 물리적 크기를 가지는 모든 사물은 끝없이 나눌 수 있다. 엘레아의 제논과 그의 역설을 다시 떠올려 보자. 라이프니츠의 원리를 들여다보면 내 팔과 다리, 책상과 의자, 자갈과 식물처럼 우리가 일반적으로 실재의 예로 여기는 것들이 사실은 그렇지 않다는 걸 확신할 수 있다. 이들 또한 양 떼와 동일선상에 놓였을 뿐이다.

공간을 차지하는 모든 사물은 이론적으로 끝없이 나눌 수 있으므로 실재일 수 없고 단지 겉으로 보이는 현상에 불과하다. 진정한 실재인 모나드는 공간을 차지하지 않는다. 그렇다면 모나드란 무엇일까? 라이프니츠는 정신과 자아에 주목했다. 우리는 내면의 단일성을 경험한다. 나는 내 자아가 분열하는 것을 이해할 수 없다. 나는 진정한 실재, 모나드다. 여러분 또한 마찬가지다. 라이프니츠에게 모나드로서의 자아는 실재의 패러다임이었다. 라이프니츠가 말하는 누군가의 모나드는 데카르트가 말하는 보이지 않는 영혼 또는 자아와 같다.

우리 주변의 사물은 어떨까? 물질에 모나드가 있을까? 라이프니츠가 역설적인 아일랜드인이라고 부른 조지 버클리George Berkeley 주교의 말대로 그저 관념의 집합체는 아닐까? 아니다. 물질은 모나드로 구성될 수 없다. 모나드에는 크기도 규모도 없으므로 모나드가 사물의 일부가 될 수는 없다. 그러나 물질적 사물은 어느 정도 실재와 맞닿아 있다. 영혼과 비슷하지만 인간 같은 합리적 영혼의 자의식이 없는 단순한 모나드에 바탕을 두기 때문이다. 우리가 물질적 객체로 생각하는 것은 우리 인식과 별개로 존재하면서 어떤 식으로든 단순한 모나드에서 비롯한 근거가 있는 현상일 뿐이다.

이제 우리는 데카르트와 스피노자를 살펴볼 때처럼 실체라는 개념을 통해 세계를 이해하는 데 집착해야 한다. 세 사람 모두 오직 신만이 진정한 실체이며 신만이 다른 어떤 사물에도 의존하지 않

지극히 사적인 철학

는다고 믿었다. 이렇게 보면 세 사람 모두 일원론자다. 이 중에 이원론자는 없었을까? 앞서 살펴봤듯 데카르트는 극단적으로 다른 두 실체와 함께 물질과 비물질이라는 두 속성이 창조됐다고 주장한 반면 스피노자는 하나의 실체에 무수히 많은 속성이 있다고 봤다. 또 라이프니츠는 만들어진 실체의 수는 많지만 모두 영혼과 비슷한 단일 유형의 실체라고 주장했다. 그러므로 일원론자, 이원론자, 다원론자 같은 이름표는 매우 신중하게 붙여야 한다.

라이프니츠는 실재하는 현실이 광대한 수의 단자, 즉 모나드로 구성되며 각 단자가 미약하게나마 우리의 자아와 닮았다고 했다. 신비롭게도 각 단자는 과거, 현재, 미래의 온 우주를 대표한다. '단자는 과거를 짊어졌으며 미래를 잉태하고 있다.' 라이프니츠는 몇 가지 논리적 사고를 통해 이런 결론에 다다랐다. 실제로 그는 실체라는 개념을 적절하게 논리적으로 분석하자 새로운 세상이 눈앞에 펼쳐졌다고 말했다. 여기서 우리는 철학적 사고를 비롯한 모든 사고는 모종의 기본 개념을 전제로 하며, 때로는 그 개념이 가장 적절한지 의문을 가질 수 있다는 것을 다시 한번 명심해야 한다.

라이프니츠는 모나드를 '창문이 없는' 존재라고 말한다. 모나드는 상호작용하지 않는다. 그렇기에 우리는 물리적 세계에서 원인과 결과로 보이는 것과 내가 내 팔을 들어 올리는 것을 어떻게 설명해야 할지 모호해진다. 후자의 경우라면 마음과 몸의 상호작용 문제도 떠오른다. 이에 대한 라이프니츠의 유명한 해결책은 '이미 정해진 조화'다. 이에 따르면 신이 모나드가 지각, 심리 상태 또는 세계라는 표상을 품고 조화를 이룰 수 있도록 손을 써둔 상태다. 하지만 이로써 우리는 다시 한번 수수께끼에 빠진다. 조화를 위해 모나드가 서로만을 표현한다면 과연 모나드의 지각이 무엇을 표현할지도 알기 어려워지기 때문이다.

오늘날 학계에서는 이를 정리하려는 노력이 계속되고 있으며 라이프니츠가 고심했던 문제들을 이해하려는 관대함을 발휘하고 있다. 그중 한 가지 문제는 인과관계의 본질, 즉 원인과 결과 사이의 관계였다. 데카르트는 정신과 육체의 인과관계에 의문을 품었고, 앞서 언급한 프랑스의 기회원인론 철학자 말브랑슈는 인과관계를 일반적으로 설명하기 위해 신에 의지하는 모습을 보였다. 이처럼 인과관계 분석은 지금도 많은 철학자가 고민하는 주제다.

～

라이프니츠의 또 다른 면을 살펴보자. 현대철학에는 유명하지만 알쏭달쏭한 말이 하나 있다. '박쥐가 된다는 건 어떤 것일까?' 과학자들이 박쥐의 행동부터 신경학과 감각 체계까지 얼마나 많은 것을 알아내든, 박쥐에게는 여전히 존재한다고 생각되면서도 우리가 알 수 없는 뭔가가 남아 있다. 세계를 경험하고, 고통이나 만족을 느끼고, 여기저기 날아다니는 행위가 박쥐의 내면 또는 박쥐의 관점에서는 어떤 것일까?

이렇게 사유하다 보면 우리는 데카르트가 벌인 개 실험 이야기에 경악할 수밖에 없다. 라이프니츠는 데카르트와 반대로 생명을 하나의 연속체로 봤고 인간과 동물 사이에 어느 정도의 유사성이 존재한다고 했다. 이는 사실상 모나드 사이의 유사성 문제나 다름없었다. 라이프니츠는 벌레를 현미경으로 확대해 보고 다시 조심스레 나뭇잎 위로 돌려보냈다고 한다.

라이프니츠는 프로이센의 프리드리히 대왕이 그 자체로 곧 아카데미라 할 정도로 다작했지만 역작을 남기지는 못했다. 그의 사상과 발전은 앞서 살펴본 스피노자나 프랑스의 앙투완 아르노Antoine Arnauld, 영국의 로크를 비롯한 당대 철학자들과 나눈 방대한 서신과 수필에서 드러난다. 출간되지 않은 글도 많아 평가가 필요한 상태다. 라이프니츠가 종이 낱장에 적어놓은 추가 의견에 주목한 어느 편집자의 주해가 생각난다. '라이프니츠가 종이를 버릴 때, 수 세기후 연구자들이 휴지통을 뒤지리라고 예상하지 못하고 그냥 버린 것은 아닐까?' 여기서 교훈을 얻을 수 있다. 남에게 보여주기 싫은 것은 확실히 없애자.

라이프니츠의 사상에서 삶을 돌아볼 때 필요한 또 다른 점을 배울 수 있다. 우리는 시간의 흐름에 따른 우리 경험의 연속성과 통일성을 인정해야 한다. 우리는 모나드다. 라이프니츠는 실재가 보이는 것과는 매우 다를 수 있다는 것도 상기시킨다. 현미경으로 들여다

보면 인간의 눈으로 볼 수 없는 수많은 생명체가 보인다. 우리는 라이프니츠의 추론에 따라 악과 고통, 재앙의 모습 뒤에는 전지전능하고 선한 신이 존재하고 있음을 깨달아야 한다. 라이프니츠는 자신의 추론조차도 진지하게 의심해 볼 필요가 있다는 것을 의도치 않게 보여주고 있는지도 모르겠다.

이 세계가 가능세계 중에서 최고의 세계라는 말이 믿기지 않을지도 모른다. 하지만 라이프니츠의 가능세계는 어떤 일이 일어날 수 있는지를 따져보는 데 유용하게 사용됐고, 미국의 논리학자인 솔 크립키Saul Kripke를 비롯한 최근 논리학과 형이상학 발전에 각별한 영향을 미쳤다. 적어도 어떤 일들을 우연이라고 생각하는 것이 합당한지, 즉 어떤 일들은 다른 방식으로 일어나고, 어떤 선택은 달리할 수 있었다고 생각하는 것을 정당화할 수 있는지는 논쟁의 여지가 있다. 우리는 이미 스피노자 역시 실체라는 개념을 바탕으로 엄격히 추론했으나 라이프니츠와 매우 다른 결론에 이르렀다. 이는 우리에게 경각심을 일깨워 준다.

어느 위대한 철학자의 추론이 아무리 설득력이 있다고 해도 우리는 전혀 다르게 추론하는 또 다른 위대한 철학자를 만난다. 현실에 대해 서로 다른 그림을 그리는 철학자들 사이에서 무슨 일이 벌어지고 있는지 정확히 평가하기란 쉽지 않다. 우리에게는 겸손한 태도와 열린 마음이 필요하다. 그리고 성찰하고 평가하는 데 시간을 들여야만 한다.

라이프니츠는 당시 학문과 문화의 불모지였던 하노버에서 말년을 보냈다. 1714년, 브라운슈바이크공국의 게오르크 1세가 영국의 국왕으로 즉위해 조지 1세가 되며 하노버왕조가 시작됐다. 라이프니츠는 마지못해 브라운슈바이크 가문의 역사를 집필했는데, 조지 1세에게 자신을 왕실 역사가로 임명해 지성의 중심지인 런던으로 데려가 달라고 설득했으나 실패했다. 그는 외롭고 쓸쓸하게 생을 마감했다. 라이프니츠를 모시던 비서만이 장례식을 찾았다. 묘비에는 아무것도 적히지 않았다.

라이프니츠처럼 생각하고 싶다면?

가능세계에 주의를 기울이고 확정된 현실을 찾으려 해보자.

12

Bishop George Berkeley

조지 버클리

다른 사람에게 휘둘리기 싫다면

◆

배운 이와 함께 생각하고 저속한 이와 함께 말하라.

버클리

생각할 거리를 주는 철학적 질문이 있다. 한 숲에 폭풍이 몰려들고 천둥 번개를 내리친다. 나무가 땅에 쓰러진다. 근처에 소리를 들을 수 있는 사람은 아무도 없다. 그렇다면 나무는 정말 소리 없이 땅에 쓰러졌을까? 천둥은 정말 소리 없이 울렸을까? 번개는 정말 번쩍였을까? 빛이 있기는 했을까? 편하게 논의하기 위해 사람, 새, 오소리, 사슴 등 의식 있는 생명체는 이를 보거나 들을 수 없었다고 해보자. 또 만지거나 맛보거나 냄새를 맡을 수도 없었다고 가정해 보자.

이번에 만나볼 인물이 한 이야기는 아니지만 이 숲 이야기는 정신spirit을 매우 잘 담고 있다. 여기에서는 '정신'이라는 용어를 쓰는 편이 적절하다. 그는 정신에 열중했고 물질을 거부했다. 그는 비유물론immaterialism을 주장한 철학자였다. 현실 전체는 오로지 정신으로만 구성된다. 우리는 정신이요 마음이자 영혼이며 여기에 개념이나 관념, 지각, 다시 말해 시각과 청각, 미각 등의 감각이 더해진다. 물질이 정신에 의존하지 않고 존재할 수 있다고 이해한다면 물질은 모순이며 앞뒤가 맞지 않는 개념이다.

이것이 바로 버클리(1685~1753)의 철학이다. 그의 비유물론은 실체가 정신 또는 비물질적인 것으로 구성된다는 관념론으로도 불린다. 하지만 이는 지각을 으레 관념이라 부르기 때문이지 그가 품었던 관념과 이상 때문은 아니었다. 버클리가 주교로서 많은 이상을 품고 살았을 것은 분명하지만 말이다. 소리는 본질적으로 청각 경험을 수반하기 때문에 들리지 않는 소리는 존재할 수 없으며 경험은 본질적으로 경험의 주체와 정신, 마음이 필요하다. 우리는 어떻게 경험을 통해 나무와 순무, 석판의 세계를 만날까? 버클리의 철학적 사고를 이해하기 위해 그의 생애 경험을 살펴보자.

~

흔히 버클리 주교로 불리는 버클리는 사실 1734년에야 아일랜드 성공회의 클로인 지역 주교로 임명됐다. 그의 놀라운 철학적 사고가 철학계를 뒤흔든 지 20여 년이나 지난 후의 일이었다. 버클리는 여행을 많이 다녔다. 그러면서 한 번도 가보지 않았지만 지상낙원이라고 여긴 버뮤다에 대학을 설립하기 위해 영국 정부에 자금 지원을 요청했다. 그리고 결혼해 미국으로 갔다가 더블린으로 돌아왔는데, 비록 자금은 지원받지 못했지만 그의 시는 달랐다.

제국은 늘 서쪽을 향해가네.
첫 네 막은 이미 지났고,
다섯 번째 막이 오르면 그날로 극은 끝나리니,

이 시대 가장 고귀한 자손이 마지막으로 자리하리라.

1728년 작품인 〈아메리카에 예술과 교육을 이식하는 전망에 관한 시_{Verses on the Prospect of Planting Arts and Learning in America}〉는 유럽이 썩은 숨을 내쉬는 상황에서 대영제국의 식민지인 미국의 이성과 덕망에 대해 품었던 버클리의 확신을 노래한다. 이런 버클리의 열정은 캘리포니아주 버클리라는 지명과 캘리포니아대학교버클리, 줄여서 UC버클리라는 교명을 남겼다.

경험을 통해 세상을 이해하려 하면 버클리의 다소 기괴해 보이는 결론에 쉽게 다다른다. 결론부터 말하면 이렇다. '모든 것은 마음에 달려 있다.' 그 무엇도 마음밖에 존재할 수 없고 마음 없이 존재할 수 없다. 이상하게 들릴 수 있지만 곰곰이 생각해 보면 명백한 진실처럼 느껴질 것이다. 우리가 세상에 접근하는 유일한 방법은 시각과 청각, 촉각, 향기, 미각 등 경험에 달려 있다. 이 모든 행위에는 본질적으로 의식 있는 지각자가 필요하다.

어떤 근거를 제시해야 이런 경험을 넘어 우리가 인지하지 못하는 실체가 존재한다고 주장할 수 있을까? 놀랍게도 이런 주장을 뒷받침할 근거가 있다. 실제로 버클리는 자신의 철학적 사고를 존재한다는 것을 지각된다는 것이라고 간단히 줄이면 틀린 말이 된다고 말했다. 정확한 격언은 이렇다.

존재하는 것은 지각되거나 지각하는 것이다.

　버클리는 영혼이나 마음을 지각하지 못하더라도 우리가 지각 다발에 그치지 않음을 안다는 걸 받아들여야 한다고 말했고 실제로 그렇게 받아들였다. 나는 행위자다. 경험하는 지각 일부는 내가 일으키고 일부는 내게 강요된 것이지만 적어도 말브랑슈의 견해와는 다르게 내 다리를 움직이는 것은 나 자신이다. 이때 내가 하는 일이 그저 계속 지각하는 것뿐이라고 하려면 버클리는 그 지각으로부터 내가 인식하지 못하는 다른 영혼, 다른 정신의 존재를 어떤 방식으로 추론했는지 설명해야 한다. 버클리는 자신만이 존재하며 다른 존재가 내 의식 속에 있다고 생각하는 유아론자가 아니었으며, 현실이 자신의 정신과 관념만으로 이루어진다고 믿지 않았다.

　표면적으로 내가 보고 만지는 나무는 내 경험에 따라 존재가 좌우되지만 내 존재는 나무의 경험에 달려 있지 않다. 내가 나무에서 고개를 돌리면 나무는 더 이상 존재하지 않고 다시 고개를 돌려 보면 나무는 다시 등장한다. 물론 몸을 돌린다는 것 또한 내 몸과 팔, 다리, 눈을 거치는 일련의 지각 행위에 해당한다. 이 모든 논의는 상식과 거리가 멀다.

　버클리에게 역설적인 아일랜드인이라는 수식어를 붙여준 인물은 라이프니츠였다. 라이프니츠가 물질세계를 현상phenomena으로 묘사했다는 점을 감안하면 역설적인 일이다. 하지만 라이프니츠에게 현

　　　　　　　　　　　지극히 사적인 철학

상은 적어도 진정으로 실재하고 무엇에도 의존하지 않는 실체, 즉 단순한 모나드가 무수히 많다는 점에 바탕을 둔 근거 있는 현상이었다. 버클리는 근거를 제시하지 못했다. 그렇지 않은가? 앞에서도 암시했듯 버클리는 식탁과 나무, 석판, 돈, 마멀레이드와 민들레의 실재를 논하면서도 그것들이 마음에 의존하는 관념의 집합에 불과하다고 했다. 따라서 버클리는 우리에게 배운 사람과 함께 생각하되 저속한 사람과 이야기해야 한다고 권했다.

역설적으로 보이는 그의 결론에 버클리의 대응은 그다지 훌륭하지 못했다. 영국의 대주교이자 추리소설 작가였던 로널드 녹스Ronald Knox의 5행 희시를 보면 버클리가 가장 위대한 정신에 호소해 단번에 빠져나가고자 했음을 알 수 있다.

언젠가 한 남자가 이르기를
"만약 뜰 주변에 아무도 없는데
나무가 계속 존재함을
하나님이 보신다면
무척 이상하게 여기실 게 분명하다" 했다.

친애하는 선생,
놀랄 이유가 없습니다.
나는 언제나 뜰 주변에 있습니다.

그렇기에 나무는

관찰된 이후로

계속 존재할 것입니다.

사랑을 담아,

신.

버클리의 사상에서 기독교가 얼마나 중요했는지는 그가 "우리는 하나님 안에 살고 움직이며 존재한다"라는 성경 구절을 자주 인용했다는 점에서 잘 드러난다. 앞서 살펴봤듯 스피노자의 철학은 유대교의 관점에서 성경의 관념과 양립한다고 이해할 수 있으면서도 결국 실재에 관해 성경과 매우 다른 결론을 도출했다. 여기서 우리는 다시 한번 철학자들이 서로 비슷한 개념이나 출발점을 가졌어도 현실에 대해 전혀 다른 시각을 가질 수 있음을 명심해야 한다.

신에의 호소는 버클리의 절박한 한 수였다. 어쩌면 훗날 주교가 된 인물이니 그렇게 절박하지 않았을 수도 있겠다. 라이프니츠가 말한 현상은 비물질적 단자, 즉 모나드가 무수히 많다는 점을 전제로 한다. 버클리의 현상은 결국 무한한 정신인 신에 근거를 둔다. 물론 자세히 파고들면 모든 것이 혼란스러워진다. 예를 들어 나무 한 그루에 대한 나의 지각은 나무 한 그루에 대한 타인의 과거와 현재와 미래의 지각과 어떤 관련이 있을까? 나무 한 그루에 대한 신의 지각과는 어떻게 관련될까? 그런 경우 우리가 과연 같은 나무 한

지극히 사적인 철학

그루를 바라본다고 할 수 있을까?

실제로는 이보다 더한 혼란이 펼쳐졌다. 버클리는 마지막 저작인 《사이리스Siris》에서 "신의 지각이란 가장 실재하는 존재이자 변하지 않고 오직 이성을 통해서만 다가갈 수 있는 관념 또는 원형arche-type이다"라고 썼다. 플라톤의 형상론이 생각나는 대목이다. 버클리가 첫 단추부터 잘못 끼웠을지도 모른다. 어쩌면 우리의 경험이나 감각을 그 경험이나 감각의 원인과 혼동했을 수도 있다. 버클리의 말대로 한 손에는 물이 뜨겁게 느껴지고 다른 손에는 미지근하게 느껴질 수 있다. 하지만 이는 물 분자가 손 신경종말의 다양한 민감도 상태에 영향을 미치기 때문이라 설명할 수 있다.

17세기 말 위대한 경험주의 철학자인 로크가 바로 이 같은 사고 방식을 선보였다. 로크는 제1 성질과 제2 성질을 논했다. 마음과 무관한 성질, 이를테면 크기, 모양, 움직임, 불가입성 등은 제1 존재이며 당장 존재한다. 반면 색과 맛, 향이나 소리, 온기와 냉기 등 제2 성질은 제1 성질을 가진 객체와 지각자 사이에서 일어나는 상호작용에 의존한다. 이를 두고 버클리가 어떻게 답했을지 상상해 볼 수 있다. '아, 당신은 예측에 도움이 되는 논의는 제쳐두고 공상이나 다름없는 형이상학에 빠져 크기와 형태와 전자니, 중성자니 하는 움직임을 논하는군요? 우리가 논해야 할 것은 우리 경험뿐입니다.'

버클리는 과학적 존재와 물리적 객체가 우리 경험과 별개라고 봤다는 점에서 도구주의자로 볼 수 있다. 도구주의란 인간의 인식 작용이 동물의 환경에 대한 적응이 발전된 형태이며, 개념이란 이런 적응 작용을 위한 수단에 불과하다는 관점이다. 물리학자와 신경학자가 분자와 신경섬유, 아원자 입자에 대해 뭐라고 말하든 그들은 인쇄물이나 컴퓨터 화면에 나타난 문장과 이미지에 대한 경험에 의존한다. 분자 같은 과학적 개념을 사용하고 구름 같은 상식적 개념을 사용하는 것은 우리가 좋은 예측을 하는 데 유용할 수 있지만 이런 존재자들이 마음과 무관하게 실재를 구성한다고 생각한다면 오산이다. 버클리는 우리가 자연에서 경험하는 질서가 어떤 의미에서는 하나님의 언어라고 했다.

~

버클리의 비유물론에 대한 반응으로 유명한 일화의 주인공은 닥터 존슨Dr. Johnson이라고도 불렸던 영국의 시인이자 평론가인 새뮤얼 존슨Samuel Johnson이다. 존슨은 자신이 버클리를 논파했다refute고 주장했다. 논파라는 표현에서 존슨이 자기가 옳다고 생각했다는 것을 알 수 있다. 스코틀랜드의 전기 작가 제임스 보스웰James Boswell이 이 일화를 전했다.

1763년 어느 날, 존슨과 보스웰은 버클리의 물질의 비존재를 증명하려는 기발한 궤변에 대해 토론했다. 보스웰은 비유물론이 분명 거짓이긴 해도 반박하기는 불가능하다고 했다. 그러자 존슨이 격하

지극히 사적인 철학

게 반응했다. 보스웰은 당시를 이렇게 기록했다.

그때 존슨이 보인 반응은 앞으로도 절대 잊지 못할 것이다. 그는 커다란 바위를 자기 몸이 튕겨 나올 정도로 강하게 발로 차더니 "이로써 나는 논파한다"라고 말했다.

어쩌면 존슨은 자신의 발길질에 반응하는 바위의 작용을 논하고 싶었는지도 모른다. 하지만 버클리에게 이런 행동은 단지 또 다른 경험 그 이상도 이하도 아니었다. 어쩌면 존슨은 상식적인 믿음이 얼마나 중요한지 논하고 싶었는지도 모른다(이에 관해서는 곧 무어와 함께 더 자세히 살펴보겠다). 하지만 이는 그런 믿음을 어떻게 이해하는 게 옳은지에 관한 문제로 이어진다.

버클리는 물질이 마음에 의존하지 않는다고 이해해서는 안 된다고 했다. 하지만 그렇게 잘못된 믿음을 가진 경우가 아니라면 식탁과 의자, 나무와 당밀을 얼마든지 논해도 좋다고도 했다. 특히 그는 평범한 사람들과 많은 이야기를 나눴다. "나는 모든 일에 군중의 편이다" "평범하고 상식적인 길을 걷는 수많은 문맹 인류 집단과 연합한다"라면서 말이다.

신을 지우고 소개된 버클리의 접근방식은 때로 물리적 객체에 대한 현상론으로 알려지면서 많은 철학자의 지지를 받았다. 나중에 만나볼 영국의 사상가 존 스튜어트 밀John Stuart Mill의 표현을 빌리자면 이런 객체는 '감각의 영원한 가능성'으로 이해하는 게 옳다. 현상론에 따르면 지금 내가 기댄 이 책상은 존재하며 지각되지 않을 때도, 즉 누군가가 만지거나 보지 않을 때도 존재한다. 하지만 이는 나 또는 타인이 특정 행동을 했을 때, 이를테면 서재로 걸어 들어왔을 때 또다시 책상이라는 똑같은 감각을 경험한다는 뜻이다. 다만 이때 걷는다는 것 또한 일련의 감각일 뿐이고 서재도 또 다른 감각의 가능성임을 명심해야 한다.

같은 감각을 공유하더라도 우리가 마음에 의존하지 않는 객체의 존재에 의문을 품는다면 그때는 존재하는 가능성의 본질에도 의문이 생길 것이다. 내가 '우리'를 논할 수 있는지도 의문스러울 것이다. 내게는 여전히 다른 사람의 존재를 믿을 이유가 필요하다. 그게 없다면 나는 오직 나와 내 지각만이 존재한다는 유아론에 빠진다.

❧

버클리를 논할 때 그가 타르-물tar-water의 의학적 가치를 설파했다는 점을 빼놓을 수 없다. 그는 마지막 저작《사이리스》에서 타르-물을 비중 있게 다루면서 부제를 '타르-물의 미덕에 관한 철학적 성찰과 탐구의 연쇄, 그리고 서로 연결되고 서로에게서 파생하는 다양한 주제'로 적었다. 버클리는 타르-물의 효능을 뒷받침하는 근거를 인용하면서 해당 질병에 따라 타르-물을 어떻게 준비하고 사

지극히 사적인 철학

용해야 하는지 자세하게 설명했다. 타르-물은 천연두 예방약이자 탁한 피, 창자와 폐의 궤양, 결핵성 기침을 비롯한 수많은 병을 치료한다. 통풍, 발열, 괴저, 단독, 괴혈병, 심기증 질환에도 탁월한 효과를 보인다. 버클리는 항해하는 사람들, 주로 공부하며 앉아서 생활하는 여성과 남성에게 타르-물을 권했으며 나무를 염소가 뜯어먹지 못하게 하거나 다른 해를 입지 않도록 보호하는 데에도 좋다고 했다.

버클리가 타르-물에 워낙 집착했던 탓에 영국의 철학자 존 올튼 위즈덤John Oulton Wisdom은 1953년《버클리 철학의 무의식적 기원The Unconscious Origin of Berkeley's Philosophy》에서 이런 집착이 어린 시절 특정 신체 기능과 성향에 대해 상반된 반응을 겪은 데서 비롯했으리라고 설명했다. 이 설명을 어떻게 받아들이든 버클리가 역설적인 아일랜드인이라는 찬사를 받을 만하다는 생각에 마음이 기운다. 혹자는 역설적 사고가 모든 철학자에게 필요하며 이는 상식을 논하는 철학자라 해도 마찬가지라 여길 것이다.

버클리처럼 생각하고 싶다면?

경험에 집중하라. 그리고 타르-물을 잊지 말자.

13
David Hume

데이비드 흄

이성적인 사람이 감정적인 사람보다 나을까?

현명한 자는 믿음을 증거와 조화시킨다.

흄

이교도라는 구설수에도 불구하고 상당한 영향력을 발휘해 철학적 사고를 종교적 사고의 자리에 올린 철학자가 있다. 18세기 계몽시대 스코틀랜드에서 활약한 인물이자 유머와 풍자, 날카로운 통찰력으로 오늘날의 철학자들에게도 존경받는 흄(1711~1776)이다.

계몽주의는 사람들이 권위나 경전, 신의 계시에 의존하는 대신 이성과 경험적 연구를 중시하며 스스로 자유롭게 생각해야 한다는 지적 사유를 바탕으로 한 사조다. 우리는 곧 '용기를 가지고 너 자신을 생각하라'는 뜻의 라틴어 경구 사페레 아우데_{sapere aude}를 내세운 칸트를 만날 텐데, 시대적 흐름, 즉 사조의 이면이 그리 간단하지만은 않다는 점도 알게 될 것이다. 계몽주의자 흄은 과학적 탐구를 중시하면서도 이성을 격하하고 감정과 습관을 격상했다.

계몽주의 견해를 밝힌 흄은 당연하게도 종교계의 반대에 부딪혔고 뜻밖에도 일부 철학자의 반대도 맞닥뜨렸다. 그는 종교적이든 철학적이든 모든 사고에 소신 있게 발언하다 뭇매를 맞았다. 흄은 우리가 손에 어떤 책을 든다면 신성에 관해서건 형이상학에 관해서건 이렇게 묻는다고 했다.

그 책이 수량이나 수에 관한 추상적 추론을 담고 있는가? 아니다. 사실이나 존재에 관한 실험적 추론을 담고 있는가? 아니다. 그렇다면 책을 불길에 던져버려라. 궤변과 환상만 있을 뿐이니까.

흄은 모든 지식의 원천이 경험이라는 방법론적 신념 때문에 금세 당혹감에 빠진다. 그는 솔직하게 오류를 인정했다. '만약 경험이 부족하다면 물리적 대상이 존재한다는 우리의 믿음을 어떻게 설명할 수 있을까?' '계속되는 자아에는 어떤 의미가 있을까?' '결국 내 주변 사물에 대한 경험, 다시 말해 내가 한 일에 대한 기억은 있지만 나, 즉 자아란 과연 무엇일까?' 흄은 여러 가지 설명을 시도했지만 만족할 만한 결론을 내지 못했다.

이렇듯 철학적 사고는 종종 당혹감을 불러일으킨다. 일례로 비트겐슈타인은 철학이 내가 어디로 가는지 알지 못하는 기분을 자아낸다고 했다. 흄은 서재의 문을 닫아 심란한 가슴 속에 우울과 착란을 낳는 철학적 사색과 의문을 차단하면 자신에게 어떤 일이 일어나는지 설명했다.

나는 식사를 하고, 백개먼 게임을 하고, 대화를 나누고, 친구들과 즐거워한다. 그렇게 재미있는 서너 시간을 보내고 나면 나는 다시 사색으로 돌아간다. 그 사색은 너무도 차갑고 긴장되고 터무니없어서 더는 깊이 들어갈 마음을 찾을 수가 없다.

지극히 사적인 철학

하지만 흄은 더 깊이 파고들었다. 그는 이미 철학적 사고에 마음을 사로잡혔지만 과학을 따르려 애썼다. 뉴턴이 행성의 움직임을 설명하는 방식에 감명받았기 때문이다. 아마 흄은 중력을 구성하는 요소를 정확하게 파악하기가 어렵다는 점을 간과한 듯싶다. 어쨌든 흄은 마음의 뉴턴이 되고자 했다. 그는 마음이 외부에서 비롯한 인상을 통해 어떻게 세상에 관한 관념과 믿음 따위를 형성하는지에 대한 도덕적 주제를 보여주려 했다.

흄의 첫 번째 저작인《인간 본성에 관한 논고 A Treatise of Human Nature》에 실린 소제목 중 하나는 '도덕에 관한 실험적 추론 방법을 도입하려는 시도'였다. 형이상학을 불길에 던지고 과학적 연구와 유사하게 철학에 접근한 흄의 방식은 20세기 초 빈학파의 손길을 거쳐 논리실증주의로 다시 태어났다.

～

종교적으로 위대한 이교도라고 알려지기 시작한 흄은 '현명한 사람은 믿음을 증거와 조화시킨다'라는 만트라로 기독교 위계 사회의 심기를 거슬렀다. 사실 위대한 이교도라는 찬사는 그에게 어울리는 별명이 아니다. 오히려 신이 존재하는지 알 수 없으므로 믿을 수도 없고 믿지 않을 수도 없다고 말하는 불가지론자에 더 가깝거나 격 없고 태평한 모르쇠라고 묘사하는 게 더 나을지도 모르겠다. 흄은 파리에서 저명한 철학자들과 식사하다가 일행이 맹렬한 무신론을 노골적으로 드러내자 놀라 불편해한 적도 있었다.

흄은 믿음과 증거에 대한 신념을 앞세워 기적이 일어났다는 이야기를 부정했다. 그의 사고는 매우 올곧고 합리적이었다. 기적이 일어났다는 이야기에서 무엇을 믿어야 할지 가늠하려면 어떻게 해야 할까? 우선 신의 기적이라는 비범한 사건이 일어났을 가능성이 더 큰지 아니면 그저 신빙성 없는 이야기인지 판단해야 한다.

신의 뜻이든 자연법칙이 무너지든 기적적인 사건이 일어나 기적이 될 가능성은 극히 희박하다. 반면 실수나 의도적으로, 또는 그것이 진실이기를 바라는 간절함 때문에 신빙성 없는 이야기가 전하는 경우는 흔하다. 상당히 오랜 시간에 걸쳐 전하는 이야기라면 더더욱 그렇다. 따라서 우리는 모든 것을 고려해 더 큰 기적을 거부할 수 있어야 한다. 다시 말해 기적이 일어났다는 이야기가 진실이 아니라며 물리칠 수 있어야 한다. 여기서 흄이 남긴 멋지고도 신랄한 말을 빌려 단서를 달 수도 있다.

기독교는 처음부터 기적을 동반했을 뿐만 아니라 오늘날에도 기적 없이는 그 어떤 합리적인 사람의 믿음을 얻지 못한다.

수십 년 전 이 문장을 처음 읽었을 때 흄의 반어법이 재밌다고 생각했다. 해석하면 '이런, 내가 틀렸나 봅니다. 어쩌면 기적이 있을 수

도 있겠네요. 기적을 믿는 사람들이 있다는 게 기적이니까요' 정도
가 아닐까? 물론 그렇더라도 아주 이상한 일은 아니다. 사람들이 소
원을 비는 일은 매우 흔하고, 이유는 잘 모르겠지만 어떤 이들은 최
후의 심판 이후에도 영원한 내세가 이어지기를 바라니 말이다.

증거에 초점을 맞춘 흄은 신성에 관한 주장들을 자리에서 끌어
내렸다. 우주를 창조한 신성한 설계자가 존재한다는 주장은 철학
적 사고방식인 비유 또는 유추에 근거해 자주 논의됐다. 이를테면
'시계, 비행기, 인터넷 등 복잡한 발명품은 인간의 설계를 통해서만
탄생한다. 따라서 우주의 복잡한 작용, 환경과 동식물종의 상호 의
존 등은 분명 신의 위대한 설계가 있다는 것을 나타낸다'는 식이다.

흄은 인간과 인간이 설계한 것에 대해 이런 유추를 고수한다면
우주가 신들이 위원회를 꾸려 만든 결과거나 초보 신의 어설픈 작
업물이라고 결론 내려야 한다고 지적했다. 또 신성한 설계자가 있어
야 한다는 믿음이 정당화될 수 있다 해도 그것이 설계자가 자비 또
는 인간을 굽어살피려는 특별한 뜻으로 움직인다거나《토라》,《코
란》또는 다른 경전의 영감이 된다는 뜻은 아니라고 했다.

～

흄은 오늘날 주요 철학서로 손꼽히는《인간 본성에 관한 논고》
를 27세가 되던 해에 출간했다. 이 책에 대해 흄은 "이보다 더 불행

한 문학적 시도는 없었다"라면서 "인쇄기에서 죽은 채 태어난 것 같다"라고 썼다. 시간이 지나면서 책이 조금씩 팔리기 시작했는데 이는 목사와 주교들이 그를 비난한 덕분이었다. 당시 흄은 책이 좋은 사람들에서 존중받기 시작한 것 같다고 했다. 이후 《역사Histories》가 큰 인기를 얻으면서 흄은 재정적으로 자립했고 부유해졌다. 하지만 그는 여전히 성공의 중요성을 대수롭지 않게 여겼다. 실제로도 인간성을 경시했다. 흄은 이렇게 말하며 우리의 분수를 일깨웠다.

우주에서 인간의 삶은 굴oyster의 삶보다 더 중요하지 않다.

이 문장은 신이 인간에게 우주에서 특별한 위치를 부여했다고 믿던 기독교 신학자들을 화나게 했다. 그들은 자살이 하나님이 정한 자연법칙을 방해하는 부도덕한 행위라고 주장했다. 일관성을 추구했던 흄은 그런 주장이 타당하다면 폭풍이 몰아칠 때 죽음을 면하기 위해 날아오는 석판을 피하는 것도 부도덕한 행위일 것이라고 지적했다.

굴 이야기로 돌아가 보자. 우리는 흄이 어떤 면에서는 스피노자가 추구한 우주의 관점을 취한다는 것이 무슨 의미인지, 굴의 삶이 인간의 삶보다 더 또는 덜 중요하다는 것을 어떻게 가늠할 수 있는지 질문해야 한다. 그렇다. 우리는 때로 한발 물러나 자신이나 타인의 삶이 잘 흘러가고 있는지 생각해 볼 수 있다. 나 또는 내가 속한

지극히 사적인 철학

공동체를 특별히 편애하지 않을 만큼 물러나 관찰하는 것은 가장 큰 폭으로 물러나 바라보는 관점이다. 이를 통해 우리는 가장 폭넓은 관점이 가장 공평한 관점이라는 이해에 다다르게 된다. 다만 이것은 우주의 관점이 아니다. 우주는 무엇이 편파적이고 공정한지 전혀 알지 못한다.

도덕은 대체로 공정과 공평을 장려한다. 그렇다면 어디까지 공정하고 공평해야 할까? 어디까지 허용될까? 우리는 앞서 정의에 관한 플라톤의 이야기에서 이 문제를 처음 접했고 곧 밀과 공리주의를 통해 더 많은 질문을 던져볼 예정이다. 극단적으로 생각했을 때 가장 폭넓고 공평한 관점은 인간이 아닌 동물, 이를테면 굴의 번영보다 인간의 번영을 우선시하지 않는 관점 아닐까?

굴 이야기는 잠시 차치하고 다시 흄이 여러 가지 분수를 일깨워 준 이야기를 되돌아보자. 흄은 이성을 많이 사용하면서도 이번 장의 첫머리에서 말했듯 이성을 격하하기도 했다. 우리가 지금처럼 이성을 사용하는 이유를 찾을 수 없기 때문이었다. 과거의 증거를 바탕으로 앞으로 일어날 일을 판단하는 것은 귀납적 추론의 예다. 하지만 앞으로 어떤 일이 벌어질지 누가 어떻게 알까? 귀납적 추론법이 지금까지 잘 맞아떨어졌다는 주장은 아무 소용이 없다. 과거에 잘 맞아떨어졌다 해도 미래는 과거와 다를 수 있기 때문이다.

흄은 귀납 문제에 대해 우리가 하는 모든 일에서 합리적 이유를 찾을 수는 없다는 것을 인정하면 된다는 애매한 해결책을 제시했다. 그는 습관과 관습이 인간의 삶을 이끄는 위대한 안내자라고 했다. 우리는 자연과 그에 따른 작용에 특정한 일관성이 있다고 믿지 않을 수 없다. 그것이 우리가 마땅히 인정해야 하는 심증이다. 적어도 모든 것의 이유를 찾을 수 없음을 깨달아야 한다. 훗날 비트겐슈타인이 어느 정도 같은 맥락에서 강조했듯 이것이 우리의 방식임을 인정해야만 한다.

지난 수년간 내가 가르친 일부 학생은 우리가 미래를 알 수 없다고 주장했다. 정말 그럴까? 여러분이 수 분에 걸쳐 이 글을 읽는 동안 이 책이 갑자기 자신이 미국에서 태어났다며 소리 지르는 야생 바다코끼리나 애국가를 연주하는 군악대로 바뀌지 않으리라는 것을 정말 모를까?

또한 흄은 도덕이 시야에 들어올 때 이성의 역할을 격하했다.

이성은 감정의 노예가 될 수밖에 없으며 감정을 따르고 그에 복종하는 것 말고는 다른 어떤 일도 흉내 낼 수 없다.

이렇게 선언한 흄은 덧붙여 말했다.

내 손가락에 생채기가 나는 것보다 온 세계가 파괴되는 편이 더 낫다고 생각하는 건 이성에 반하지 않는다.

지극히 사적인 철학

우리는 감정과 서로를 향한 느낌을 바탕으로 도덕적 믿음을 쌓아가야 한다. 이성은 우리가 무엇을 목표로 삼아야 하는지 알려주지 않는다. 목표 달성에 가장 효율적인 수단이 무엇인지를 평가할 때나 좋은 이성과 나쁜 이성을 나눌 여지가 있다. 목표는 우리의 인간성과 사회적 성향을 바탕으로 해야 한다. 슬프게도 모든 사람에게 인간성과 사회적 성향이 있다고 여길 수는 없지만 말이다.

～

앞서 우리는 흄이 느낀 고통과 철학적 우울을 잠시 살펴봤다. 흄에게 불안을 일으킨 주요 원인 중 하나는 개인의 동일성을 어떻게 이해해야 하는지에 관한 문제였다. 소크라테스와 데카르트는 영혼과 정신 또는 자아가 시간을 초월해 계속 존재한다고 주장했다. 반대로 흄은 "아무리 내면을 들여다봐도 그런 연속적인 실체를 발견할 수 없으며 한순간의 경험, 한순간의 지각의 연속일 뿐이다"라는 유명한 글을 남겼다.

무엇이 이 경험과 지각을 하나로 묶어 내 것으로 만들어 줄까? 또 그 일련의 자아가 시간이 지나도 계속되는 이유는 뭘까? 이 질문은 오늘날까지도 철학자들을 당혹스럽게 하고 있으니, 철학적 수수께끼로 향하는 문을 닫고 요조숙녀들에게 위로를 구했다는 그의 모습에 연민을 느낄 수도 있겠다.

흄은 생이 얼마 남지 않았을 무렵 쓴 짧은 자서전에서 장 질환에 걸렸다고 설명하면서 아이러니하게도 자신의 성격과 삶을 매력적으로 묘사했다.

나는 온화한 성미와 화를 다스릴 줄 아는 성격, 개방적이고 사교적이며 쾌활한 유머 감각, 애착을 형성할 줄 알지만 적대감에 휘둘리지 않으며, 모든 감정을 절제할 줄 아는 사람이다(이제 나에 대해 이야기할 때는 이런 투를 사용할 것이다). 문학적 명성에 대한 나의 사랑, 통치에 대한 열정조차도 내게 자주 실망을 안겨줬을지언정 결코 내 성격을 망가뜨리지 못했다. 나는 학자와 문필가는 물론이거니와 젊고 경솔한 이들과도 어울렸다. 특히 요조숙녀들과 함께할 때 큰 기쁨을 느꼈으니 그들이 내준 환대가 즐겁지 않을 이유가 없었다.

보스웰은 자신의 종교적 신념을 강화할 요량으로 이 위대한 이교도를 찾아갔다. 흄이 그동안 주장한 무신론을 철회하고 신이 선사하는 내세를 믿거나 희망에 헌신하는 모습을 보고 싶었던 듯하다. 물론 보스웰이 바라던 대로 되지는 않았다. 흄은 자기 입장을 거두지 않았다. 이 일화를 보면 미국의 코미디언이자 무신론자로 유명한 W. C. 필즈가 죽을 날이 다가오자 성경을 읽었다는 이야기가 떠오른다.

평소 필즈가 기독교의 빛을 보기를 바라던 친구들은 무슨 일로 성경을 읽고 있느냐고 물었다. 필즈는 이렇게 대답했다.

"그냥, 허점이 없나 살펴보고 있지."

스코틀랜드의 저명한 경제학자이자 흄과 절친했던 애덤 스미스 Adam Smith는 르 봉 다비드le bon David, 풀이하면 우리의 훌륭한 데이비드가 어떤 마지막을 맞이했는지를 애정 어린 부드러운 말투로 기록했다.

그는 이제 너무나 쇠약해져 가장 가까운 친구들과 있을 때도 기력이 떨어진다. 그러나 여전히 너무나 쾌활했다. 친구들과 함께할 때면 쇠약한 몸에 걸맞게 행동하는 대신 더욱 애를 써가며 더 많이 이야기하지 않고는 배기지 못했다.

죽음을 두려워하지 않았던 이유가 위대한 이교도였기 때문인지 르 봉 다비드였기 때문이었는지는 독자들의 판단에 맡기겠다. 어쨌든 우리는 흄의 마지막 모습에서 죽음과 소멸을 당당하고 씩씩하게 마주하는 것이 가능함을 알았다. 그의 쾌활한 성미와 철학적 사고가 한데 합해진 덕분에 가능한 일이었다.

흄처럼 생각하고 싶다면?
세계의 방식과 철학적 의문을 씩씩하게 탐구해 보자.

14

Immanuel Kant

이마누엘 칸트

사랑 없는 만남에 대하여

◆

인간의 비틀린 재목으로는
어떤 올곧은 것도 만들어 낼 수 없다.
칸트

놀랍게도 이 이야기의 '그'는 도덕적 의무감이 강하기로 유명한 철학자다.

젊은 여인 하나가 그에게 사적으로 편지를 써 자신이 품은 절망과 자살 충동을 털어놓았고 그의 철학이 조금도 위로가 되지 않는다고 호소했다. 그녀가 자살하지 않고 견디는 이유는 오직 그의 철학에서 자살을 도덕적으로 참혹한 행위라 못 박았기 때문이었다. 그러자 그는 이 편지를 대중에게 공개하며 그녀의 신뢰를 악용했고 그녀를 만나주지 않았다.

성적 사랑에 관한 글에서 그는 사랑하는 사람은 욕정의 대상이 되고, 욕정이 가라앉는 순간 그 사람은 즙을 다 짜낸 레몬처럼 버려진다고 주장했다.

자살의 부도덕성을 입증하려는 글에서 그는 자살보다 자위행위가 더 나쁘다고 덧붙였다. 도덕적으로 잘못됐을 뿐만 아니라 자살이나 실패한 자살 시도와 달리 부도덕성을 통해 쾌락까지 얻기 때문이다.

바로 철학계 내부는 물론 외부에서도 18세기의 위대한 계몽주의 철학자로 칭송받는 칸트(1724~1804)다. 서양철학에서 칸트는 플라톤, 아리스토텔레스와 함께 가장 빛나는 별이다. 그 사이에 이야기의 젊은 여인이 낄 자리는 없다. 거의 알려지지 않은 여인의 이름은 마리아 폰 허버트로, 그녀는 칸트에게 편지를 보내고 9년 후 30대 초반의 나이에 스스로 생을 마감했다. 칸트는 허버트를 대할 때 스스로 내세운 기준을 실천하지 못했다. 이번 장의 첫머리를 장식한 격언처럼 스스로 인간임을 보여준 듯하다.

~

칸트는 프로이센의 작은 마을 쾨니히스베르크에서 평생을 살았다. 철학 교수로 수십 년간 활동하면서도 마을 밖으로 거의 이름을 알리지 못했는데, 60대에 접어든 1780년대 초부터 상황이 변하기 시작했다. 대부분의 철학자가 젊을 때는 그 나이쯤 되면 포부를 실현하겠지 하는 희망을 품지만 희망이란 점차 사그라지기 마련이다. 그런데 칸트는 1781년《순수이성비판Kritik der reinen Vernunft》을 펴낸 데 이어 1787년에 개정판을 출간한다. 그리고 자신이 철학에 코페르니쿠스적 혁명을 일으켰다고 자부하며 다시는 뒤돌아보지 않았다. 이후 속편《실천이성비판Kritik der praktischen Vernunft》과《판단비판Kritik der Urteilskraftent》을 비롯한 비평을 비롯한 여러 저서로 명성을 얻었다.

추측건대 칸트의 이 비평과 위대한 경제학자 카를 마르크스_{Karl Marx}의 비평 때문에 일부 학생들 사이에서 코페르니쿠스적 혁명을 일으키지 못할 아주 미미한 글에도 비평이라는 제목을 붙이는 유행이 생겨난 듯하다.

천문학자 코페르니쿠스_{Copernicus}는 천체의 움직임을 설명하려면 지구는 고정된 점이 될 수 없으며 지구의 움직임이 천체의 출현에 일조한다고 주장했다. 우리가 이처럼 사물을 경험하는 방식을 설명하기 위해서는 지각하는 주체인 마음의 기여를 인식해야 한다. 물리적 객체가 경험의 대상이 되려면 반드시 충족해야 하는 전제 조건, 즉 의식의 형태를 갖춰야 한다. 마음의 틀은 우리가 감각을 외부 대상의 존재로 취급하는 방식을 결정한다. 칸트는 한마디로 "내용 없는 생각은 공허하고 개념 없는 직관은 맹목적이다"라고 했다.

우리가 경험하는 주변 세계와 머리 위의 별이 빛나는 하늘을 과학적으로 이해하려 할 때 필수 요건으로 자연법칙이 있다면 마음의 구조라는 필수 요건이 있을 때 주변 세계와 하늘을 이해할 수 있다. 이는 칸트가 주목한 두 가지 중 하나였다.

더 자주 또 꾸준하게 고찰하면 고찰할수록 늘 새롭고 점점 더 커지는 감탄과 경외로 내 마음을 가득 채우는 사물 두 가지가 있다. 바로 머리 위 별이 빛나는 하늘과 내면의 도덕법칙이다.

우리 안의 도덕법칙은 우리가 어떻게 살아야 하는지를 가르쳐 준다. 그런데 칸트의 혁명 아닌 혁명에 코페르니쿠스적이라는 수식어를 붙여도 좋을까? 코페르니쿠스가 물리적 우주에서 중심을 차지하던 지구의 역할을 뒤바꿨다면 칸트는 우리가 경험하는 객체가 무엇으로 구성되는지 판단했다. 또한 추론을 통해 도덕성의 본질이 무엇인지 가늠하는 할 때 인간의 마음에 근본적인 역할을 부여했다.

《순수이성비판》은 때때로 이해의 힘을 뒤흔들고 선한 원칙을 망치며 인간 행복의 원천을 더럽힌다는 이유로 비난받았다. 학생들이 이 책을 읽고 정신이 이상해졌다는 소문도 있었다. 독일 예나에서는 두 청년이 책의 의미에 대해 논쟁하다 결투를 벌이기도 했다. 이토록 많은 소란이 생길 줄 누가 알았을까?

당시 버클리와 흄을 비롯한 회의론자 계열에서도 《비판》을 읽었다. 칸트는 흄이 자신을 독단적인 선잠에서 깨웠다고 썼다. 지각이 곧 경험이라는 것에 근거한 흄의 철학적 사고를 접한 칸트는 자아와 물리 세계에 의문을 품었다. 하지만 칸트는 흄의 통찰에 라이프니츠 같은 철학자의 통찰을 결합해 이성을 위대한 지침으로 삼아 당혹감을 극복했다. 칸트는 경험론의 요소와 형이상학 요소를 한데 모았고 이를 통해 자신이 흄과는 반대로 형이상학이 가능하다는 점을 증명해 보였다고 생각했다.

우리 주변의 세계와 책상 아래 발치를 지나가는 생쥐를 이해하려면, 아침에는 가득 차도 지금은 텅 빈 와인 병이 같은 병임을 이해하려면 단일성과 동일성, 인과관계는 물론 공간과 시간을 품은 하나의 구조를 전제해야 한다. 칸트는 초월적 관념론이라는 이름으로 이 전제를 탐구하는데, 예컨대 우리의 이해가 반드시 12가지 순수 개념에 의존한다고 설명했다.

칸트는 분류와 구분하기를 좋아했다. 당시의 철학계는 칸트가 정확히 무엇을 의미했는지에 대해 논쟁했다. 다행히도 우리는 근본적인 실재, 즉 물자체에 대해서는 어떤 해석도 내놓을 수 없다는 사실을 인정한다. '아무런 해석도 내놓을 수 없다'가 어떤 의미인지 궁금하다면 노자와 함께 다룬 도를 다시 떠올려 보자.

칸트의 위대함은 형이상학에 국한되지 않으며 도덕성의 근거에 대한 고찰로 확장된다. 이런 사상은 접근하기가 더 쉽고 그가 택했던 삶의 방식과도 관련이 있다. 그는 신을 믿었지만 전형적인 증거들을 받아들이지 않았다. 다만 도덕이 신의 명령에 바탕을 두고 있다는 근거를 밝혀내기에는 시간이 부족했다.

∽

칸트는 검소하고 견실하고 원칙을 지킨다는 평판을 얻었고 대개 습관과 규율을 엄격히 따르는 독신남으로 알려졌다. 쾨니히스베르크의 주민들이 칸트를 보고 시계를 맞출 정도였는데 이런 그도 딱 한 번 시간을 어겼던 적이 있다. 프랑스의 사상가 장 자크 루소

Jean Jacques Rousseau의 《에밀Emile》을 읽느라 오후 산책을 깜빡 잊은 것이다. 그런데 이 일화가 사실일 가능성은 적다. 《에밀》은 1762년에 출간됐고 칸트가 엄격한 규율에 따라 생활하기 시작한 시기는 적어도 1764년 이후이기 때문이다. 칸트에 대한 엄격한 이미지는 상상에 가깝다. 그는 더 본격적으로 철학적 사고를 깊이 파고들어야 한다는 것을 깨달은 후에야 이런 태도를 견지했다.

깨닫기 전의 칸트는 고상한 선생이었으며 불규칙하게 생활했다. 극장에 자주 드나드는 등 사교적이었던 그는 카드놀이를 하고 유행을 좇으며 좋은 식사를 즐겼다. 여인들과 어울리며 위트와 학식을 뽐내기도 했다. 쾨니히스베르크를 돌아다닐 때면 고운 분가루를 뿌린 가발을 쓰고 실크 스타킹을 신고 나무 지팡이의 황금색 손잡이에 모자를 걸친 채 걸어 다녔다.

이 모든 것은 칸트가 도덕의 본질을 탐구하며 위대한 도덕 원칙인 정언명령categorical imperative, 즉 의무론을 정립했을 즈음에 달라진 듯하다. 정언명령은 결과와 상관없이 행위 그 자체가 선善이기 때문에 무조건 수행해야 하는 도덕적 명령이다. 반대로 가언명령Hypothetical imperative이란 어떤 결과에 도달하기 위해 필요한 수단으로서의 행위를 가리키는 명령이다. 따라서 가언명령은 만약을 가정했을 때 어떤 일이 벌어지는지를 논한다. 예컨대 만약 부자가 되고 싶다면 변호사가 되는 게 좋다. 이처럼 불확실한 조건의 바탕에는 욕망과 같은 생물학적 우연이 깔려 있다. 하지만 칸트는 도덕이 그처럼 불확실하면 안 된다고 생각했다.

이성은 언제 어디서든 2 더하기 2가 4임을 보여준다. 이 산술적 진리는 내가 원하는 것과 관계없이 지구에서든 명왕성에서든 보편적으로 적용된다. 그리하여 칸트는 보편성 실험을 통해 무엇이 도덕상에서 허용 가능한지 가늠하기 시작했다. 이 시험이 바로 정언명령이다. 칸트는 세 가지 정언명령을 선보였다. 우선 보편 법칙의 공식을 살펴보자.

네가 따르려는 금언이 오직 그와 동시에 보편 법칙이 돼야 할 때에만 그에 따라 행동하라.

요건은 논리적 일관성이다. 약속을 지킬 생각이 전혀 없음을 잘 알면서도 의도적으로 약속하는 행위를 허용해도 좋을지 궁금하다고 해보자. 이 금언을 보편 법칙으로 삼고 모든 사람이 이에 따라 행동하면 모순이 발생한다. 그런 전제하에서는 약속이라는 제도가 무너지고 어떤 약속도 받아들여지지 않을 것이다. 따라서 거짓 약속은 도덕적으로 허용되지 않는다.

칸트는 사람들이 원할 때마다 자살하도록 마음먹는다면 자연과 모순이 발생한다고 했다. 자연이 자살하지 말라고 논리적으로 요구한 것이 아니니 확실히 논리상 모순은 없는 듯하다. 가여운 마리아가 칸트의 논리를 꿰뚫어 보고 이를 무시했는지 아니면 도덕적인 죄책감에 시달리다 자살했는지 누가 알 수 있을까? 칸트의 추론 단계에는 도전이나 설명이 필요하다. 예컨대 모든 사람이 여성용 모자를 파는 상인이라면 모자를 살 손님은 없을 테니 보편 법칙을 일관적으로 따를 수 없다. 당연하지만 모자 거래는 도덕적으로 불미스러운 행위가 아니다.

엄격하다는 칸트의 이미지는 도덕적 행위가 도덕적이려면 의무에 의해 동기가 부여돼야 한다고 주장한 데서 비롯했다. 잠시 아리스토텔레스의 윤리학을 되짚어 보자. 아리스토텔레스가 덕 윤리학에서 중시한 올바른 감정, 친절, 용기 또는 연민에서 우러나오는 행동은 다른 근거에서는 바람직할지라도 칸트에게는 도덕적 의의가 없었다. 부랑자에게 연민을 느끼고 도와주는 사람들에게는 안타까운 소식이지만 칸트의 입장에서는 도덕이 요구하는 의무에 따라 행동하지 못한 셈이기 때문이다.

동정심이나 옹졸한 성격은 생물학적 운이 결정하는 문제다. 우리의 도덕적 가치가 운에 의존해서는 안 된다. 흥미롭게도 칸트는 인간이 도덕적 명령을 이해할 만한 충분한 추론 능력과 의무를 다할 수 있는 충분한 의지력을 갖추는 데 운이 개입하지 않는다고 굳게 믿었던 듯하다. 칸트의 형이상학은 희한하게도 의지의 자유를 허용하며 의지와 이성이 물리적 대상에 관한 인과관계의 사슬 밖에 자리하는 것처럼 보인다.

정언명령은 우리는 항상 이성적인 주체로서 사람을 존중해야 하

지극히 사적인 철학

며, 다른 사람을 목적을 위한 수단으로만 취급해서는 안 된다는 형태로도 전한다. 이는 출산이나 사랑은 안중에 없이 서로를 성적 대상으로만 즐기는 사람들에게 반대하기 위한 말로 보인다. 칸트는 진정 자유롭게 성매매업에 종사하는 이들에게서도 모순을 발견한 듯하다. 타인을 수단으로만 대한다면 그에게도 우리를 수단으로만 보고 혹사할 권리가 있다는 것을 인정해야 한다는 모순 말이다.

여기서 질문이 하나 떠오른다. 칸트가 가여운 허버트의 처지를 세상에 공개했을 때 허버트를 그저 수단으로만 여기고 이용했을까? 물론 우리는 병원의 의료진이나 상점 직원, 철학자 등 수많은 사람을 이용하며 살아간다. 하지만 그들을 수단으로만 여기거나 이용하지 않았다고 주장할 수 있다. 그들이 자발적으로 그 역할을 맡았기 때문이다. 이제 회색 지대가 나타난다. 반대편 선택지가 굶주림이라면 자유롭게 일자리를 선택할 수 있을까? 성매매나 도살업에 종사하는 직업을 혐오한다고 해도, 일자리가 그곳뿐이라면 수단을 갖지 못한 사람들이 정말 자유롭게 행동할 수 있을까?

∾

인간의 비틀린 재목은 인간이 아닌 동물을 잘못 대우하는 것에서도 볼 수 있으며 이는 칸트의 사상과 조화를 이룬다. 칸트는 이렇게 썼다.

(사람이) 처음 양에게 말을 건네노니, "네가 입은 양모는 네가 쓰도록 주어진 게 아니라 나를 위해 자연이 준 것이다" 하고는 양에게서 양모를 빼앗아 입었다. 그는 자신이 모든 동물에 대해 누리는 (⋯) 특권을 알았고, 더 이상 그들을 동료 피조물로 여기지 않았으며 그저 자신이 원하는 목적을 달성하기 위해 마음대로 사용할 수 있는 수단이자 도구로 여겼다.

칸트의 도덕은 권리와 의무에 대해 말하지만 합리성에 기반을 두고 이성적 행위자의 세계에 국한돼 있다. 칸트의 도덕은 호혜적 관계에서 비롯하지만 인간이 아닌 동물과의 호혜는 성립하지 않는다. 약속을 지키지 않는 양을 탓하거나 양을 쫓는 늑대를 탓하는 것은 말도 안 되는 일이다. 실제로 인간을 탓하는 것도 마찬가지다. 칸트는 실제로 간접적 의무가 발생할 여지를 찾아냈다. 재미로 다른 동물을 학대해서는 안 된다는 점이다. 그렇지 않으면 잘못된 습관에 빠져 인간까지 학대할 수 있기 때문이었다.

우리는 도덕을 합리적 행위자와 호혜 관계로 국한하는 칸트의 견해에 맞서야 한다. 우리는 당연히 고통받을 수 있는 모든 존재에게 도덕을 적용할 수 있다고 받아들여야 한다. 훗날 영국의 법학자이자 철학자 제러미 벤담Jeremy Bentham이 공리주의의 하나로 같은 의견을 주장했고 밀도 이를 지지했다. 도덕은 모든 피조물의 행복에 관한 결과, 즉 쾌락과 고통의 부재에만 근거를 둔다.

이성과 원칙을 강조한 칸트의 사상은 몇 가지 이상한 견해로 이

지극히 사적인 철학

어지기도 했다. 이미 그중 한 가지를 살펴봤는데 다시 짚어보면 이렇다. 도덕의 요구를 행하려면 감정이 아닌 도덕적 의무와 선한 의지를 동기 삼아 행동해야 한다. 감정적 성향은 생물학적 운이 결정하는 사안이기 때문이다. 칸트는 도덕에서 운이라는 요소를 모두 지우기 위해 결과와 성취, 업적보다 의도와 동기, 의지만을 다루기를 강조한다.

만약 유달리 운이 따라주지 않거나 계모 같은 본성이 인색하게 도와주는 탓에 선의가 그 목적을 달성할 힘이 전적으로 부족하고, 아무리 노력해도 그 목적을 달성하는 데 아무런 도움이 되지 않고 (단순한 소망이 아니라 우리가 가진 모든 수단을 소환하는) 선의지만 남아 있다면, 그것은 그 자체로 완전한 가치를 지닌 보석처럼 빛날 것이다.

특정 의무가 충돌할 때 또 다른 이상한 결과가 등장할 수 있다. 칸트는 억울할 수도 있지만 그가 쓴 짧은 글에는 '도끼 살인마가 온다'로 부르는 논의가 담겨 있다. 칸트는 프랑스의 문학가이자 정치인인 뱅자맹 콩스탕Benjamin Constant의 논문을 반박하기 위해 1797년 〈인간성 때문에 하는 이른바 옳은 거짓말에 관하여On a Supposed Right to Lie Because of Love of Humanity〉라는 논문을 발표한다. 칸트는 여기서 살인을 저지르려는 자에게 잠재적 피해자의 소재를 두고 거짓말을 해야 하는지에 관한 문제를 다룬다.

칸트는 우리가 진심으로 진실이라 믿는 것을 엄격하게 고수하는 한 비난할 수 없다고 주장한다. 잠재적 살해 피해자가 실내에 있다고 가정해 보자. 이때 당신이 도끼를 든 예비 살인범에게 방금 피해자가 밖으로 나갔다고 말했다. 피해자는 어떻게 됐을까? 칸트에 따르면 피해자는 실제로 몰래 빠져나갔을 수도, 불운하게도 살인범과 마주쳐 살인범이 목적을 달성했을 수도 있다. 만약 피해자가 정말 사망한다면 정의에 따라 당신은 피해자의 사망을 초래했다는 혐의를 쓸 것이다. 이는 당신이 통제할 수 있는 범위를 벗어난 결과다. 도덕은 당신이 통제할 수 있는 범위에 속하며 이 경우에는 진실이라고 믿는 것을 말함으로써 정언명령에 따르는 것이다.

～

칸트는 세상을 떠나기 전 건강이 매우 좋지 않았고 두 눈도 거의 멀었다고 한다. 전하는 이야기에 따르면 칸트는 어느 날 의사가 들어오자 일어서서 의사가 자리에 앉기를 기다렸다가 따라 앉았다. 그는 "인간이라는 감각이 아직 나를 떠나지 않았다"면서 기뻐했다고 한다. 1804년 2월 11일, 칸트는 물 섞은 와인을 약간 마시고 마지막으로 "좋구나"라는 말을 남겼다. 우리는 이 말을 '이것이 모든 가능세계 중 최고의 세계'로 이해할 수도 있지만 와인이든 그의 인생이든 '충분했다'로 볼 수도 있다. 칸트는 다음 날 세상을 떠났다.

우울한 이야기로 끝맺을 필요는 없다. 칸트는 농담을 던질 줄 아는, 심지어 농담을 분석하기까지 한 인물이었다. 《판단비판》에서는 네 가지 농담을 논하는데 그중 하나를 소개한다.

인도 수라트에서 인도인이 어느 영국인의 식탁에서 에일 맥주 한 병을 열자 맥주가 온통 거품이 되어 흘러넘치는 걸 보았다. 인도인은 매우 놀랐는지 감탄사를 연발했다.

"이보시오, 뭐가 그렇게 놀랍소?"

영국인이 물었다.

"아, 흘러넘쳐서 놀란 게 아닙니다."

인도인이 대답했다.

"그저 이걸 애초에 어떻게 다 넣었는지 놀라워서요."

이에 우리는 웃음을 터트렸고 마음 따뜻한 즐거움을 줬다.

그리 엄격해 보이지 않는 칸트가 미소를 지으며 프로이센 억양으로 '이에 우리는 웃음을 터뜨린다'라고 하는 모습이 절로 떠오른다.

칸트처럼 생각하고 싶다면?

타인과 자신을 존중하고 절대 인간성을 포기하지 말자.

15

Arthur Schopenhauer

아르투어 쇼펜하우어

적당한 거리를 지키는 법

인간 행복의 두 가지 적은 고통과 권태다.
쇼펜하우어

자신의 철학 때문에 대중에 외면당한 철학자라고 하면 바로 떠오르는 인물이 있다. 그는 염세주의자라는 망토를 뒤집어썼다. 어떤 이들은 염세주의는 말도 안 되며 언제나 긍정적으로 생각해야 한다고 주장한다. 또 어떤 이들은 우리 존재에 피할 수 없는 고통이 있음을 인정하면서 이런 주장을 칭찬한다. 나중에 만나볼 독일의 철학자 프리드리히 니체Friedrich Nietzsche는 그런 찬사의 말을 이 사상가에게도 적용할 수 있는지 회의적인 태도로 이의를 제기했다.

신과 세상을 모두 거부한 염세주의자가 도덕 앞에 멈춰 서고, 도덕을 긍정하고, 아무도 다치게 하지 말라는 도덕을 위해 플루트를 연주한다. 뭐라? 그게 정말 염세주의자인가?

물론 이 인물의 플루트 연주 실력이 어땠는지는 모르지만 그의 연주는 세상에 대한 어떤 절망을 달래려는 시도였을지도 모른다. 염세주의 또는 비관주의 철학자로 알려진 이 사상가는 바로 쇼펜하우어(1788~1860)다.

쇼펜하우어는 폴란드의 단치히, 오늘날 그단스크의 사업가 집안에서 태어났다. 그의 아버지는 선박을 소유한 성공한 상인이었다. 어린 시절부터 아버지의 사업을 따라 독일과 프랑스, 영국을 방문한 쇼펜하우어는 각국의 언어에 능통했다. 아버지는 그에게 가업을 물려받아야 한다고 못 박았지만 수년 후 쇼펜하우어는 이를 포기하고 학문적 재능을 따라 의학과 철학을 공부한 뒤 강단에 올랐다. 그의 강의는 별다른 호응을 얻지 못했다. 베를린대학에서 강연할 때는 당시 놀라울 정도로 인기가 많았던 게오르크 헤겔Georg Hegel의 강의와 시간대가 겹쳤기 때문이기도 했다. 헤겔은 칸트 철학을 계승해 독일 관념론을 대성한 인물로 곧 마르크스를 만날 때 그의 사상도 함께 살펴볼 것이다. 쇼펜하우어의 강의에 몇 명이 참석했는지는 차치하더라도 훗날 그의 철학 저서는 인정받았으며 그 역시도 자유에 관한 에세이를 써 권위 있는 상을 받았다.

쇼펜하우어는 옛 방식을 고수하는 형이상학자로 우주의 근본이 되는 기저 원리를 밝히고자 했다. 그는 이렇게 썼다.

세계의 모든 본질을 추상과 보편, 개별 개념을 통해 다시 논하고 그것이 반영된 상을 이성의 명령을 따르는 영원한 개념으로 쌓아두는 것. 다른 무엇도 아닌 이것이야말로 철학이다.

쇼펜하우어의 주요 저작은 1818년 30세 생일을 앞두고 출간된 《의지와 표상으로서의 세계Die Welt als Wille und Vorstellung》다. 이 책의 내용은 이성과 합리성이 현실의 본질을 이해하는 열쇠라고 보는 칸트와 헤겔의 철학에 반대한다. 우리가 쇼펜하우어의 방식대로 사고하려면 우선 우리 모두의 내면에 있는 근본적 원동력인 의지Wille를 인식해야 한다. 쇼펜하우어는 칸트가 말한 알 수 없는 물자체가 바로 이성이나 합리적 목표가 완전히 결여된 의지라고 봤다. 우리는 어떤 식으로든 마음속에서 의지를 마주하며 살아가기 때문이다.

쇼펜하우어의 생각에서 독특한 점은 뭘까? 쇼펜하우어는 의지를 분화하지 않은 거대한 비인격적 존재라고 봤다. 의지는 우리의 모든 욕구와 본능, 욕망, 이성뿐만 아니라 주변 모든 것의 근거가 되는 힘으로 우리가 별개의 물리적 대상으로 생각하는 것은 사실 의지의 표상이라고 했다.

인간의 행위와 믿음, 감정에 비합리적인 의지가 내재한다고 보는 일상적인 관념은 최근 수십 년간 정신분석학, 예술의 비합리성, 인간 행동을 설명하는 이론에서 비합리적 의지를 강조하는 것과 어느 정도 맞닿아 있다. 예를 들면 거시경제학의 기반을 다진 영국의 경제학자 존 메이너드 케인스John Maynard Keynes 역시 합리적 행위자의 행동을 바탕으로 금융 시장을 제대로 이해할 수 있다는 모형에 반대하면서 사람들의 경제적 의사 결정에 숨은 비합리성을 야성적 충동으로 비유했다. 이때 의지의 표상이 비인격적이고 만물의 바탕이라는 쇼펜하우어의 주장에서 노자의 도가 떠오른다. 실제로 쇼펜하우어는 힌두교와 불교를 비롯한 고대 문헌도 탐닉했다.

인간 삶의 형이상학에 관한 쇼펜하우어의 견해에는 이해하기 어려운 점이 있다. 그에 따르면 인간은 의지를 알아차릴 때 행동을 통해 '내적으로' 알아차리고 지각을 통해 '외적으로' 알아차리는 것으로 보인다. 어떤 신비한 방식인지는 몰라도 내가 달리는 행동은 의지의 표상이다. 그리고 내면의 느낌에 더해 내 다리가 움직인다는 지각, 표상 또는 광경을 통해 의지를 인식한다. 더 이해하기 힘든 점도 있다. 쇼펜하우어는 인간이 무대에 등장하면 의지가 산산조각 나고 우리 주변의 객체가 분화해 결국 갈등이 일어난다고 한다. 이 갈등을 해결하고 나면 사람들 사이의 긴장이라는 이해 가능한 세계에 다다른다. 그는 사회에 관해 이런 글을 남겼다.

어느 추운 겨울날 고슴도치 여러 마리가 온기를 나누고자 옹기종기 모였는데 서로를 가시로 찌르기 시작하자 곧 흩어질 수밖에 없었다. 추위가 몰아치면 고슴도치들은 다시 모여들고 똑같은 일이 또다시 일어난다. 모였다가 흩어지기를 반복한 끝에 서로 약간의 거리를 두는 편이 가장 좋다는 걸 알게 된다.

쇼펜하우어는 인간이라는 고슴도치들이 사회의 필요에 따라 몰려다닌다는 것을 잘 알았다. 우리는 한데 모였다가도 우리 본성과 특성이 지닌 성가시고 불쾌한 지점들 때문에 서로를 밀어낸다. 적당히 거리 두기를 하려면 예의범절과 좋은 태도가 필요하며 선을 넘는 사람에게는 거리를 지켜달라고 해야 한다. 여기서 잠깐 진심이 담긴 한마디를 덧붙이겠다. 부자들이 가난한 사람들이 지켜주기를 바라는 한 가지가 있는데, 바로 거리 유지다. 빈정대는 말일지라도 숨은 진실이 느껴지지 않나?

~

쇼펜하우어가 논하는 의지를 어떻게 이해하든 그의 글은 우리가 흔히 느끼는 감정과 맞닿아 있다. 그는 염세주의를 명시적으로 논하지는 않았다. 하지만 우리 존재와 살아 있음에 따라오는 고통, 우리 가장 깊숙한 곳의 본성과 본능, 욕망에 내재한 고통을 이야기했다. 쇼펜하우어는 플라톤 이후 우리 삶에서 성적 욕망이 얼마나 큰 영향을 미치는지 명시적으로 언급한 최초의 유명한 철학자다. 다만 플라톤은 그 욕망이 아름다움으로 이어진다고 생각했고 쇼펜하우어는 해롭다고 봤다. 나아가 우리가 성관계를 우스울 정도로 중요시한다고 했다. 이 같은 쇼펜하우어의 생각은 후에 사뮈엘 베케트 Samuel Beckett 와 다시 한번 살펴보겠다.

막상 쇼펜하우어의 삶은 성적 본능에 지배된 것처럼 보인다. 니체가 비판한 플루트 연주 실력과 반대로 여성 편력이 화려하기로 유명했기 때문이다. 성적 충동은 의지의 가장 강력한 표현이다. 쇼펜하우어는 남자가 결혼하면 처음에는 부정한 아내를 둔 남편이 됐다가 나중에는 매춘부를 후리는 사람이 된다고 했다. 이런 일반화에 다다르기까지 어떤 경험적 연구가 있었는지는 알 수 없다. 또 쇼펜하우어는 이 문제를 해결하려면 남자(아마도) 한 명이 네 번 결혼하는 테트라가미tetragamy 방식이 필요하다고도 주장했다. 왜 네 번에서 그쳐야 한다고 생각했는지에 대해서는 논쟁의 여지가 있지만 여기서 다룰 내용은 아니니 넘어가겠다.

쇼펜하우어는 사람들이 '어둑한 곳에 숨은 성관계'라는 존재 없이 천상의 사랑을 나눌 수 있다고 생각하지 않았다. 그는 성적 욕구가 가장 진지한 직업을 방해하고 아무리 뛰어난 지성인이라도 한동안 혼란에 빠뜨린다고 주장했다. 사포가 언급한 바와 같다. 쇼펜하우어는 성관계 같은 사소한 일을 두고 왜 그렇게들 몰려들고 고함치고 괴로워하고 갈망하는지 묻는다. 성관계는 왜 잘 통제되는 인간의 삶에 불안과 혼란을 일으키며 중요한 부분을 차지할까?

이에 그는 "비극이든 희극이든 모든 정사의 궁극적 목표는 다음 세대의 구성을 결정짓는다는 점에서 다른 모든 목표보다 더 중요하기 때문이다"라고 답한다. 또 "우리가 물러난 다음에 등장할 드라마틱한 인물들은 이 경박한 정사로 존재와 성격이 결정된다"라고도 말한다. 실제로 이렇게 쓰기까지 했다.

우리는 육체적 욕망의 광기와 관능의 도가니에서 시작하고, 모든 기관이 해체돼 시체의 퀴퀴한 악취로 끝을 맺는다.

물론 쇼펜하우어는 효과적인 피임 수단이 등장하기 훨씬 전에 이 글을 썼다. 피임약이 성적 관계에 가져온 변화는 너무나 쉽게 잊혀 지금은 먼 역사 속에 있다.

이제 성적 충동의 본질적인 목표를 이야기해 보겠다. 이성애자 커플이 성관계를 한다고 하자. 이때 우리는 이들이 의식적으로 출산을 목표하지 않았더라도 무의식 수준, 즉 의지 수준에서 그런 목표가 있었을 것이라는 어리석은 추측을 그만둬야 한다. 왜 그런 말을 믿어야 할까? 쇼펜하우어는 확실히 그랬지만.

그는 삶의 어떤 영역에 관해 자유롭게 이야기했다. 하지만 오늘날 우리가 이 내용을 언급할 때 주의해야 하는 이유는 쇼펜하우어가 남녀의 욕구와 특성이 가진 중대한 차이에 주목했기 때문이다. 다음은 그가 남긴 위험한 글의 일부다.

여성은 우리 유년기의 간호사이자 교육자 역할에 곧바로 적응하는데 단지 그들 자신이 유치하고 멍청하며 근시안적이라서, 한마디로 평생을 덩치 큰 어린아이로 살기 때문이며 (…)

당연하게도 쇼펜하우어는 거센 비판을 받았다. 과연 쇼펜하우어는 우리가 평가할 만한 증거를 제시했을까? 추론은 어떻지? 우리는 당연히 성별에 관한 쇼펜하우어의 특정 평가를 거부할 수 있다. 성별 간에 분명한 차이가 있다고 인정하더라도 마찬가지다. 두 성별 간 번영하는 삶에 대한 도덕적 관심에 비춰 번영의 차이와 관련된 '평균적인' 여성과 남성의 차이가 없다고 주장해서는 안 된다. 생물학적 차이는 출산 가능성의 차이를 설명하고 건강과 수명의 차이에 어느 정도 영향을 미치므로 감정이나 관심사를 비롯한 다른 심리적 특징에서 전혀 차이가 없다면 더 놀라운 일일 것이다.

쇼펜하우어는 여성 혐오주의자였다. 적어도 자신이 폄하한 특정 자질을 가진 여성들을 묘사할 때는 그랬다. 그가 여성 혐오주의자라는 혐의를 쓴 또 다른 일화가 있다. 쇼펜하우어는 언젠가 한 재봉사에게 해를 끼친 혐의로 유죄 판결을 받은 적이 있다. 사건의 전말은 이렇다. 그는 재봉사가 시끄럽게 떠든다며 아래층으로 밀쳤으나 소음을 몹시 싫어했기에 자신이 준 피해에 그리 신경을 쓰지 않았다. 재봉사에게 매달 일정 금액을 변상하라는 판결을 받은 쇼펜하우어는 재봉사가 세상을 떠나자 "늙은 여인이 죽었으니 짐을 덜었다"라고만 기록했다.

물론 쇼펜하우어는 남자들이 시끄럽게 수다를 떨었어도 비슷하게 반응했을 것이다. 다만 여성들의 대화였기에 그가 단순한 수다로 치부하지 않았을지 생각해 볼 수 있다.

지극히 사적인 철학

쇼펜하우어의 염세주의를 조금 더 깊게 들여다보자. 모든 인간, 어쩌면 모든 피조물은 결과를 얻으려 노력하지만 목표한 결과를 얻기도 하고 얻지 못하기도 한다. 원하는 결과를 손에 넣고자 평생 자신에게 없는 뭔가를 욕망하거나 욕망하던 것을 손에 넣는다. 어느 쪽이든 고통에 시달린다. 우리는 욕망하는 것을 갖지 못해 괴로워하거나 욕망하는 것을 가진 뒤에 더는 욕망할 것이 없어 권태에 괴로워한다. 욕망은 괴롭고 욕망이 없음은 고통이다.

물론 다양한 욕망은 얼기설기 얽혀 있기 마련이라 우리는 일시적으로 만족할 수도 있고 그렇지 않을 수도 있다. 하지만 결핍의 고통과 권태의 고통이 뒤섞인 상태라고 해서 전체적인 고통과 권태가 가벼워지지는 않는다. 쇼펜하우어는 "권태란 도박과 음주, 여행 중독을 부르는 거대한 악이며 어쩌면 이로 인해 철학 논문을 더 많이 쓸 수 있을 것이다"라고 말했다. 차라리 '파도가 밀려오는 그늘진 해변의 조약돌이 되는 쪽이 더 낫다'는 내 무의미한 농담에 어느 정도 더 일리가 있을지도 모르겠다.

삶을 경시하는 것에 대한 우려는 '무엇을 위해 사는가?' 같은 끊임없는 질문에서도 드러난다. 드문드문 기쁨을 누리며 그저 자고 걷고 일하고 쉬고 다시 자는 쳇바퀴 속에 산다고 생각한다고 생각하는 사람이 많다. 운 좋은 이들조차 때때로 공허함을 느끼며 이게다 무슨 소용일지 고민한다. 자녀나 손주를 위해 산다고 생각하는 사람들도 있다. 하지만 이는 말하자면 소용이라는 폭탄을 다음 사람에게 떠넘기는 꼴이다. 궁극적으로 '소용'은 무슨 뜻일까? 20세기의 철학자이자 작가인 알베르 카뮈Albert Camus의 글을 빌리자면 고대 그리스 신화의 시시포스 이야기가 떠오른다. 시시포스는 신들에게 언덕 위로 바위를 굴려 정상까지 올라가라는 저주를 받았는데, 이 바위는 항상 다시 굴러 내려오고 형벌은 영원히 계속된다. 또 다른 그리스 신화 속 영원히 돌아가는 불의 수레바퀴에 묶인 익시온의 이야기도 마찬가지다. 이들의 이야기를 곱씹은 쇼펜하우어는 탈출구를 제시했다.

쇼펜하우어가 제시한 탈출구는 무엇일까? 염세주의 철학자가 자살을 권하지 않았다는 것은 놀라운 일이다. 자살은 의지에 굴복하는 행위이며 우리가 통제할 수 있다는 착각을 불러일으킨다. 따라서 그는 자살을 패배라고 봤다. 카뮈는 괴로움과 갈등, 무의미함을 지닌 인간의 상태를 부조리한 것으로 봤다. 그리고 여기에는 더 많은 의지, 더 강한 의지라는 반항이 필요하다고 했다.

반면 쇼펜하우어는 개인이 지닌 특정한 의지의 환상을 없애야 한다고 제시하는데 예술, 특히 자신을 잊고 음악에 몰두하면 이를 달성할 수 있다고 했다. 물론 자신을 잊는다는 행위가 자살과 유사한 해결책이 아닌지 의문이 들 수도 있다. 하지만 예술에의 몰두가 덜 지저분하면서 타인의 기분도 덜 해치는 방법이자 덜 결정적인 방법

지극히 사적인 철학

임에는 분명하다.

쇼펜하우어는 의지를 우리 몸과 우리가 자아라고 여기는 것을 비롯한 모든 것의 근간을 이루는 실체라고 이해했다. 따라서 어떤 의미에서 우리의 죽음은 우리의 끝이 아니라고 한다. 물론 개인의 영생을 바라는 사람에게는 어떤 위로도 되지 않을 말이다. 또 최후에는 소멸이라는 궁극적인 죽음에 만족할지라도 수십억 명을 비롯한 지각 있는 생명이 소멸할 때까지 고통 속에서 살아갈 것이라는 생각에 만족할 수 없는 우리에게도 위로가 되지 않는다. 우리는 다시 해변의 조약돌이 되어 바다의 파도에 씻겨나가는 상상으로 돌아간다.

아테네의 시인 소포클레스Sophocles의 희곡 〈콜로노스의 오이디푸스Oedipus at Colonus〉의 코러스에서는 "아직 태어나지 않은 것이 가장 행복하고 복된 것"이라고 선언한다. 베케트에게서도 보이는 이런 사상에 비하면 쇼펜하우어의 염세주의는 따뜻하게 느껴진다.

쇼펜하우어처럼 생각하고 싶다면?

합리성을 비웃고 폄하하며 음악 속에서 고통과 자신을 잊어보자.

16

John Stuart Mill

존 스튜어트 밀

누군가가 내 희생을 당연하게 여긴다면

만족한 돼지보다는
만족하지 못한 소크라테스가 되는 편이 낫다.

밀

이 철학자를 조금이라도 아는 사람이라면 그의 이름을 듣고 공리주의와 자유liberty를 떠올렸을 것이다. 아버지 존 밀John Mill과 구분하기 위해 J. S. 밀이라는 약자를 쓴 존 스튜어트 밀(1806~1873)은 빅토리아 시대에 활동한 영향력 있는 인물이다. 밀은 아버지와 자신의 비非종교적 대부 벤담처럼 종교계의 특권에 도전한 개혁가였다. 그는 당시 불법이었던 피임을 지지하는 책자를 돌리거나 여성의 동등한 권리를 주장하다 조롱받았지만 자신의 철학적 사고를 바탕으로 정치적 행동을 이어나갔다. 하원의원으로 선출된 밀은 여성에게 투표권을 줘야 한다고 주장하고 말이 당하는 학대를 지적하다가 더 큰 조롱을 받았다.

밀은 어린 시절 아버지에게 가정교육을 받으며 세 살에는 그리스어를, 여덟 살부터는 라틴어를 배웠다. 지금은 윤리철학과 정치철학으로 유명하지만 밀은 논리학, 형이상학, 과학철학, 정치경제철학 등 폭넓은 분야의 글을 저술해 영향력을 발휘했다. 1843년 저서이자 대학 필수 교재로 채택된《논리학 체계A System of Logic》는 사려 깊게 분석한 밀의 철학적 사고를 잘 보여준다. 훗날 밀을 비종교적 대부로 삼은 러셀에게서도 같은 사고를 찾아볼 수 있다.

밀의 철학에는 지식이란 경험에서 비롯한다고 보는 영국식 경험주의가 배어 있다. 추론을 생각해 보자. 앞서 우리는 아리스토텔레스가 논리를 어떻게 발전시켰는지, 스피노자가 참된 전제에서 논리적으로 결론이 뒤따라야 하는 건전한 연역 논증을 어떻게 추구했는지 살펴봤다. 여기서 건전한 논증이란 전제들이 참일 때 그 결론이 논리적으로 도출되는 논증을 뜻한다.

아리스토텔레스의 삼단논법을 이야기할 때 '모든 사람은 죽는다. 소크라테스는 사람이다. 그러므로 소크라테스는 죽는다'라는 예시가 자주 등장한다. 사실 아리스토텔레스식 삼단논법에는 '소크라테스는 죽는다' 같은 단수 명제가 전제로 포함되지 않는다. 밀은 소크라테스의 예를 처음 소개해 명성을 얻었지만 일반적인 명제를 기반으로 새로운 판단을 유도하는 연역적 추론의 가치에 의문을 제기하기 위해 이 예를 사용한 것으로 보인다.

밀은 어떤 의문을 제기했을까? 우리는 '소크라테스는 죽는다'를 증명하기 위한 첫 번째 전제로 모든 사람은 죽는다는 것을 주장했다. 이는 소크라테스가 인간이기 때문에 그가 죽는다는 것을 전제로 한다. 첫 번째 전제에 우리가 증명하려는 바가 이미 포함된 셈이다. 이 연역에는 선결문제의 오류, 페티티오 프린키피이_{petitio principii}가 포함된다. 밀이 굳이 라틴어를 쓴 이유는 권위를 내세우기 위함

지극히 사적인 철학

인 듯하다.

이 첫 번째 전제를 정당화할 수 있을까? 나아가 근거 없는 다른 수많은 보편적 주장을 정당화하려면 어떻게 해야 할까? 그래서 우리는 과거의 경험적 증거를 들여다보는 귀납적 추론에 의존한다. 지금까지 우리는 무수히 많은 사람이 결국 죽는다는 것을 봤다. 그러므로 모든 사람이 죽으며 소크라테스 또한 죽는다고 추론한다. 물론 이 사례는 소크라테스가 죽었다는 독립적인 증거가 있다는 점을 감안할 때 어느 정도는 변질될 수 있다.

밀은 보편 명제에서 특수 명제를 이끌어 내는 연역 논증의 결론이 타당해지려면 그 결론이 전제에 둘러싸였다는 이유만으로 당연히 도출돼야 한다고 주장했다. 그렇게 본다면 연역은 우리에게 새로운 지식을 제공할 수 없는 것처럼 보인다. 하지만 상황은 그리 간단하지 않다. 무엇보다도 수학 분야에서는 몇몇 전제에서 논리적으로 도출한 결론이 놀라운 발견으로 이어지는 경우가 많았다. 고대 그리스의 철학자 에우클레이데스가 정립한 기하학적 결론을 보라. 타당한 연역의 전제는 결론을 내포한다는 점에서는 밀의 주장에 동의할 수도 있겠지만 연역적 추론으로 그 결론이 드러나는 경우가 많다는 단서를 덧붙여야 한다.

개개의 사실이나 명제에서 일반적 결론을 이끌어 내는 귀납적 추론은 어떻게 확신할 수 있을까? 밀은 나름대로 최선을 다해 자연에 일관성이 있다고 주장했다. 이때 그의 주장에 따르면 순환성이 생기는 듯하다. 이때 우리는 밀이 과거에 기대 자기주장을 정당화한다는 생각이 들 수 있다. 또 자연이 어떤 식으로 일관적인지에 관해서도 의문이 떠오른다. '일관성 있다'가 '어제 비가 왔으니 오늘도 계속 비가 내릴 것으로 결론 짓는 게 합리적이다'는 뜻은 아닐 테니 말이다.

귀납 추론에 얽힌 문제들은 한때 앞서 만나본 흄을 괴롭혔다. 비트겐슈타인과 살펴볼 부지깽이 사건의 주인공인 20세기 과학철학자 칼 포퍼Karl Popper는 자연법칙을 찾으려는 과학자들이 귀납을 잊었으며 또 잊어버려야 한다고 주장했다. 포퍼는 과학자들이 '모든 금속은 열을 가하면 팽창한다' 같은 보편적인 가설을 제시하고 이를 반박하기 위해 노력해야 한다고 강조했다. 이처럼 모든 경우를 포괄하는 보편 가설은 결코 증명되거나 검증할 수 없지만 거짓임을 증명하거나 반박할 수는 있다. 물론 포퍼의 견해에도 문제는 있다. 어떤 금속에 열을 가했으나 팽창하지 않는 사례가 발견된다 해도 측정 방법이 잘못됐거나 알려지지 않은 외부 요소가 개입했을 수도 있으며 다른 관련 이론이 잘못됐을 수도 있기 때문이다.

~

이제 도덕과 정치에 관한 밀의 유명한 사상인 공리주의를 살펴보자. 공리주의는 결과주의다. 최종 결과에 따라 궁극적으로 어떤 행

지극히 사적인 철학

동이 도덕적인지가 달라지고 최대 다수의 최대 행복이 도덕적으로 바람직한 결과가 된다. 칸트는 공리주의가 뱀처럼 휘감기며 결과를 들여다보고 도덕이 무엇을 요구하는지를 정한다며 공리주의를 노골적으로 반대했다. 공리주의자들은 이에 미사여구 같은 답변을 내놨다. '전체의 행복이 아니라면 다른 무엇으로 옳고 그름을 판단한단 말인가?'라고 말이다.

공리주의 사상은 근본적으로 공평성에 몰두한다. 내 이익과 행복은 다른 누구의 행복보다 중요하지 않다. 그런데 역설적으로 이런 공평성은 다양한 방식으로 어느 정도의 불공평을 낳는다. 결국 인간이기에 최대로 행복하려면 연인이나 부모 자식 관계처럼 특정 애착 관계를 우선시해야 할 필요가 있어 보이기 때문이다. 이런 태도를 완전히 배제하고 내 자식의 목숨과 다른 사람의 목숨 중 한쪽만을 구해야 한다면 전체가 행복해질 가능성은 낮다.

공리주의식 공평성에 관해 더 깊이 생각해 보기 위해 몇 가지 예시를 살펴보자. 한 사람을 희생해 200만 명의 목숨을 구할 수 있다면 행복의 총량이 커지니 더 옳은 일 아닐까? 한 명으로 200명, 아니 단 두 명만 살릴 수 있다 해도 마찬가지 아닐까? 어떤 사람의 장기를 다른 사람을 위해 사용할 수 있도록 몇몇 인간을 특별히 사육한다면 행복이 극대화되지 않을까? 인간은 이미 특정 종種에게 그런 일을 벌이고 있으며 수많은 동물이 인간의 식욕을 채우기 위해 끔찍한 시간을 겪고 있다.

하지만 적어도 합리적 근거 없이 한 종을 다른 종보다 선호하는 편견인 종차별주의는 공리주의 의제에 포함되지 않는다. 공리주의 자면서 동물의 권리를 주장한 벤담은 도덕 논의에 어떤 생명체를 포함해야 하는지 가늠할 때 '고통받을 수 있는가?'라는 질문을 기준으로 제시했다. 지각 있는 생명체의 고통과 쾌락은 모두 도덕과 직접적으로 연관된다. 반면 나무와 풍경은 도덕과 연관되더라도 인간을 비롯한 여러 지각 있는 동물에게 쾌락을 주고 고통을 덜어준다는 점에서 간접적으로만 관련된다.

최대 다수의 최대 행복이라는 원칙에서도 어떤 것을 우선시해야 하는지 의문이 생긴다. 적은 인원을 목표로 하는 경우라도 행복의 총량을 극대화하는 것을 우선시해야 할까? 아니면 개개인의 몫으로 돌아가는 행복의 양을 고려해야 할까? 간명한 격언을 빌리자면 이렇게 표현할 수 있다. '공리주의의 목표는 더 많은 사람을 행복하게 하는 것일까 아니면 사람들을 더 행복하게 만드는 것일까?'

정부가 경제와 복지 정책을 선택할 때도 같은 문제가 발생한다. 예컨대 미국과 영국에서는 소수의 사람이 극도로 부유하지만 훨씬 많은 사람이 극도로 가난하다. 노르웨이에서는 부유층이 미국이나 영국만큼 부자는 아니지만 빈곤층이 더 적다. 이때 우리는 미국의 평균 행복 지수가 노르웨이보다 높다고 해도 도덕적인 측면에서는 노르웨이가 더 낫다고 생각할 수 있다. 실제로 불평등이 심한 국가는 대개 불평등이 심각하지 않은 국가보다 전반적으로 덜 행복하다는 평가가 있다. 물론 이를 어떻게 비교하고 판단하는 것이 가장 좋은지에 대해서는 논란이 있다.

이런 수적 문제뿐만 아니라 행복이 무엇인지에 관한 문제도 있다. 앞서 에피쿠로스와 함께 살펴봤던 문제다. 벤담은 쾌락의 단위를 기준으로 행복을 계산해야 한다고 보았다. 어린이들이 즐겨 하는 푸시핀pushpin 놀이가 시를 감상하는 것 정도의 쾌락을 준다면 푸시핀은 시와 동일한 도덕적 가치를 지니는 것이다. 모든 사람이 특정한 독재적 법칙에 순응하거나 즐거운 환상을 느끼는 사회에서 가장 큰 행복을 얻을 수 있다면 벤담의 공리주의자들은 그런 사회를 장려할 것이다.

공리주의는 종종 만족 이론으로도 불린다. 행복을 극대화하는 일, 다시 말해 욕구를 만족시키는 일이 곧 옳은 일이라는 것이다. 이를 달성하는 한 가지 방법은 욕구를 다스려 더 쉽게 만족하도록 만드는 것인데 여기서 에피쿠로스가 떠오른다. 하지만 만족을 향한 벤담식 접근법은 밀의 접근법과 다르다. 밀은 이렇게 말했다.

소크라테스는 만족한 돼지보다 만족하지 못한 소크라테스가 되기를 택할 것이다. 돼지는 그렇지 않을 수도 있지만 그때의 돼지는 질문의 한쪽 면밖에 알지 못한다. 소크라테스는 양쪽을 모두 알고 있다.

밀이 말하는 행복한 삶은 호기심과 고귀함, 동료애 등을 포함하는 '번영하는 삶'으로 이해해야 한다. 밀은 아리스토텔레스와 마찬가지로 행복을 풍부하게 이해했다. 밀이 말하는 행복에는 더 높은 수준의 쾌락이 포함되는데 밀은 시를 감상하는 쾌락이 벤담이 말한 푸시핀 놀이를 할 때의 쾌락보다 더 수준이 높다고 한다. 참고로 당시 푸시핀은 성관계를 뜻하는 은어였는데 밀은 벤담이 어떤 의미를 염두에 뒀든 푸시핀을 강조한 것을 비난했다.

물론 밀은 엘리트주의자라고 비난받는다. 밀을 대신해 이 혐의에 반박해 보자면, 그가 엘리트주의자였다고 해도 그것은 역설적으로 밀이 모든 사람이 엘리트의 일원이 되기를 바랐기 때문이라고 할 수 있다. 밀은 모든 사람이 진정한 잠재력을 실현하고 번영할 수 있도록 복지와 교육정책을 지지했다. 단 이때 주의해야 할 점은 서구 민주주의국가의 지도자들이 흔히 언급하는 '모든 사람이 잠재력을 실현해야 한다'는 말은 위험하다는 것이다. 극도로 바람직하지 않은 잠재력을 가진 이도 있다는 점을 간과하는 발언이기 때문이다. 강간과 살인을 저지르는 성향의 사람들은 물론 기업 총수들이 무자비와 착취, 사익 극대화 따위의 잠재력을 실현하다 대형 스캔들을 일으키는 모습만 봐도 알 수 있다.

～

밀의 철학적 사고를 한마디로 요약하면 이렇다. '증거를 보라.' 누

지극히 사적인 철학

군가가 공리주의 정책이 결국 인체 장기 생산 공장이나 노예 계급으로 이어질 것이라고 주장했다 하자. 밀은 그런 정책이 시행되더라도 사람들이 궁극적으로 행복해하지 못할 것이라는 증거가 있으니 해당 정책은 행복을 극대화하지 못한다며 반박했을 것이다. 밀은 사람들에게 약물을 주입하고 순응시킨다면 행복을 보장할 수 있지 않으냐는 견해에 인간이 번영하려면 어느 정도의 자유freedom와 자율성autonomy이 필요하다고 지적한다.

여기서 말하는 자유에는 항의할 자유, 이동할 자유, 여성이 공공장소에서 얼굴을 가리지 않을 자유 등이 포함된다. 자율은 내가 진정으로 원하는 것, 내게 가장 좋은 것을 실현할 수 있는 상태를 말한다. 자유와 자율은 서로 연결된 가치이지만 진정한 자유나 자율이 무엇인지에 대해서는 풀어야 할 난제가 많다. 이동할 자유는 풍값을 치를 수 없을 때 효력을 잃는다. 시장을 조작해 이득을 얻고자한다면 진정한 자율이라 할 수는 없다.

밀은 위해 원칙이라는 이름으로도 알려진 유명한 자유 원칙liberty principle을 권고했다. 이 접근법은 세부적으로는 문제점이 많지만 지침으로 삼을 만한 가치가 있다. 밀은 사회가 개성을 경시한다면 사회가 손해를 볼 것이고, 개인이 자동화 기계처럼 산다면 개인에게도 이득이 되지 않을 것이라며 적극적으로 주장했다. 밀의 자유liberty 옹호가 그의 공리주의와 모순된다고 이해할 필요는 없다. 번영하는 삶이 자동 기계 같은 삶은 아니니 말이다.

공리주의와 관련한 밀의 또 다른 일화가 있다. 스무 살 무렵 우울감에 빠진 밀은 스스로에게 물었다. '인생의 모든 목표가 실현되고 모든 제도와 의견이 한순간에 바뀌는 일이 실제로 일어나면 내가 큰 기쁨과 행복을 느낄까?' 밀의 대답은 '그렇지 않다'였다. 끝은 더이상 매력적이지 않았다. 밀은 목표를 적극적으로 추구하는 것뿐만 아니라 감정까지도 행복에 포괄된다는 것을 깨닫고는 위기를 극복했다. 낭만주의 시인 워즈워스의 시를 읽고 호수 지방을 산책하며 자연을 감상한 것이 많은 도움이 됐다.

스스로에게 행복한지 물어보면 그때부터 행복하지 않게 된다. 최대 다수의 최대 행복이라는 공리주의적 목표가 추천할 만하다고 하더라도 모든 사람의 일상적인 동기가 돼서는 안 된다. 예컨대 사랑은 행복에서 중요한 부분이다. 밀의 친구였던 공리주의 법학자 존 오스틴John Austin 역시 "굳건한 정통 공리주의자도 연인이 공공선을 위해 상대방에게 입 맞춰야 한다고 주장하지 않는다"라고 지적했다.

밀은 교양과 지성을 갖춘 여성학자이자 철학자 해리엇 테일러Harriet Taylor와 사랑에 빠지면서 개인적으로 가장 깊은 행복을 느꼈지만 안타깝게도 당시 테일러는 기혼자였다. 수년 후 그녀의 남편이 세상을 떠나고 나서야 밀과 해리엇은 진정한 행복을 누리며 함께 살 수 있었다. 두 사람은 해리엇이 세상을 떠나기 전까지 7년간 함께했다. 밀은 자기 철학과 일치하는 삶을 살았다. 결혼 당시 그는 결혼을

지극히 사적인 철학

통해 남편이 얻을 수 있는 모든 법적 특권을 거부한다는 문서를 남겼다. 또 특히 여성의 권리에 관한 글을 써 해리엇에게 빚진 마음을 자주 표현했다. 밀이 여성의 참정권을 지지하자 사람들은 그가 기이한 변덕을 부린다고 생각했다. 시대의 변화가 느껴지는 대목이다.

밀은 성관계는 인간의 삶에서 터무니없이 과분한 자리를 차지하지만 사람들의 개인 생활을 제한하는 것은 인류 태동기의 미신이자 야만이라고 주장했다. 1860년대 말 영국 해병들에게 성병이 크게 유행하자 경찰에게 지나가는 마차를 검문하고 매춘부로 의심되는 여성을 의학적으로 검사할 수 있는 권한을 주는 〈전염병법〉이 통과됐다. 밀은 영국 심의회에서 이 법을 강력하게 규탄했는데, 여성이 그런 검사를 받아도 된다면 사창가에 다녀온 것으로 의심되는 남성 또한 검사를 받아야 한다고 주장해 청중을 놀라게 했다.

밀은 합리적인 경험론자였다. 증거를 찾고 평가했다. 하지만 때로는 마음을 바꾸기도 했다. 초기에는 사형 제도가 정당화될 수 있는지 의심했지만 1868년에 이르러 극악무도한 살인사건에 대한 사형제도에 찬성했다. 공리주의에 따르면 사형에는 정당한 근거가 있다. 범죄를 억제하는 효과가 있으면서 고된 노동을 수반하는 종신형만큼 잔인하지는 않기 때문이다. 이 말에서 당시 감옥 환경이 어땠는지 엿볼 수 있다.

또 다른 사례에서 밀은 종교적 믿음과 관련해 증거를 통한 사고를 강조했다. 밀은 전능한 신이 존재한다면 그 신은 사악할 것이 분명하다고 했다. 인간을 비롯해 지각 있는 존재들이 엄청난 고통을 떠안은 채 살아가고 있기 때문이다. 오직 가능성의 수준에서 논한 정도이긴 하다. 하지만 밀은 어느 정도의 확률에 불과하더라도 다소 원시적이라 생각했던 진화론에 더해 이 세상을 움직인 유한한 힘이 있을지도 모른다고 생각했다. 살아 있었다면 분명 그는 러셀의 무신론에 동의했을 터다.

～

공리주의자라고 하면 대개 여러 생각의 수를 두고 저울질하는 냉철한 모습으로 그려진다. 하지만 밀과 그의 공리주의에는 이런 이미지가 떠오르지 않는다. 밀이 어떤 사람이었는지 다음 이야기를 통해 살펴보자.

밀은 1839년부터 당시에는 아직 테일러 부인이었던 해리엇과 아비뇽의 호텔 오뗄드류럽에 머물곤 했다. 밀과 결혼한 해리엇이 1858년 세상을 떠난 곳도 이 호텔이었다. 해리엇의 사망 수개월 후 밀은 아비뇽에 집 한 채를 마련했다. 그러고는 해리엇이 사망한 호텔 방의 가구들을 가져와 설치했다. 그는 이 집에서 15년간의 여생 대부분을 해리엇의 딸 헬렌과 보냈으며 헬렌은 밀이 부부의 개혁가다운 작업을 이어 나갈 수 있도록 도왔다.

1873년 5월 7일, 밀은 아비뇽의 이 작고 하얀 집에서 갑작스레 세상을 떠났다. 집에서 내다보이는 공동묘지에는 해리엇이 잠들어 있었고 1873년 5월 8일부터 밀 또한 그 옆에 나란히 잠들었다.

 밀처럼 생각하고 싶다면?

증거를 지침으로 삼고 언제나 사람들의 더 나은 삶을 위해 행동하자.
그리고 다른 지각 있는 존재들의 삶과 고통을 무시하지 말자.

쇠렌 키르케고르

개인주의자의 조건

세상에 필요한 것은 새로운 소크라테스다.

키르케고르

철학을 학문의 기반으로 여기는 대학의 도서관, 많은 철학 양서를 구비한 대학의 도서관에 가면 '키르케고르'라고 적힌 서고를 찾을 수 있다. 이상하게도 그곳의 많은 책에 콘스탄틴 콘스탄티우스Constantine Constantius, 요하네스 클리마쿠스Johannes Climacus, 요하네스 데 실렌티오Johannes de silentio, 안티-클리마쿠스Anti-Climacus, 비길리우스 하우프니엔시스Vigilius Haufniensis 등의 저자명이 적혀 있을 것이다.

예상했을지도 모르지만 모두 쇠렌 키르케고르(1813~1855)의 필명이다. 그는 왜 이토록 많은 이름을 썼을까? 혹시 이 필명들이 그의 생각을 대변하는 수단은 아니었을까? 배우처럼 어떤 역할을 연기하는 모습을 보여주기 위한 장치가 아니었을까? 키르케고르의 신념을 알려면 '키르케고르 지음'으로 명시된 글로만 판단해야겠지만, 역할극을 향한 그의 열정이 엄청났다는 것을 고려할 때 키르케고르라는 이름도 하나의 역할이었을지도 모른다. 우리는 그저 이런 글을 쓴 '나'가 실제로 누구였는지 궁금해할 따름이다.

처음부터 나는 내 개인적인 현실이 당혹 그 자체임을 분명히 인지했고 지금도 인지하고 있다. 한심한 자기주장을 품은 필명들로 그 현실을 최대한 빨리 씻어내거나 현실의 의의를 가능한 한 축소하고 싶은 것일지도 모르겠지만, 그러면서도 아이러니한 예의와 함께 현실과 필명이 서로 밀어내듯 대조를 이루며 함께하기를 바라는지도 모르겠다.

여러 저작의 저자인 키르케고르의 방식을 따라 철학적으로 생각하려면 우리가 누구인지, 자기선언은 어떤 경우에 정당한지, 그 선언을 어떻게 해석해야 하는지에 답해야 한다. 물론 그 답이 때때로 달라질 수 있고 고민될 수도 있다는 것도 함께 인식해야 한다.

～

키르케고르는 동네에 새로 생긴 어느 가게 이야기를 들려준다. 가게 창가에는 '빨래를 가져오세요'라고 적힌 간판이 세워져 있었다. 집에 돌아온 그는 지저분한 빨랫감을 모아 가게로 갔지만 알고 보니 그 가게는 세탁소가 아니라 간판 판매점이었다.

그는 자신을 시문학 변증론자라고 했다. 키르케고르는 우리가 지금까지 만난 철학자들과는 매우 다르게 생각한다. 그의 주된 관심사는 주체성subjectivity이었다. '어떻게 살아야 할까?' '삶을 어떻게 해석해야 할까?' '어떻게 해야 삶을 살 수 있을까?' 등 그는 많은 저작에서 불안, 죄책감, 절망, 선택에 관해 직접적 또는 간접적으로 다룬다. 그렇기에 우리는 키르케고르를 최초의 실존주의자로 부른다.

그는 전기 작품에서 자신의 고뇌와 암울한 고민을 가족의 어두운 비밀과 루터교회라는 배경, 외모로 우스꽝스러운 풍자를 당한 경험과 연관시킨다. 그가 철학자이자 신학자, 연인이었던 레기네 올센Regine Olsen에게 집착했으며 올센과 약혼했다가 알 수 없는 이유로 파혼하고 죄책감에 시달렸다는 점도 많은 이의 이목을 끌었다.

키르케고르라는 이름은 덴마크어로 '교회 경내의 묘지'를 뜻한다. 그는 이름처럼 확실히 죽음을 마주하며 살았다. 25세가 되던 해에 부모님은 다른 형제들과 마찬가지로 세상을 떠났다. 키르케고르는 자신도 30세를 넘기지 못하리라고 생각했다. 실제로는 42세에 세상을 등졌지만 말이다.《아이러니의 개념Om Begrebet Ironi》《두려움과 떨림Frygt og Bæven》《반복Gjentagelsen》《불안의 개념Begrebet Angest》《인생길의 여러 단계Stadier paa Livets Vei》《사랑의 작업Kjerlighedens Gjerninger》《죽음에 이르는 병Sygdommen til Døden》등 저서 제목에서도 그의 사상을 엿볼 수 있다.

클리마쿠스라는 필명을 사용한 키르케고르는 형이상학을 논할 때 순수한 사고를 통해 영원의 관점 아래에서 현실을 바라볼 수 있다고 한 위대한 철학자들을 강도 높게 비판했다. 수학에서라면 추상적인 논의를 펼칠 수도 있다. 하지만 우리를 둘러싼 이 세계에서 인간으로 산다는 것이 무엇인지 이해하려면 추상적으로 생각해서는 안 된다. 형이상학과 윤리학을 이해할 때 내가 나라는 특정 인간의 관점, 다시 말해 이 세계의 특정 위치와 특정 시간에 자리한 나의 유한한 존재에서 벗어날 길은 없다. 물론 이 성찰 또한 한발 물러나 있다는 느낌이 들기는 하지만 말이다.

키르케고르는 이상적인 공동체를 논한 헤겔을 특히 겨냥했는데, 근대 철학에는 우스꽝스러운 전제가 깔려 있다고 지적하며 헤겔의 철학에서는 일종의 세계사적 무관심 속에서 인간으로 산다는 것이 어떤 의미인지가 잊혔다고 했다. "실제로, 인간으로 사는 게 일반적으로 어떤 의미인지가 아니라 (…) 너, 나 그리고 그가 각각 인간이라는 것이 무엇을 의미하는지를 잊었다"면서 말이다.

그는 신의 관점으로 세상을 보려는 철학자의 시도가 오만하며 인간의 조건과 삶의 방식에 눈을 멀게 한다는 점에서 부도덕하다고 생각했다. 그러면서 "이런 철학자들은 실제로는 옆집의 개집에 살면서 거대한 사변의 성을 쌓는 자들이다"라고 말했다. 키르케고르는 인간이 살아 있는 주체로서 자신을 바라보고 현실을 파악해야 하며, 개인으로서 어떻게 잘 살아야 하는지를 고민해야 한다고 촉구했다. 이것이 바로 그가 주체성이 곧 진리라고 논할 때 염두에 둔 생각이었다. 물론 인간이 공상하는 모든 것이 곧 진리라고 주장했다는 뜻은 아니다. 키르케고르는 '나'라는 유한한 존재를 초월적 존재인 신과 연결하는 것이야말로 진리라고 생각했다.

⁓

상당한 수준의 유산을 물려받은 키르케고르는 젊은 시절 코펜하겐의 멋쟁이로 통했다. 그의 글에는 성경에 관한 다양한 일화와 격언, 농담과 역설, 분석과 보정이 드러난다. 또한 기독교 신에게 깊이 헌신하는 마음이 느껴진다. 그런데 그의 저작을 논평할 때 기독교에 초점을 맞추는 경우는 거의 없다. 예외가 있다면 그 유명한 '믿음의 도약'을 이야기할 때다. 논평가들은 비이성적 도약이 필요하다고 주장하는 이 논의가 키르케고르식 실존주의를 제대로 보여준다고 평한다. 짧게 덧붙이자면 도약이 아니라 뜀박질, 뜀뛰기 또는 뛰어들기라고 해도 좋을 것이다. 어디에 뛰어든다는 걸까? 어디든 뛰어들어도 될까?

믿음의 도약을 뜻하는 덴마크어는 그의 글에서 발견된 적이 없다. 키르케고르가 불신에서 믿음으로 향하는 질적 전환을 논한 적은 있다. 다만 그 전환이 비합리적인 의지 행위의 문제는 아닌 듯하다. 키르케고르는 저서 《이것이냐 저것이냐Enten-Eller》와 《인생길의 여러 단계》에서 이 전환을 탐구했다. 그는 발전하는 인간은 세 가지 단계 또는 영역을 거친다고 했다. 이쯤 되면 키르케고르가 신에게 닿기를 열망하는 도덕적 권고를 제시하는 건지 인간 심리에 관한 모호한 사색을 선보이려는 건지 궁금할 수 있다.

그가 제시한 발전하는 인간의 세 가지 영역은 각각 심미와 윤리, 종교다. 심미의 영역에서 인간을 지배하는 것은 욕망과 성향이다. 어떤 의무감도 아니다. 이 단계에서 우리는 흥미와 흥분을 추구하고 지루함을 극복하고자 한다. 《이것이냐 저것이냐》에 실린 〈유혹자의 일기Forførerens DagbogDiary of a Seducer)에서는 심미적 측면을 다루는 '이것이냐' 부분의 저자로 지목된 A와 동일인으로 보이는 유혹자가 등장한다. 유혹자는 한 소녀를 유혹하려 하는데, 그에게 술수를 벌일 때 일어나는 흥분감은 술수의 목표인 성적 만족에 못지않게 큰 동기가 된다. 〈유혹자의 일기〉는 이 모든 것이 그저 흥미를 위한 일, 권태를 이겨내기 위한 일이라는 것을 소녀도 알아줄지 물으며 막을 내린다.

두 번째는 윤리의 영역이다. 여기서는 판사 윌리엄이 등장해 노동과 우정, 일부일처제에 윤리적으로 헌신하기를 권한다. 어디까지가 윤리적인지는 사회적 역할과 관습, 덴마크 황금기 부르주아의 기대에 따라 결정된다. 이때 윤리의 근거는 칸트의 보편적 원리인 정언명령이나 플라톤의 초월적 선에 대한 열망과는 매우 다르다. 윌리엄은 종교에 대해 말하는데 이는 사회적 제도로서의 교회에 관한 것이다. 키르케고르에게 기독교 문화는 이교도의 관습과 유사했다.

심미적 영역을 중시하는 저자 A는 삶의 기준을 개인에 둔다. 판사 윌리엄은 그 사회에서 보편적으로 통용되는 관습, 즉 보편적 관습에 근거를 둔다. 물론 이 관습이 미치는 영향력은 상대적이다. 오늘날 서구 사회에서 일부일처제라는 관습은 키르케고르가 살던 때만큼의 영향력을 발휘하지 못한다. 설령 결혼이 진정으로 모든 사회에서 보편적이더라도 키르케고르가 추구한 삶의 바탕이 되지는 않았을 것이다. 키르케고르는 "사막에서 개인은 도적과 야생동물

지극히 사적인 철학

을 두려워했기에 무리 지어 여행했는데 오늘날 개인은 거대한 무리를 지어 살며 사회적 관습에 집착한다"라고 말한다. 우리는 개인을 뛰어넘어 종교적 영역으로 들어가야 한다.

무엇이 종교적 영역인지 어떻게 파악할 수 있을까? 키르케고르는 우화를 통해 설명했다. 아브라함은 신의 목소리에 따라 아들 이삭을 제물로 바칠 준비를 했다. 윤리적 영역에서 보면 아브라함은 혈육을 죽이고 죄 없는 자를 살해하지 말라는 도덕적 의무를 저버리려는 끔찍한 인물이다. 그렇지만 키르케고르의 말을 빌리면 아브라함은 기본적인 도덕 원칙을 위반했음에도 불구하고 언제나 신에게 복종할 준비가 된 윤리에 대한 목적론적 보류를 하고 있는 것이다.

성경의 아가멤논, 입다, 브루투스를 비롯해 신화에 등장하는 다른 지도자들도 자식을 죽였지만 사회 전체의 이익이라는 윤리적 목적을 위해서였다. 아브라함에게는 그런 목적이 없었다. 신의 약속을 믿었을 뿐이다. 아브라함은 이른바 '믿음의 기사'였다. 키르케고르는 아브라함의 행동과 믿음은 터무니없고 역설적이며 광기 어리지만, 우리의 유한한 시간성이 신의 무한한 영원성과 어떻게 관련될 수 있는지를 보여준다고 말한다. 믿음이란 신 앞에 홀로 서는 긴장을 견디는 것이다. 윤리적으로 옳은 행동을 한다 해도 긴장을 덜어낼 수는 없다. 키르케고르는 이런 말로 수수께끼를 더한다.

신과의 관계에서 우리는 항상 잘못하고 있다.

실존주의적 자유를 가진 우리는 세 영역 중 뭐든 선택할 수 있다. 이는 실존주의가 개인주의에 초점을 맞추는 것을 가리킨다. 우리는 합리적 정당성이 결여된 기준 없는 선택, 즉 도약으로 되돌아갈 수 있다. 하지만 아직 착각일 수 있다. 인간은 본래 심미적 영역에 속하지만 어쩌면 다음 영역으로 나아갈 이유가 주어질 수도 있다.

다만 그 이유가 논리적 논증처럼 펼쳐지지는 않을 것이다. 키르케고르는 삶에 관한 가장 중요한 진리를 마치 텅 빈 백지에 주장과 결론을 적어 넣고 'QED'라고 못 박는 것처럼 직접 전할 수는 없다고 했다. 오히려 저자와 독자 모두가 부식성 용액을 발라 글 아래에 숨은 글을 밝혀내기 위해 노력해야 한다고 했다. 확실히 키르케고르와 그의 수많은 필명이 남긴 매력적이고 도발적인 글을 이해하려면 오래 곱씹고 깊이 사유하는 노력이 필요하다.

～

키르케고르는 아이러니에 관한 글을 썼고 소크라테스를 아이러니하다고 친양하며 나무 사이의 빈 곳에서 나폴레옹Napoleon의 얼굴을 볼 수 있다고 했다. 우리는 키르케고르의 이야기와 역설을 고찰하면서 다양한 필명을 사용하는 것이 얼마나 중요한 일이었을지 생각해 볼 필요가 있다. 그러다 보면 그 단어들 사이에서 삶의 형태가 보일지도 모른다. 키르케고르가 남긴 유명한 말을 살펴보자.

인생은 거꾸로 이해해야 한다는 철학자들의 말은 지극히 옳다. 하지만 그들은 또 다른 명제, 즉 앞으로 나아가야 한다는 사실을 잊고 있다.

키르케고르는 사는 동안에는 결코 인생을 제대로 이해할 수 없으리라고 생각했다. 그 어느 순간 그 누가 찾으려 해도 잠시 서서 인생을 되돌아보는 데 필요한 휴식처를 찾을 수 없기 때문이다. 이는 모든 것이 계속 변한다는 뜻이다. 삶도 마찬가지다. 또 변하는 삶에 대한 철학을 논할 때면 당연히 죽음도 다뤄야 한다. 우리는 모두 죽는다. 무엇보다 우리의 주체성을 통해 우리가 죽는다는 사실을 인식하는 것이 중요하다. 물론 죽음을 '외부에서' 바라보며 '일반적인 일'로 다룰 수 있다. 이를테면 '모든 사람은 죽는다. 그러므로 나는 죽는다' 같이 말이다.

키르케고르의 말을 빌리면 체계학자들과 얼빠진 사람들에게 죽음은 일반적인 어떤 일이다. 그는 세상을 떠난 솔딘이라는 서적 판매상에게 죽음이란 아침에 일어나려고 할 때, 자신이 죽었다는 것을 알지 못하는 것처럼 일반적인 일이었다고 말했다. 하지만 나의 죽음은 내게 결코 일반적인 일이 아니다. 그러므로 주체성을 갖추는 것은 우리에게 주어진 과제이며, 모든 주체가 자신을 위해 일반적으로 그런 것과 정반대가 될 것이라는 생각은 주관적이 된다.

키르케고르는 "철학을 개인의 삶과 분리하면 철학은 그저 학문으로 전락한다. 그렇게 되면 우리는 철학 교수를 얻을 뿐이거나 오늘날 수업과 연구를 평가하기 위해 사소한 세부 사항과 형식적 틀에 주목하는 수많은 철학 저널이나 얻을 뿐이라는 것을 이해해야 한다"라고 간청했다. 키르케고르는 철학 교수가 자신의 저작을 본다면 멈추지 않고 양심의 타격도 입지 않으면서 외려 여기에 말을 얹지 않을지 걱정된다고 했다. 또 이 우려조차 교수에게 말을 얹을 거리를 주는 꼴이니 그를 멈추게 하지는 못할 것이라고 덧붙였다. 나는 이미 말을 얹고 있긴 하지만 더 얹고 싶은 마음은 참아보겠다.

키르케고르는 '초자연적인 것을 사소하고 평범한 것으로 만들기 위해서가 아니라면 왜 철학자가 있겠는가?'라는 전통적인 철학자의 존재 가치에 의문을 제기한다. 그는 우리가 주체로서 우리 자신에 집중하길 바랐다. 배의 선장은 이쪽으로 갈지 저쪽으로 갈지 선택해야 하는 한편 결정하지 못하는 동안에도 배가 계속 항해하고 있다는 사실을 알아야 한다. 배가 전진한다는 사실을 잊고 생각하지 않는다면 이미 선택했기 때문이 아니라 선택하기를 소홀히 했기 때문에 더 이상 이것이냐 저것이냐를 묻지 않는 순간이 오고 다른 이의 선택을 따르게 된다. 키르케고르는 이렇게 덧붙였다.

사람이 한순간에 제 인성을 배제할 수 있다는 생각, 엄밀히 말해 자기 삶의 흐름을 멈춰 세우고 분리할 수 있다는 생각은 망상이다. 인성은 그가 선택하기 전부터 이미 그 선택에 관심을 둔다. 선택이 늦어질 때는 무의식 중의 인성 또는 내면의 소리소문없는 힘으로 선택이 이뤄진다.

지극히 사적인 철학

키르케고르의 글은 난해하고 역설적이면서 도발적이다. 비트겐슈타인은 그를 19세기의 가장 심오한 사상가이자 성인聖人이라고 했다. 그리 멀리 가지 않더라도 우리는 인간이 주체로서 내면으로부터 자기 삶에 주의를 기울여야 한다고 말하는 키르케고르와 수많은 필명이 남긴 글을 환영하며 받아들일 수 있다. 키르케고르는 소크라테스같이 우리 자신이 누구인지를 생각해 보라며 진지하게 톡 쏘듯이 질문을 던지고자 했다.

키르케고르처럼 생각하고 싶다면?

나는 앞으로 나 자신이 만든 특별한 삶을 살아야 하는 특별한 인간임을 기억하자.

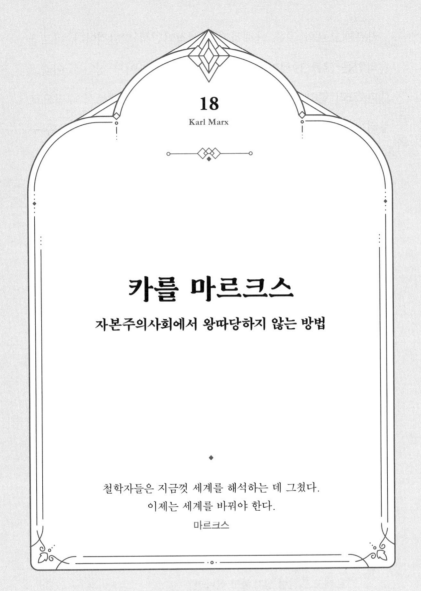

카를 마르크스

자본주의사회에서 왕따당하지 않는 방법

◆

철학자들은 지금껏 세계를 해석하는 데 그쳤다.
이제는 세계를 바꿔야 한다.

마르크스

관념론을 집대성한 독일의 철학자 헤겔의 사상에 많은 영향을 받은 사상가를 만나보자. 이 인물을 이야기할 때는 헤겔을 빼놓을 수 없기에 헤겔을 먼저 다루려 한다. 사실 헤겔을 주인공으로 두고 이 인물을 곁들일까도 했지만 글이 너무 길어질 것 같아 생각을 바꿨다. 작가라면 책의 분량도 신경 써야 하니 말이다. 이후에 하이데거를 살펴볼 때도 위대한 헤겔의 모호한 내용을 충분히 다룰 예정이니 그때 더 자세히 들여다보자.

이제 마르크스(1818~1883)가 헤겔의 기본 사상을 어떻게 전개하고 수정했는지, 헤겔주의자 마르크스가 저작을 통해 전 세계에 어떤 영향을 줬는지, 얼마나 유명세를 탔는지 가볍게 살펴보도록 하겠다. 마르크스를 언급하면 평론가와 정치인, 심지어 더 잘 알아야 할 사람들에게 맹렬하게 공격받는다. 마르크스주의나 공산주의 또는 사회주의가 도마 위에 오르면 어떤 일이 벌어질까? 대개는 구소련의 핵심 지도층이었던 스탈린, 레닌, 트로츠키 같은 이름이나 소련, 중국, 쿠바 등의 활동과 맞물려 원색적인 비난과 폭력적이라는 날 선 평가가 돌아온다.

런던하이게이트묘지에 있는 마르크스의 묘비는 주기적으로 훼

손된다. 하지만 그의 이름으로 저지른 악행과 관련 운동을 두고 마르크스를 비난하는 것은 이단과의 전쟁에 열정적인 기독교 광신도들의 활동을 두고 예수를 비난하는 것이나 다름없다. 마르크스는 말년에 몇몇 마르크스주의 집단이 표방하는 주장을 전해 듣고는 "그들의 말에 의하면 나는 마르크스주의자가 아닌 것이 분명하다"라고 말했다.

참고로 마르크스를 논할 때는 많은 경우에 프리드리히 엥겔스Friedrich Engels를 함께 거론하는데 이는 당연한 일이다. 엥겔스는 마르크스의 협력자이며 친구이자 재정적 후원자로, 마르크스를 헤겔과 찰스 다윈Charles Darwin에 버금가는 위대한 사상가의 자리에 올려준 인물이다. 마르크스주의는 그의 노고 덕분에 전 세계에 느슨하게 연결돼 있던 정치운동을 결집해 국제 집합체로 탄생할 수 있었다.

~

헤겔에 대해 무엇을 알아야 할까? 헤겔이 남긴 저작은 매우 방대하며 어렵고 다양한 해석이 존재한다. 그는 전문 철학자였다. 베를린대학의 철학 교수였던 헤겔의 강의는 수많은 청중을 끌어모았다. 1831년 헤겔이 세상을 떠나자 젊은 헤겔주의자들로 구성된 청년헤겔학파가 헤겔의 사상을 이어갔다. 대학에 재학 중이던 마르크스도 이 집단에 관심을 보였지만 나중에는 자기만의 길을 걸었다. 그럼에도 여전히 헤겔이라는 위대한 사상가의 제자로 남았다.

헤겔은 이전 주요 철학자들과 달리 세계사에 주목했다. 특히 사회, 그 사회의 문화적 전제와 개념이 어떻게 변화했는지에 관심을 뒀다. 그런 변화는 룰렛을 당길 때마다 나타나는 숫자처럼 무작위적이지 않다. 폭염과 지진이 발생하면 대화재가 일어나고 삶의 터전이 파괴되며 수많은 사람이 목숨을 잃는다는 식의 단순한 인과관계로만 이해할 수 있는 변화도 아니다. 따라서 헤겔은 "역사는 어떤 목표를 향해 이성적으로 전개된다"라고 말했다. 어떤 면에서 보자면 목표가 발전을 끌어낸다는 뜻이다. 이때 전개란 무엇을 말할까?

헤겔은 주관과 객관을 동일화해 완전한 자기 인식에 도달한 정신, 즉 절대정신Geist 을 논했으며 모든 것을 하나로 이해하는 자기실현이 바로 어떤 목표라고 했다. 개인의 마음과 절대정신 사이에 어떤 관련성이 있는지는 불분명하다. 다만 어떤 이들은 헤겔이 신과 자연이 단일 존재라는 개념을 받아들이는 등 스피노자의 기조 안에서 사유하면서 스피노자와 다르게 목적론적 설명을 거부하지 않은 것으로 본다. 또 다른 이들은 헤겔이 전혀 종교적이거나 영적인 철학자가 아니었지만 우리가 세계를 이해하고 그 이해를 발전시키는 데 필요한 개념 틀을 제시한 것으로 본다.

여기서 기본적인 난제 하나를 살펴보자. 헤겔이 이성을 통해 자기실현이라는 목표를 달성했다면 과연 그것이 최종 목표일까? 우리 또는 그것이 이미 모종의 방식으로 자기실현을 달성한 것일까?

또 그가 글을 쓸 당시 프로이센은 가장 이성적으로 구성된 사회를 통해 실현된 국가였을까? 마르크스는 역사가 전개된다는 개념을 취하면서도 절대정신이라는 난제는 거부했다. 하지만 그 또한 역사가 특정 목표를 향해 기능한다고 봤다. 그는 역사의 전개가 인간의 활동과 물질적 조건의 변화를 통한 인류의 발전에 바탕을 둔다고 했다. 마르크스는 이렇게 썼다.

천상에서 지상으로 내려오는 독일 철학과는 정반대로 우리는 지상에서 천상으로 올라간다. 다시 말해 우리는 육신을 가진 인간에게 도달하기 위해 인간이 말하고 상상하고 생각하는 것에서 출발하지 않는다. 서술되고 생각되고 상상되고 생각되는 인간으로부터 출발하지도 않는다. 우리는 실제적이고 행동하는 사람에서부터 출발하며 (…)

스피노자 또한 철학이 인간을 있는 그대로 다뤄야 한다고 주장했다. 그런데 스피노자가 시간을 초월한 그대로를 논한 반면 마르크스는 인간의 삶과 상호작용은 본질적으로 경제적 조건을 통한 변화를 수반한다고 봤다. 경제적 조건이 인간의 생각을 결정한다는 뜻이었다.

도덕과 종교, 형이상학 그리고 다른 모든 이념과 그에 해당하는 각 의식의 형태에는 더 이상 독립적이라 할 만한 구석이 없다. 역사도 없고 발전도 없다. 그러나 인간은 물질적 생산과 물질적 교류를 발전시키며, 자신의 실존과 함께 생각과 그 생각의 산물을 바꿔나간다. 의식이 삶을 결정하는 게 아니라 삶이 의식을 결정한다.

물론 이에 따르면 마르크스의 사상 또한 물질적 교류의 산물에 지나지 않을 테니 그 사상을 어떻게 다뤄야 하는가에 관한 의문이 떠오른다. 아니면 혹시 실제로 어떤 일이 일어나고 있는지 볼 수 있는 객관적 관점이 존재하지는 않을까? 우리는 헤겔과 마르크스의 생각, 나아가 모든 철학자의 생각을 고찰할 때 바로 이 질문들을 마음속에 품고 있어야 한다. 일부 저명한 사상가에게 그들은 거대한 추측의 성을 쌓아두고 실제로는 그 옆의 개집에서 산다고 했던 키르케고르를 떠올려 보자. 그들의 사상은 그들이 설명하거나 비난하려는 사상만큼이나 물질적 조건에 의해 좌우될 수도 있다.

⁓

헤겔은 두 입장 사이에 대립이나 충돌 또는 모순이 있을 때, 다시 말해 정명제thesis와 반명제antithesis가 있을 때 이 대립이 합명제synthesis를 통해 해결되는 변증법을 이용해 자기실현으로 나아가는 방법을 이해했다. 그는 모든 사안을 이해하는 데 이 방식을 적용했다. 예시를 살펴보자.

헤겔에 따르면 고대 그리스에서는 개인과 도시국가가 옳고 그름의 조화를 이뤘지만 소크라테스와 그의 쇠파리 같은 언행, 즉 질문을 던지고 문제를 제기하는 소크라테스식 변증법 때문에 조화가 깨졌다. 역사가 전개되는 과정에서 보자면 조화라는 정명제는 훗날 개신교에서 발달한 개인 양심의 자유라는 반명제에 자리를 내준다. 하지만 프랑스대혁명의 공포로 미뤄 보면 이 반명제 또한 거짓이다. 그러므로 이 정명제와 반명제는 (헤겔에게는 다행스럽게도) 독일 사회가 공동체에서 합리적으로 자리 잡은 개인의 자유를 존중하는 유기적 공동체라는 합명제에서 해결법을 찾는다. 간단하기 짝이 없는 개요다. 여기에 살을 덧붙이자면 헤겔이 가진 역사적 정확성과 설명의 가치를 두고 의문을 제기해 볼 수 있다.

마르크스는 이런 헤겔의 변증법을 자신의 사관에 적용했고, 그렇게 자연과 세계의 발전을 물질적 존재의 역사적 발전으로 해석하는 마르크스의 변증법적 유물론이 탄생했다. 생산력과 관계는 갈등을 일으키고 경제 구조를 만들어 내며 결국에는 자기실현, 즉 인간의 자유라는 목표를 향해 발전해 간다. 이런 자유를 위해서는 인간이 통제할 수 없는 외부의 힘으로 생각이 결정되지 않아야 한다. 외부의 힘은 인간 자신의 생산력을 가리키지만 인간에게 적대적이고 이질적인 힘으로 이해된다. 생산력은 생산관계를 결정하고 그 관계는 다시 정치나 법, 이데올로기적 상부구조, 즉 신념과 권리의 생성을 결정한다.

발전에 관한 마르크스의 이 주장은 경험에 의한 것일까? 아니면 역사 속 사실을 보고 발견한 걸까? 그것도 아니면 서로 연결되지 않은 것처럼 보이는 변화를 하나의 틀로 짜기 위한 개념적 체계를 제시한 걸까? 어느 쪽이든 마르크스는 만물에는 모종의 결과, 즉 텔로스, '목적'이 있다고 믿었다. 다윈의 저작을 접한 마르크스는 역사적으로 사회가 경제력을 통해 발전한다는 자신의 주장과 다윈의 진화론 사이에 어떤 연관성이 있을지 궁금해했다. 그는 "다윈의 저서는 매우 중요하며 내게 역사에서 계급투쟁에 관한 자연과학의 근거를 제시했다"라고 썼다.

그렇지만 마르크스는 방법론에서 차이를 보였다. 다윈은 생물 종과 화석을 대상으로 철두철미하고 상세한 경험적 연구를 수행했는데, 역사적 계급투쟁과 경제 조건을 연구할 때는 같은 방식을 적용하기 쉽지 않았기 때문이다. 마르크스가 제시한 기본 개념을 살펴보기 전에 그의 글쓰기 스타일과 아이러니를 짚어보겠다. 일부 논평가는 먼지 소굴인 선반에 먼지투성이로 처박힌 그의 책들이 죽을 만큼 지루하다고 하지만 전혀 그렇지 않다. 마르크스의 아이러니를 한 가지 살펴보자. 그는 범죄자도 쓸모가 있다고 했다.

(범죄자는) 경찰과 형사법, 경찰관, 판사, 교수형 집행인, 배심원단 등을 생산한다. 노동의 사회적 분업만큼이나 많은 범주를 이루는 이 다양한 직업 부문은 인간 정신의 다양한 능력을 길러주고 새로운 필요와 그 필요

를 충족시킬 새로운 방식들을 창조한다.

이제 리넨 섬유와 외투의 가치를 논한 마르크스의 글이 어떻게 흘러가는지 보자.

단추를 단 모양새여도 리넨에서는 외투와 동류의 영혼, 가치의 영혼을 알아볼 수 있으며 (…) 이로써 리넨은 자연형태와 다른 가치형태를 획득한다. 기독교인이 하나님의 어린양과 닮았다는 데서 그의 양 같은 본성이 드러나듯 리넨은 외투와 동등하다는 데서 가치로서의 존재가 드러난다.

상품과 가치에 관한 마르크스의 복잡한 사상을 잠시 한 구석에 미뤄두고 보면, 이 사상의 핵심은 헤겔에서 비롯한 소외alienation 개념이다. 먼저 종교적인 맥락에서 소외를 살펴보자. 신의 속성이 신도들의 속성에서 비롯했다는 설은 고대 그리스 시절부터 제기됐다. 소크라테스보다 훨씬 이전에 활동한 기원전 6세기 말의 철학자 크세노파세스Xenophanes는 이렇게 썼다.

만약 소와 말, 사자에게도 손이 있어서 사람처럼 손으로 그림을 그리고 예술 작품을 만들 수 있다면 말은 말의 형상을 한 신을, 소는 소의 형상을 한 신을 그렸을 것이다.

마르크스와 동시대를 살았던 인류학자 루트비히 포이어바흐Lud-
wig Feuerbach는 인간은 자신의 힘을 신이라는 추상에 투사하며 자기
자신을 소외시킨다고 논했다. 마르크스의 말을 살펴보자.

종교적 고통은 실제 고통의 표현이자 실제 고통에 맞서는 저항이다. 종교
는 억압받는 피조물의 한숨이요, 무정한 세상의 심장이며 영혼 없는 상
황의 영혼이다. 종교는 민중의 아편이다.

여기서 '실제 고통'에 주목할 필요가 있다. 아편은 실제 고통을 막
지 못한다. 마르크스는 예상대로 발생한 자본주의에서 비롯한 소
외에 주목했다. 이때 자본주의란 지배계급인 부르주아가 생산수단
을 사유재산으로 점하고 노동자인 프롤레타리아를 고용하는 생산
양식을 말한다. 마르크스는 칫솔 따위의 사적소유는 아무런 문제
가 되지 않지만 토지와 생산수단을 누군가가 사적으로 소유하면
소외로 이어진다고 했다. 물론 오늘날에는 근로자연금기금이 기업
의 주식 지분을 소유하는 경우도 있어 분명히 나누기는 어렵지만
여전히 소외는 존재한다. 예시를 들어보겠다.
　자본주의는 생산성과 효율성, 이윤을 추구한다. 마르크스는 이것
이 노동자에게 겨우 목숨만 부지하며 생활하라는 말이나 다름없으
며, 노동자들의 노동력은 흥정의 대상이 되는 또 다른 상품일 뿐이
라고 한다. 오늘날의 경제학자와 정치인, 즉 자본주의 노선을 따르

는 이들은 이제 그런 일이 일어나지 않는다고 주장한다. 어느 정도는 일리는 있지만 그들이 생각하는 만큼 옳은 말은 아니다. 영국과 미국은 국가 차원에서 막대한 부를 축적했고 지금도 축적하고 있다. 하지만 여전히 수백만 명의 근로자가 빈곤층에 속한다. 그들은 임금이 형편없는 일자리나 정해진 노동 시간 없이 고용주가 요청할 때만 업무를 진행하는 0시간 계약을 받아들여야 하며, 푸드뱅크에 의존해야 하는 상황에 놓여 있다. 질병이나 기타 사정으로 최소한의 사회복지에 의존해야 하는 이도 수백만 명에 달한다.

조금 더 멀리 생각해 보자. 여러 빈곤국의 수많은 노동자가 위험하고 열악한 고용조건과 매우 낮은 임금으로 고통받으면서 거의 노예처럼 일한다. 이는 미국과 유럽, 중국 등지의 대기업들이 가능한 한 국민에게 낮은 생산 비용으로 전자제품, 의류, 식품 등을 공급하려 하는 데서 발생한다.

노트북과 휴대전화를 떠올려 보면 바로 알 수 있다. 배터리 공급망은 콩고민주공화국의 참혹한 코발트 원산지, 코발트 광산의 비참한 산업현장으로 이어진다. 노동자는 아이들과 그들의 부모들이다. 많은 가족이 삽 하나를 덜렁 든 채 일한다. 이들이 유독성 위험에 노출된 것은 말할 것도 없고 그곳의 토양과 물은 심하게 오염된 상태다. 세계적인 기업들이 막대한 이익을 창출하는 동안 노동자 가족은 고된 육체노동에도 근근이 생계를 유지하기조차 힘들다.

기업의 이윤 추구로 인해 명백하게 고통받는 사람들의 예다. 마르크스만의 생각이 아니다. 자유시장 지지자들이 찬양하는 18세기 경제학자 애덤 스미스도 시장경제가 어떻게 우리의 도덕적 정서를 타락시켜 부자와 권력자를 존경하고 숭배하는 한편 가난하고 비천한 처지인 사람을 경멸하거나 적어도 무시하는 성향을 만들어 낼 수 있는지 논했다.

마르크스는 소외가 부유한 국가에서도 전 인구에 걸쳐 널리 퍼진 현상이라고 봤으며 소외에는 세 가지 유형이 있다고 했다. 첫 번째 유형은 자유의 상실, 즉 자신을 통제하는 능력의 상실과 관련이 있다. 이윤을 극대화하기 위한 효율적 수단인 분업이 이뤄지며 여러 직업의 많은 노동자가 슈퍼마켓 진열대를 채우고, 공장 생산 라인에서 상품을 포장하고, 콜센터에서 대본에 따라 전화를 받는 등 반복적인 업무를 수행한다.

이들에게는 자신을 계발할 수단이 주어지지 않는다. 가치 있는 일을 통해 기술 역량을 향상할 수 없다. 진열대를 빠르게 채우는 기술로는 성취감을 얻기 어렵고 그런 일이 누군가의 꿈이 될 가능성도 적다. 이런 노동자들은 일에서 자기 자리를 느끼지 못한다는 점에서 소외된다. 마르크스의 말을 빌리면 프롤레타리아는 시민사회 안에 있으면서 시민사회에 속하지 못하는 계급이라고 할 수 있다.

소외의 두 번째 유형은 자본주의 기계가 대량으로 만들어 내는 상품에 인간이 지배당하는 방식과 연관된다. 물론 쓸모 있는 상품도 많겠지만 과연 명품 가방 따위를 갖고 싶어 하면서 '이걸 가지고 싶은 이유는 기업이 이윤을 내야 하기 때문이야'라고 생각하는 사람이 있을까? 사치품에 물드는 이유는 사치품을 위해 노동하는 사람이 많기 때문이다. 더 많은 사람이 사용할 자원이 충분하지 않기 때문이다. 이런 생각이 그저 마르크스주의자의 질투라고 치부하고 싶다면 애덤 스미스의 말을 다시 한번 살펴보자. 스미스는 온갖 요란한 치장을 두르고 걸어 다니거나 쓸 데가 변변찮은 장신구에 돈을 쓰며 자신을 망치는 사람들을 비난했다.

예시는 많다. 기업은 아름다움을 위해 노화를 숨겨줄 물약과 건강한 피부를 만드는 비타민, 찰랑이는 머릿결을 주는 샴푸 등이 필요하다고 홍보한다. 그런데 실상 효과가 없거나 불필요한 제품일 때가 많다. 영리 목적으로 마케팅에 공들인 경우라면 실제로는 사람들에게 해로운 제품일 경우가 많다. 많은 기업이 규제를 막으려 애쓰는 식음료와 도박 관련 레저 부문에서는 더욱 그렇다. 그렇게 다시 한번 소외가 발생한다. 이것이 바로 제품 홍보에서 비롯한 두 번째 유형의 소외다.

마르크스는 《공산당 선언The Communist Manifesto》에서 세 번째 소외의 유형을 제시한다.

생산, 교환, 재산의 관계로 이뤄진 현대 부르주아사회. 이렇게 거대한 생산수단과 교환수단을 만들어낸 사회는 마치 마법사가 주문으로 불러낸 지하 세계의 힘을 더 이상 통제할 수 없게 된 것과 같다.

지극히 사적인 철학

마르크스는 우리가 모두 어떻게 외계 세력의 노리개가 되는지에 관해 이야기한다. 고대 그리스인들은 한때 자신들을 신들의 노리개라고 생각했다. 과연 지금이라고 다를까? 사회를 둘러보자. 우리가 시장을 지배하는 것처럼 보이지만 실제로는 시장의 힘이 우리를 가지고 논다. 금융위기 앞에서 사람이 얼마나 무력해지는지 뼈저리게 느끼지 않았나? 소외된 하층민에 속하지 않으려면 인터넷과 핸드폰을 가지고 있어야 한다. 특정 연령대에서는 명품 운동화가 필요하다는 현상도 일어나고 있다.

마르크스의 사상은 자유에 많은 관심을 기울였다. 마르크스는 사람이 하는 일에 법적 제약이 없는 부르주아적 자유와 사람들이 가치 있는 선택지 중에서 원하는 바를 고를 수 있는 정신적·물질적 자원을 가진 실제 자유를 구분했다. 어쩌면 마르크스가 너무 낙관적이었는지도 모른다. 그는 언젠가 기술이 발전해 세상이 풍요로워지면 사람들이 진정으로 욕구를 충족할 수 있다고 믿었다. 더 나아가 사람들이 공동체의식을 가져 유적 본질Gattungswesen, 즉 공동의 인간성에서 소외되지 않는 변화가 도래하리라 기대했다. 그는 사냥꾼이나 어부, 목동이나 비평가가 되지 않더라도 아침에는 사냥하고, 오후에는 낚시하고, 저녁에는 가축을 돌보고, 저녁 식사 후에는 비평할 기회를 활용할 수 있다며 이에 대한 방법을 썼다.

이 책을 읽는 수많은, 물론 소수일 수도 있지만 어쨌거나 독자 여러분도 고통을 너무나 쉽게 잊고 있지 않은지 되짚어 보면 좋겠다.

우리는 자본주의가 인간의 얼굴을 가진 이유가 자본주의의 힘 때문이 아니라 그 힘을 억제하려는 사회적 대응의 결과라는 사실을 쉽게 잊는다. 16세기 말 프랑스의 철학자 미셸 드 몽테뉴Michel de Montaigne가 에세이《식인종에 관하여Des cannibales》에서 전한 식인종의 말을 살펴보자.

그들은 우리 중 어떤 인간들은 온갖 종류의 풍요로운 상품을 가득 끌어안고 살고, 어떤 이들은 굶주림과 가난으로 쇠약해진 채 문 앞에서 구걸하는 것을 봤다고 했다. 그들은 그토록 절박한 상황에 처한 사람들이 다른 사람들의 멱살을 잡거나 집에 불을 지르지 않고 부당함을 견딜 수 있다는 것이 신기하다고 했다.

마르크스는 자본주의 사회의 부조리, 갈등과 소외를 이유로 들며 자본주의가 몰락을 피할 수 없다고 믿었다. 하지만 이후에 실제로 무엇이 올지 누가 알까? 그는 미래의 요리사를 위한 레시피를 쓰지는 않겠다고 했다.

〜

헤겔과 마르크스의 이야기로 마무리 지어보자. 역설을 좋아했던 헤겔은 인간이 역사에서 아무것도 배우지 못한다는 점을 역사에서 배운다고 했다. 우리가 늘 한발 늦게 배운다는 뜻이다. 헤겔은 지혜에 관해서도 깊이 있는 말을 남겼다.

미네르바의 부엉이는 황혼이 올 때에야 그 날개를 편다.

마르크스는 마치 일찍 날아오른 부엉이라도 된 듯, 우리를 우리가 환호하는 경제구조에서 비롯하는 소외와 그에 따른 고통에 눈뜨게 했다. 그러니 다소 늦은 감이 있더라도 마르크스의 성찰에 담긴 중요한 의의를 마음에 새겨두자.

페르세우스는 사냥하려는 괴물들이 자신을 보지 못하도록 마법 모자를 썼다. 우리는 마치 괴물이 없다고 믿으려는 듯 마법 모자를 눌러써 눈과 귀를 가린다.

마르크스처럼 생각하고 싶다면?

모자를 벗자.

19
Lewis Carroll

루이스 캐럴

정당화에는 끝이 없다

아무도.
하얀 왕

거두절미하고 19세기의 거장 찰스 럿위지 도지슨Charles Lutwidge Dodgson (1832~1898)이 철학적 사고 속에서 어떤 재미를 찾았는지를 살펴보겠다. 물론 그가 루이스 캐럴이라는 필명으로 쓴 가장 유명한 작품이자 겉으로는 동화를 자처하는 미친 공상 소설, 《이상한 나라의 앨리스Alice in Wonderland》와 《거울 나라의 앨리스Through the Looking-Glass》에 등장하는 대목에서 말이다. 《거울 나라의 앨리스》에는 하얀 왕과 앨리스가 굽이치는 기나긴 길을 마주하는 장면이 나온다.

왕은 앨리스에게 길에 누가 보이느냐고 물었다.

"아무도요."

앨리스가 말했다. 그러자 왕이 탄식했다.

"오, 아무도 볼 수 있구나. 그것도 이렇게 멀리서 말이야."

이윽고 전령이 숨을 몰아쉬며 도착했다. 왕은 길에 누가 지나가느냐고 물었다.

"아무도요."

전령이 답했다. 왕은 말없이 잠시 생각에 잠기더니 결론지었다.

"아무도보다 더 느리게 걸었단 말이지."

내리쬐는 뙤약볕 아래에서 서둘러 달려온 전령은 당최 이해할 수 없는 말이었다. 전령이 부루퉁한 투로 말했다.

"저보다 빠르게 걷는 사람은 아무도…"

왕은 진령의 이상한 추론에 화를 내며 말했다.

"그럴 수는 없지. 만약 그랬다면 아무도 너보다 먼저 오지 않았겠느냐."

캐럴은 언어와 현실, 부정에 관한 심오한 난제를 재치 있게 제시하며 언어유희를 선보인다. 그는 자신이 무슨 말을 하는지 알았다.

～

캐럴은 영국의 명문 대학이자 대성당인 옥스포드크라이스트처치에서 수학을 가르치고 성직자로 일했다. 캐럴이 이상한 사람이었다는 데에는 의심할 여지가 없다. 우리가 모두 각자의 방식으로 이상한 것은 차치하고서 말이다. 캐럴은 매우 청교도다웠지만 크라이스트처치의 학장 헨리 리델의 어린 딸 앨리스에게 집착했다. 많은 이가 캐럴이 롤리타 나이대의 소녀들이 옷을 입지 않거나 헐렁하게 입은 모습을 촬영하고 싶어 했다는 점에 눈살을 찌푸렸다. 이로 미뤄 보면 당시 캐럴은 결코 잘 지내지 못했겠지만 다행히 그의 책은 불구덩이에 던져지지 않았고, 두 권의 앨리스 이야기는 유명한 어린이 동화이자 철학적 자극제로 지금도 큰 사랑을 받고 있다.

'아무도' 이야기로 돌아가 보자. 하얀 왕의 생각은 분명히 잘못됐다. 하얀 왕은 '아무도'라는 단어를 마치 누군가의 이름처럼 문장의 주어로 대했다. 사소한 이야기로 보일 수 있다. 하지만 철학자들은 앞서 파르메니데스와 제논이 그랬던 것처럼 종종 언어가 '않다'라는 부정을 어떻게 다루는지를 두고 고민했다. 어떤 철학자들은 유니콘이나 둥근 사각형, 황금산처럼 존재하지 않는 존재자가 있기는 하지만 존재하지는 않는다고 논했다. 19세기 말 수리논리학자 프레게와 20세기 초의 분석철학자 러셀이 논리와 언어의 형식을 제시하고 나서야 '않다'의 사용을 정리할 수 있었다. 더불어 이때 아리스토텔레스를 다룰 때 언급한 '어떤'과 '모든'의 사용도 어느 정도 명확하게 할 수 있었다.

그렇지만 문제는 여전히 간단하지 않다. 언어를 형식화한다고 그 속의 난제를 모두 뿌리 뽑을 수는 없다. 러셀은 젊은 비트겐슈타인을 알게 됐을 때의 이야기를 들려줬다. 어느 날, 비트겐슈타인은 토론에서 '호랑이는 존재한다' '유니콘은 존재하지 않는다' 등의 존재론적 명제가 모두 무의미하다고 주장했다. 이에 러셀은 비트겐슈타인에게 '이 방 안에는 지금 하마가 없다'는 명제를 생각해 보고 그 명제가 유의미하며 참이라는 걸 받아들이라고 반박했다. 비트겐슈타인은 러셀이 직접 책상 아래를 훑으며 그런 존재를 찾지 못했다고 말하기까지 했는데도 주장을 굽히지 않았다.

물론 두 철학자 모두 책상 아래를 훑어본다고 해결될 경험적 문제가 아니며, 그런 맥락에서 언어의 사용을 어떻게 이해해야 하는지를 논하고 있다는 것쯤은 잘 알았다. 어떤 사실이 있어야 이 방 안에 하마가 없다는 명제가 참이 될까? 만약 그런 사실이 있다면 그 사실은 '방 안에 기린이 없다' '동그란 네모가 없다' '네스호의 괴물이 없다'라는 명제를 참으로 만드는 사실과 어떤 관계일까?

여기서 1970년대 케임브리지대학교 세미나에서 분석철학자 엘리자베스 앤스콤Elizabeth Anscombe이 한 이야기가 생각난다. 초콜릿 바포장지에 과일이라고 적혀 있으면 아무 문제가 되지 않고 견과라고 적혀 있어도 아무 문제가 되지 않으며, 과일과 견과라고 적혀 있어도 전혀 문제 되지 않는다. 그런데 어느 날 '과일 또는 견과'라고 적힌 포장지를 봤다. 어떤 사실이 있어야 포장지의 '과일 또는 견과'라는 말이 정확히 설명될까? 어떤 사실이 그 초콜릿을 '과일' 또는 '견과'가 아니라 '과일 또는 견과'로 만들까? 진실이 그에 상당하는 모종의 사실을 포함한다고 가정하면, 이 질문은 형이상학에서 진실이 무엇인지 이해할 때 가져야 할 중요한 의문이다.

캐럴이 선보인 멋진 이야기는 한 사람의 개인적 동일성, 시간의 본질, 사물과 특징의 관계 그리고 아리스토텔레스가 논한 실체, 특수자와 보편자의 관계에 관한 의문점을 제시한다. 체셔 고양이가 사라져도 체셔 고양이의 미소는 계속될까? 체셔 고양이의 몸이 사라지고 머리와 미소만 남았을 때, 왕은 체셔 고양이의 목을 자르라고 명령했다가 사형집행인과 토론을 벌였다. 사형집행인은 뭔가의 목을 자르려면 그 아래로 잘려나갈 몸이 있어야 한다고 주장했다. 왕은 전혀 그렇지 않다고 했다. 머리가 있다면 무엇이든 목을 자를 수 있다고 생각했기 때문이다.

《거울 나라의 앨리스》속 담벼락에 앉은 거대한 달걀, 험프티 덤프티의 이야기는 오늘날에도 중요한 의의를 던진다. 초성만 따서 HD라고 해보자. HD는 앨리스와 대화를 나누다가 이렇게 말했다.

"네게 줄 영광이 있구나."

앨리스는 이 맥락 없는 말에 당황했다.

"어떤 뜻으로 영광이라고 하는 건지 잘 모르겠어요."

그러자 HD가 비웃으며 말했다.

"당연히 너는 모르지, 내가 말해주기 전까지는. 그건 너를 때려눕힐 만한 좋은 논거가 있다는 뜻이야."

"그렇지만 영광은 누군가를 때려눕힐 만한 좋은 논거라는 뜻이 아니잖아요."

앨리스가 반박하자 HD는 거만한 투로 범상치 않은 답을 내놨다.

"내가 쓰는 단어의 뜻은 내가 정해. 더도 말고 덜도 말고 말이야."

물론 앨리스는 우리가 단어의 뜻을 마음대로 정할 수 있을 것 같지 않다며 의심스러워했다. 그러자 HD가 말했다.

"문제는 어느 쪽이 주인이 되느냐야. 그게 다야."

물론 단어는 얼마든지 만들어 낼 수 있다. 도지슨은 본명의 라틴어 표현을 이용해 루이스 캐럴이라는 이름을 만들었다. 이름은 물론 형용사, 예컨대 멍멍 같은 단어는 개가 짖는 소리를 표현하지만 막상 실제 소리와 유사한 의성어는 아니다. 정체를 숨기거나 어려움, 당혹감 또는 신성모독이라는 비난을 모면하기 위해 비밀리에 암호처럼 사용하는 경우도 종종 있다.

HD는 영광이라는 단어를 원하는 대로 사용할 수 있다. 하지만 자기 생각을 우리와 스스로에게 전달하려면 맥락의 어딘가에서는 그 단어를 본래 의미로 사용해야 한다. 앨리스가 HD를 이해하려면 HD가 영광의 뜻을 해석해 줘야 한다. 그래서 HD는 너를 때려눕힐 만한 좋은 논거가 있다고 설명했다. 이때는 각 단어를 본래의 뜻으로 사용했을 것이다. 그렇지 않을까? 단어 의미에 HD의 접근방식이 도입되면 어느 누가 알 수 있을까? 어쩌면 그 생각을 포함해 모든 것이 무의미한 헛소리에 불과하다는 것을 받아들이는 편이 가장 현명한 대응이라고 회의적으로 판단할 수도 있겠다.

언어의 기반을 공적 세계에서 찾는 문제는 20세기 들어 사적 언어의 가능성에 반대하는 비트겐슈타인의 논증과 함께 철학계의 화두에 올랐다. 물론 사적 언어라는 단어 또한 설명이 필요하겠다. 여기서 던지는 질문은 이렇다. 내가 아닌 다른 누구도 내 감각을 느낄수 없다고 한다면, 그리하여 통증, 고통, 쾌락 등의 단어를 사용할때 다른 누구도 내 말뜻을 알 수 없다면 우리는 감각이라는 단어

지극히 사적인 철학

의 의미를 어떻게 이해해야 할까? 물론 오늘날 우리는 다양한 트랜스젠더의 주장을 고려해 여자와 남자라는 단어를 어떻게 사용해야 하는지 논쟁한다. 나아가 민주주의, 자유, 반유대주의처럼 사람들의 처우에 영향을 미치는 용어의 사용기준을 정하는 데에도 이 문제를 확대 적용해 볼 수 있겠다.

~

캐럴은 소설 외에도 수수께끼를 짓거나 별난 시를 쓰고, 기괴한 예를 들어 논증을 벤다이어그램 비슷한 그림으로 표현하는 방식을 고안했다. 아리스토텔레스의 삼단논법을 다시 떠올려 보자.

아기들은 비논리적이다.
악어를 다룰 줄 아는 사람은 누구도 경멸받지 않는다.
비논리적인 사람은 경멸당한다.

이 세 가지 명제에서 아기들이 악어를 다룰 줄 모른다는 결론을 내리기까지는 시간이 좀 걸릴 수 있다. 캐럴은 여기서 한발 더 나아가 추론과 관련한 더 복잡한 난제를 만들어 냈다. 캐럴과 같은 대학에 몸담았던 동시대인들은 아마 그의 말재주가 지나쳐도 한참(또는 적어도 조금은) 지나치다고 생각했을 것이다. 예시를 통해 그가 어떤 말재주를 부렸는지 살펴보자.

세 명의 신사, 앨런, 브라운, 카가 이발소를 운영한다. 세 사람 중 한 사람은 늘 가위를 든 채 이발소 안에 있다. 앨런은 절대 혼자서는 밖에 나가지 않으며 브라운과 함께일 때만 나간다. 그러므로 앨런이 밖에 있다면 브라운도 밖에 있다. 그렇다면 앨런이 밖에 있다면 브라운은 안에 있다는 말은 분명 거짓처럼 보인다. 그런데 한 사람은 언제나 이발소 안에 있어야 하므로 만약 카가 밖에 있고 앨런이 밖에 있다면 브라운이 안에 있어야 한다. 그러므로 카가 밖에 있다는 가설에서 우리는 앨런이 밖에 있다면 브라운은 안에 있다는 거짓 결론에 이른다. 이에 따라 역설적으로 카는 절대 밖에 나가지 않는 것으로 보인다.

이 추론에는 잘못된 부분이 있다. 앨런이 안에 있을 때면 카가 자유롭게 문을 박차고 나설 수 있기 때문이다. 여기에는 '만약 A라면 B다'라는 조건명제가 '만약 A였다면 B였을 것이다'라는 가정법 형태일 때 이를 어떻게 분석해야 하는지에 관한 문제가 깔려 있다.

매우 학술적인 주제처럼 보이지만 사실 우리는 종종 그런 조건명제가 참인지 거짓인지를 판단하려고 한다. 지난 콘서트에서 만난 미란다라는 친구를 다음 콘서트에서 다시 만나고 싶다고 해보자. 내가 콘서트에 간다는 사실을 사람들에게 알려야 할까? 미란다도 내가 온다는 걸 알면 콘서트에 올까? 아니면 그걸 알고도 콘서트에

지극히 사적인 철학

오지 않고 집에 있을까? 어느 조건문이 참일까? 1950년대 미국의 철학자 넬슨 굿맨Nelson Goodman은 한국전쟁을 예로 들며 반대되는 두 가지 주장을 어떻게 평가해야 하는지 간단한 명제를 제시했다.

율리우스 카이사르가 미국 대통령이었다면 핵무기를 사용했을 것이다.
율리우스 카이사르가 미국 대통령이었다면 활과 화살을 사용했을 것이다.

앞서 앤스콤이 어떤 사실이 있어야 초콜릿이 '과일 또는 견과'라는 말이 참이 되는지에 대해 고민하는 것을 봤다. 이제 우리는 어떤 사실이 있어야 율리우스 카이사르에 관한 이 반사실 조건문counterfactual이 참이 되는지, 그런 사실이 있긴 한지를 논하게 된다. 어쩌면 램지의 말대로 반사실을 그에 상응하는 진실로 미루어 평가하겠다는 것 자체부터가 잘못됐는지도 모른다. 램지에 관해서는 이후 비트겐슈타인, 베케트와 함께 살펴보겠다.

～

1895년 저명한 철학 저널인 〈마인드Mind〉에 '거북이가 아킬레우스에게 한 말What the Tortoise said to Achilles'이라는 제목의 기사가 실렸다. 캐럴이 쓴 이 글은 논리적인데, 언제나처럼 유머러스한 방식으로 전개된다. 앞서 살펴봤듯 엘레아의 제논은 아킬레우스를 끝없이 달려야 하는 일련의 거리 속에 가뒀다. 관건은 '공간과 시간의 분할 가능성을 어떻게 이해해야 하는가'였다. 캐럴은 논리적 추론이 필요하다고 생각할 때 무한한 난제가 생길 수 있다는 것을 보여준다. 수학자였던 그는 기하학적인 예를 들었는데 이 때문에 문제가 실제보다 한층 더 복잡하게 느껴질 수 있다. 예를 단순화해 보겠다.

아킬레우스가 바위에 걸터앉아 공책에 간단한 논리적 연역을 적었다.

전제 1: 모든 철학자는 존경받아 마땅하다.
결론 C: 제논은 존경받아 마땅하다.

제시된 전제 1만으로는 결론 C가 도출되지 않는다. 이를 보고 논증이 타당해지려면 뭔가가 더 필요하다고 생각한 거북 씨는 아킬레우스에게 도움을 청했다. 아킬레우스가 화답하며 덧붙였다.

전제 2: 제논은 철학자다.

"이보시오, 거북 씨. 두 전제 모두 참이라는 걸 받아들인다면 이제 제논은 존경받아 마땅하다는 결론 C 또한 받아들여야 하지 않겠소?"
아킬레우스가 자랑스럽게 말했다. 거북 씨는 이에 동의할 수도 있었지만 모르는 척했다. 그는 등껍질을 긁적이며 확신이 들지 않는다고 했다.

여기서 한 가지 의문이 든다. 거북 씨는 전제들을 받아들였다. 그렇다고 결론까지 받아들여야 할까? 이어서 보자.

이쯤 되자 약간 짜증이 난 아킬레우스가 설명했다.

"보시오. 만약 모든 철학자가 존경받아 마땅하고 만약 제논이 철학자라면 제논이 존경받아 마땅하다는 결론이 도출되지 않소."

거북 씨가 깜짝 놀라며 대답했다.

"아, 그것도 또 다른 전제처럼 들리는군요. 논증에 추가해 주시지요."

아킬레우스는 순진하게도 그의 말을 따라 공책에 적었다.

전제 3: 만약 전제 1과 2가 참이라면 C다.

"이제 결론을 받아들여야 하오."

아킬레우스가 말했다.

"그러지 않는다면 논리가 자네를 가만두지 않을 것이며…"

"그렇지만,"

거북 씨가 아킬레우스의 말을 끊고 말했다.

"아직 이 모든 게 확신이 들지 않습니다."

거북 씨가 또다시 멍청한 얼굴을 했다.

"보시오,"

아킬레우스가 말했다.

"전제 1과 2와 3이 참이라면 C가 반드시 도출되는 거요."

"아하, 또 다른 전제로군요. 간파했습니다."

거북 씨가 간파했다.

"그걸 전제 4로 적어주시지요."

전제 4: 만약 전제 1과 2와 3이 참이라면 C다.

아킬레우스는 이번에도 모르는 척을 한 거북 씨에게 바보처럼 전제 1과 2와 3과 4가 참이라면 C가 도출된다고 설명했다.

"아하, 또 다른 전제네요."

거북 씨가 대답했다.

"적어주시지요."

이 이야기는 거북 씨의 주장이 끝나지 않는 한 계속될 수 있다. 거북 씨를 달래고 설득하려면 점점 더 많은 조건 전제를 추가해야 겠지만 아무리 많은 조건이 추가되더라도 추가해야 할 조건이 끝없이 남기 때문에 어떤 결론에도 타당하게 도달할 수 없을 것으로 보인다. 캐럴은 아킬레우스가 더욱더 큰 절망과 분노로 공책을 더욱더 많은 전제로 채워나갔으리라고 덧붙였다.

캐럴의 논문은 잊혔다가 수면 위로 떠오르기를 반복한다. 그의 논문은 논리적 연역의 정당화를 어떻게 이해해야 하는지를 묻는다. 귀납추론의 정당화에 관한 논의는 앞서 흄의 철학적 사고와 함께 살펴봤다. 여기서 살펴본 연역 논증의 정당화에 관해 논하자면 우리는 그저 'P1이고 P2면 그에 따라 C다'가 타당한 논증이며 여기서 끝난다는 것을 인정하면 된다. 타당한 논증은 다양하다. 우리는 여러 타당한 논증의 공통점을 알아볼 수 있으므로 논증의 타당한 형식과 규칙 또한 알아볼 수 있다. 아리스토텔레스의 삼단논법을 떠올려 보자.

물론 우리가 하는 어떤 일을 정당화하기 위해 그 일에 일종의 형식이나 규칙이 있어야 한다고 요구한다면 이는 대체로 잘못된 일이라는 것을 주의해야 한다. 곧 비트겐슈타인과 폭넓은 맥락에서 살펴보겠지만 정당화에는 끝이 있고 설명에도 끝이 있으며 연이은 추론에도 끝이 있다. 실로 그래야만 한다. 그것이야말로 철학적 사고에 뛰어든 모든 이, 아니 무엇이든 생각하는 모든 이에게 가장 가치 있는 조언일 것이다.

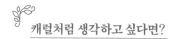

캐럴처럼 생각하고 싶다면?

철학적 경이로움을 불러일으키는 터무니없는 이야기를 상상해 보자.

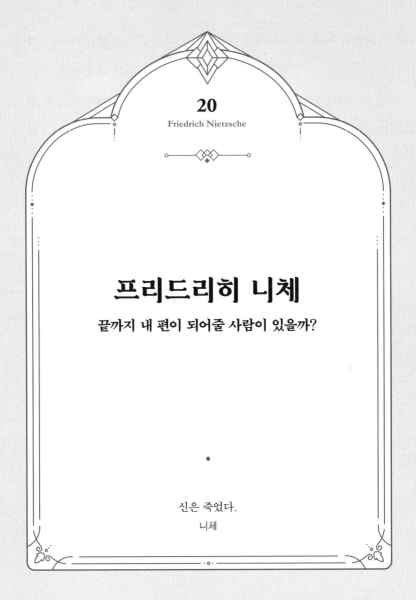

20
Friedrich Nietzsche

프리드리히 니체
끝까지 내 편이 되어줄 사람이 있을까?

◆

신은 죽었다.
니체

HOW TO THINK LIKE A PHILOSOPHER

앞서 우리는 가장 유명한 철학 격언인 데카르트의 '나는 생각한다, 고로 존재한다'를 만났다. 그에 대적할 만한 유명한 격언으로는 소크라테스의 '반성하지 않는 삶은 살 가치가 없다'와 이제 살펴볼 니체의 '신은 죽었다'를 꼽을 수 있겠다.

니체(1844~1900)는 겸손한 철학자가 아니었다. 그게 아니라면 유머 감각과 아이러니가 엄청났다고밖에 할 수 없다. 니체의 자서전이라고 할 수 있는 《이 사람을 보라 Ecce Homo》의 장제목은 〈왜 나는 그토록 현명한가〉〈왜 나는 그토록 영리한가〉〈왜 나는 그토록 훌륭한 책을 쓰는가〉 등이다. 실제로 이 사람을 보라는 뜻의 '에케 호모'는 예수를 십자가형에 처한 폰티우스 필라투스가 예수에게 가시관을 씌우고 군중 앞에 내보이며 한 말이다. 니체의 철학적 사고를 들여다보면 수많은 불분명한 의미가 몰아칠 수 있다. 니체는 《이 사람을 보라》에서 이렇게 말했다.

나는 성자가 되고 싶지 않다. 차라리 어릿광대가 되는 게 낫다. 어쩌면 나는 어릿광대일지도 모른다.

니체는 격언과 짧은 글, 재치 있는 모욕과 간결한 역설적 논평의 철학자다. 그의 말대로 어떤 이들은 죽은 후에야 비로소 태어난다. 그의 철학적 사고방식은 키르케고르를 떠올리게 한다. 어떻게 살 것인가에 관한 주체적 판단을 중시했던 점에서도 마찬가지다. 두 철학자가 실존주의자로 불리는 이유다. 근본적인 차이는 키르케고르는 신을 추구했으나 니체는 그런 추구를 조롱했다는 점이다.

～

니체는 단연 돋보이는 학생이었고 불과 24세에 스위스바젤대학의 문헌학 교수가 됐다. 특히 예술과 음악에 매료된 니체는 직접 음악을 작곡하기도 했는데 본인은 어떻게 생각했을지 몰라도 그다지 재능은 없었다. 그는 독일의 작곡가 리하르트 바그너Richard Wagner와 시간을 보내며 바그너의 됨됨이와 그가 만든 음악극에 찬사를 보냈다. 나중에는 바그너와 그의 음악극에 등을 돌렸는데, 아마 음악극 〈파르지팔Parsifal〉을 보고 바그너가 기독교적 상징과 가치를 받아들였다고 오해해서가 아닌까 싶다. 니체가 〈파르지팔〉을 감각과 영혼에 대한 저주라고 평했기 때문이다. 그의 저서《우상의 황혼Twilight of the Idols》의 부제는 '망치를 들고 철학하는 방법How to Philosophize with a Hammer'이다. 니체는 망치로 철학과 종교, 도덕(그리고 바그너를 향한 그의 존경)의 우상이 공허하며 부수어야 할 필요가 있다고 봤다.

건강이 좋지 않았던 니체는 '삶의 신비'와 '삶을 살려는 의지'라는 수수께끼를 이해하려 씨름했다. 니체의 저작 중 가장 유명한《차라투스트라는 이렇게 말했다: 만인을 위한 그러나 누구를 위한 것도 아닌 책Also sprach Zarathustra: Ein Buch für Alle und Keinen》에서 그는 대문자로 "신은 죽었다"라고 선언했다. 이 책은 산문시 같기도, 고대 문헌 같기도 하다. 니체는 교향악이라고 했다. 책에서는 실제 종교인 조로아스터교의 창시자 차라투스트라를 완전히 허구의 인물로 그린다.

작품에 담긴 문학적 흐름과 열망을 본 독일의 작곡가 리하르트 슈트라우스Richard Strauss는 1896년 동명의 교향시를 작곡했다. 이 교향시의 막을 여는 장엄한 화음은 스탠리 큐브릭 감독의 1968년 영화 〈2001: 스페이스 오디세이2001: A Space Odyssey〉에 사용되면서 유명해졌다. 실제로 슈트라우스는 이 화음을 작곡할 때《차라투스트라는 이렇게 말했다》의 서문, 즉 태양이 산꼭대기 너머로 떠오르며 세상의 수수께끼를 밝게 비추는 모습을 떠올렸다고 했다.

차라투스트라는 서른 살이 되던 해에 고향의 호수를 떠나 산속으로 들어갔다. 그곳에서 그는 영혼과 고독을 즐겼으며 10년 동안 싫증을 느끼지 못했다. 그러나 끝내 그의 마음이 변했고, 어느 날 아침 장밋빛 동이 트자 그는 태양 앞에서 이렇게 말했다.

"위대한 별이시여! 그대가 비추는 이들이 없었더라면 그대의 행복은 무엇이었겠는가!"

니체는 《차라투스트라는 이렇게 말했다》를 집필하던 1882년에 《즐거운 학문 Die fröhliche Wissenschaft》을 출간했다. 참고로 이 책은 《즐거운 지식 The Joyful Wisdom》으로도 번역됐다.

밝은 아침에 등불을 켜고 시장으로 달려가 "신을 찾소! 신을 찾소!"라고 끊임없이 외치는 미치광이를 본 적이 있는가? 때마침 신을 믿지 않는 자 여럿이 주변에 서 있었기에 그는 많은 비웃음을 샀다.

"길을 잃은 겐가?"

누군가 물었다. (…) 미치광이는 사람들 한가운데로 뛰어들어 그들을 뚫어져라 쳐다봤다.

"신이 어디에 있냐고?"

그가 울부짖었다.

"내가 가르쳐 주지. 우리가 그를 죽였다. 너와 내가."

신을 전능한 존재로 이해한다면 당연히 인간이 신을 창조할 방법은 없다. 인간이 신이라는 개념을 고안할 수는 있지만 신이라는 개념은 신이 아니다. 인간이 신을 죽일 수 있는 방법 또한 없다. 물론 사람들이 신을 더는 믿지 않을 수는 있다. 신이 죽었다는 니체의 적절하고도 터무니없는 선언은 우리를 의문의 구렁텅이로 몰아넣는다. 어떻게 살아야 하는지 지시하고, 그 지시를 무시하면 공포가 도래하리라고 위협하는 신성한 사령관이 더는 존재하지 않는다면, 또는 우리가 더는 믿지 않는다면 우리는 무엇으로 도덕을 만들어야 할까? 니체는 다음 세상에 관한 희망을 논하는 자들을 믿지 말고 지상에 충실한 자들을 믿으라고 조언한다. 물론 스토아학파처럼 자연에 따라 살라는 뜻은 아니었다. 니체는 이렇게 말했다.

자연 같은 존재를 생각해 보라. 목표도 의도도 없이 한없이 방탕하고 헤아릴 수 없을 정도로 무관심하고 자비나 정의도 없다. 동시에 황량하고 불확실하며 무관심 그 자체를 하나의 힘이라고 생각해 보라. 그런 무관심에 따라 어떻게 살 수 있겠는가? 산다는 건 엄밀히 말해 이 자연처럼 되지 않기를 바라는 것이 아닌가?

니체는 이 생각을 밝히면 사람들이 자신을 비도덕주의자로 부를 것을 예상했다. 그는 지금까지 가장 고결한 유형으로 여긴 선하고 친절하며 자비로운 인간상을 거부했다. 그의 표현을 빌리면 타락의 도덕성, 거칠게 말하면 기독교적 도덕을 거부한 것이다. 니체는 이 모든 것을 삶에 대한 예의와 양립할 수 없는 약점으로 봤다.

자연은 도움이 안 되고 신은 더 이상 존재하지 않으니 우리는 모든 게 허락된다고 생각한다. 그렇지 않은가?

표도르 도스토옙스키Fyodor Dostoevsky의 소설《카라마조프가의 형제들The Brothers Karamazov》의 등장인물 이반이 한 말이다. 여기에는 신이나 구원, 진리 등 추구해야 할 절대적 가치가 존재하지 않는다고 보는 허무주의가 담겨 있다. 니체는 허무주의자가 아니라 오히려 기독교적 가치의 전환을 추구했다.《차라투스트라는 이렇게 말했다》에서 다시 한번 대문자로 강조한다.

내가 그대들에게 초인Übermensch을 가르치노라.

사실 이는 다소 거칠게 번역된 것으로 여기서는 초인의 독일어 원문을 음역해 '위버멘쉬'라고 하겠다. 니체는 인간을 아직 본성이 정해지지 않은 동물이라고 했다. 인간에 대해 실존이 본질보다 앞선다고 주장한 사르트르에게서도 찾아볼 수 있는 주제다. 니체는 오늘날 인간은 짐승과 위버멘쉬 사이를 잇는 밧줄, 즉 인간을 넘어서는 존재이자 삶을 긍정하고 위대함을 긍정하는 존재 사이에 묶여 심연 위에 걸쳐진 밧줄이라고 했다. 그렇기에 우리에게 고통이 돌아온다.

단 한 번이라도 기쁨을 긍정한 적이 있는가? 오, 친구여. 그렇다면 자네는 모든 슬픔까지 긍정한 걸세. 모든 게 얽히고 얽매이며 빠져 있다네.

니체는 '만물은 공모한다'라는 고대의 금언을 따랐다. 사람뿐만 아니라 들짐승이나 바다의 물고기일지라도 스스로 고통받는다는 것을 알면 살 수 있을까? 세상의 고통을 알면서도 삶을 포용할 만큼 용기를 낼 수 있을까? 위버멘쉬는 연민에 빠지는 대신 위대함을 찾아냈다. 다만 그 외의 측면에서 위버멘쉬의 본질은 여전히 수수께끼로 남아 있다. 니체는 자신이 앞으로 200년은 인정받지 못하리라고 예견했고 이제 100년도 채 남지 않았다.

～

위버멘쉬를 어떻게 이해하든 니체는 삶에 의미를 부여할 필요가 있다고 강조했다는 점에서 존경받을 만하다. 그는 공리주의에 대해 경멸하는 태도를 드러내기도 했는데 아마 밀의 사상을 알고 있던 듯하다.

왜 사는지를 알게 된다면 삶이 우리를 어떻게 대하든 견뎌낼 수 있다. 인간은 행복을 뒤쫓지 않는다. 그런 건 그 영국인이나 하는 짓이다.

이 말을 들으면 행복을 어떻게 이해해야 하는지에 관한 온갖 질문이 다시 한번 떠오른다. 현실과 가치에 관한 니체의 모든 사상은 여러 의문을 불러일으키며 모순도 포용하는 것처럼 보인다.

니체는 정직을 핵심 가치로 추구하긴 했으나 우리 모두 잘 살기 위해서는 환상이 필요하다고 주장한 것으로도 유명하다. 예술이 가장 중요한 이유는 환상이라는 힘을 품고 있기 때문이다. 니체는 우리에게 예술이 없었다면 우리는 진실 때문에 죽었을 것이라고 말했다. 또한 우리는 예술에서 합리와 통제의 아폴론적 요소보다는 광란과 비이성의 디오니소스적 요소에 더 이끌린다고 했다.

영혼은 어느 정도의 진실을 견딜 수 있는가, 어느 정도의 진실을 감당할 수 있는가? 나에게는 그것이야말로 진정한 가치의 척도가 됐다.

니체에게 진실은 오직 보는 관점, 오직 아는 관점만 있을 뿐이며 하나의 동일한 사안에 대해 더 많은 눈, 더 다양한 눈으로 바라볼수록 우리의 객관성이 더 완전해질 것이라는 관점주의에 의존했다. 하지만 니체는 이해하기 어려운 의견도 제시했다.

무수히 반짝이는 태양계의 우주 어느 한 외딴 구석에는 '앎'을 발명한 영리한 짐승들이 사는 별 하나가 있었다. 이는 '세계사'에서 가장 오만하고 거짓된 순간이었지만 그저 한순간에 불과했다. 자연이 몇 번 숨결을 불었더니 별이 차갑게 식어 얼었고 영리한 짐승들은 죽을 수밖에 없었다.

또한 니체는 우리가 어떻게 살지 선택해야 한다고 강조하면서도 역설적으로 세상은 인과관계의 법칙에 따른다는 결정론을 수용했

지극히 사적인 철학

다. 물론 이런 역설은 니체에게만 한정되지 않는다. 우리는 노자의 도와 스피노자, 칸트를 통해서도 접했다.

세상의 수레바퀴가 잠시 멈춰 서고 이 멈춤을 활용할 수 있는 모든 걸 알고 계산하는 이성이 존재한다면, 그 이성은 모든 생명체의 가장 먼 미래까지도 예언할 수 있고 앞으로 수레바퀴가 굴러갈 모든 궤적을 그려낼 수 있을 것이다. 행동하는 행위자라는 망상, 즉 자유의지라는 가정은 아직 계산되지 않은 체계에 속한다.

니체의 "네 운명을 사랑하라Amor fati. 이것이 앞으로 내 사랑이 되리라!"에서 '운명을 받아들이는 행위'에는 추한 것과 전쟁을 벌이지 않겠다는 의미도 있다. 나쁜 것을 외면하고 오직 긍정하는 사람이 되기를 바라는 것이 분명했다. 물론 그가 운명을 사랑한다면 이는 분명 운명이 정한 일일 터다. 오직 긍정하는 자가 되는 데 성공한다면 그 또한 운명으로 정해진 일일 것이다. 하지만 앞서 도와 함께 살펴봤듯 우리는 운명이 정한 일들을 논할 때 더 신중해야 한다.

～

마지막으로 니체의 사상에서 가장 무시무시한 부분을 살펴보자. 바로 영원회귀Ewige Wiederkunft와 '최대의 중량'이다. 이 논의는 이렇게 시작한다. 어느 날 또는 어느 밤에 악마가 우리의 가장 외로운 외로움을 비집고 들어와 속삭인다.

네가 지금 살고 있고 또 지금까지 살아온 이 삶을 다시 한 번 살아야 하고 셀 수 없을 만큼 무수히 반복해 살아야만 한다. 그 안에는 새로운 것이 하나도 없고 모든 고통과 기쁨과 생각과 한숨과 네 삶에서 이루 말할 수 없이 작거나 큰 모든 것이 모두 똑같은 순서와 배열로, 심지어 이 거미와 저 나무 사이의 달빛과 이 순간과 나 자신까지도 다시금 찾아갈 것이다. 존재의 영원한 모래시계는 몇 번이고 다시 뒤집히고 너는 그 안에 있노라. 오, 먼지 한 톨이여!

이제 니체는 묻는다.

몸을 엎드리고 이를 갈며 저리 말한 악마를 저주하지 않을 텐가? (…) 이 궁극의 영원한 확증과 봉인 이외에 더 아무것도 갈망하지 않기 위해서는, 자신의 삶에 얼마나 충실해야겠는가?

이것이 바로 니체가 제시하는 문제다. 흥미롭게도 많은 사람이 이 말도 안 되는 이야기에 멈춰 선다. 회귀란 모든 게 똑같이 되풀이된다는 뜻이다. 데자뷔를 느끼지도 못하고 이것이 반복되는 삶인지 첫 번째 삶인지조차도 알지 못한다. 그렇다면 이 가설을 받아들인다고 무엇이 달라질까? 우리가 아는 한 영원회귀는 붕괴해 하나의 삶, 즉 이번 삶이 된다. 게다가 모든 것이 똑같으면서도 되풀이되는 반복을 어떻게 반복이라고 할 수 있을까? 터무니없는 말처럼 느껴진다. 라이프니츠가 제시한 식별 불가능자의 동일성 원리에 따르면 만약 두 가지 사물이나 상태 또는 세계가 따로 식별할 수 없을 정도로 완전히 똑같다면 둘이 아니라 하나인 것이 분명하다.

이처럼 영원회귀 개념은 비판을 받고 있다. 하지만 영원회귀가 있을 수도 있다는 가능성은 우리가 우리의 삶, 가치관, 삶의 방식을 얼마나 자랑스러워하는지 아닌지 되돌아보게 한다. 어쩌면 자기 삶을 자랑스러워할 수 있는 사람은 자기기만에 빠진 상태거나 진정한 위버멘쉬의 상태일지도 모른다. 물론 자신의 삶에 충실하고 가치를 내세우는 일에 오만함을 드러낼 필요는 없다. 오히려 그 사람은 겸손을 중요시할 수도 있다. 하지만 니체가 권하는 바는 달랐다. 니체는 삶을 성찰하고 옹호하며, 그 삶에 대한 헌신을 선언하고 삶이 반복되는 것을 환영하는 방식으로 살아가라고 했다. 이것이 바로 니체의 핵심이다.

니체처럼 생각하고 싶다면?

자신의 삶에 얼마나 너그러울 수 있겠는가?

버트런드 러셀

예상을 벗어나는 사람들

진리는 빛나는 여신이요 베일에 싸였으며 결코 완전히 닿을 수 없으나
인간 영혼이 할 수 있는 모든 헌신을 받을 가치가 있다.

러셀

작위를 받은 귀족이자 영국 총리를 두 차례 역임한 할아버지, 급진적 사상의 귀족이자 무신론자면서 불륜에 관대한 부모님, 비종교적인 대부로 존 스튜어트 밀을 둔 인물, 하지만 어린 시절 부모와 형제를 잃고 조부모 품에서 자란 이 사상가는 누구일까? 이 인물은 젊은 동료 무어와 함께 영미권 세계의 철학적 사고를 뒤바꿨다.

주인공 러셀, 제3대 러셀 백작인 버트런드 아서 윌리엄 러셀(1872~1970)을 만나보자. 러셀은 본래 케임브리지대학교 트리니티칼리지에서 수학을 공부하다가 도덕과학을 연구하기 시작했다. 도덕과학은 당시에 철학을 부르던 명칭이다. 러셀은 궁극의 실재를 마음에 의존하지 않는 다양한 사물의 집합으로 이해해서는 안 된다는 헤겔식 절대적 관념론에 반대했다.

러셀은 무어의 상식에 자극받아 관념론자들의 모든 허풍을 패대기치고 분석철학을 전면에 내세우면서 영국의 철학자이자 수학자인 알프레드 노스 화이트헤드Alfred North Whitehead와 기념비적이고 획기적인《수학 원리Principia Mathematica》를 집필했다. 총 세 권인《수학 원리》는 1910년부터 1913년에 걸쳐 출간됐다. 두 사람은 수학의 유래를 논리에서 찾으려 했으나 결과적으로 실패했다. 하지만 러셀의 사상은 여기에서 그치지 않고 훨씬 더 폭넓게 뻗어나가 철학의 모든 영역에 닿았다. 연애도 수없이 많이 했고 네 차례의 결혼에도 발을 담갔으며 정치면에서도 상당히 활발하게 활동했다.

～

공개 연단에 선 러셀은 자신의 철학적 사고를 바탕으로 사회개혁을 촉구했다. 종교에 반대하고 무신론과 휴머니즘, 당시 표현을 빌리자면 자유연애를 장려하는 글을 펴냈다. 1957년에는 핵군축캠페인이라는 조직을 세우고 회장직을 맡았다. 이로부터 불과 몇 년 전에 소련에 원자폭탄을 쓰자는 방안에 찬성했지만 말이다. 모순적이거나 위선자라고 손가락질하지는 말자. 러셀은 뭔가가 옳다 그르다를 판단할 때 상황이 영향을 미친다는 것을 잘 알았다. 물론 러셀이 상황을 잘 판단했다는 말은 아니다. 러셀은 케임브리지대학과 영국의 작가, 철학자, 예술가가 모인 블룸즈버리그룹을 통해 경제학자 케인스를 알고 지냈는데, 그에게 이렇게 말했다고 한다.

사실이 바뀔 때면 저는 마음을 바꿉니다. 선생님은 어떠신가요?

그렇지만 논리에서는 모순이 문제를 일으킨다. 논리에서는 사실이 바뀌지 않는다. 러셀은 예전부터 수학이 영원한 진리의 규율이자 최고의 아름다움, 마치 조각상처럼 차갑고 엄숙한 아름다움이라고 생각했다. 그는 혼란스러운 개인사 속에서도, 어쩌면 그렇기에 더더욱 자신의 삶처럼 불확실성과 모순으로 더럽혀지지 않은 추상적 천상을 연구하는 데 몰두했다. 그러다 안타깝게도 1902년에 러셀의 역설을 발견한다. 러셀의 역설은 추상적인 수학적 대상들의 모임인 집합을 연구하는 수학 이론인 집합이론에서 발견되는 역설이다. 간단한 예를 통해 살펴보자. 다음은 내가 만든 예시다.

옛날 옛적에는 돈 많은 왕족들이 연회를 열면 어릿광대를 불러 놀음을 했다. 광대들은 연회에서 식사하고 가라는 말을 한 번도 들어본 적이 없었다. 어느 날 광대들은 번뜩이는 아이디어를 떠올렸다. 놀음한 연회에서 식사하지 못한 광대들을 모아 오직 그들만을 위한 광대들의 연회를 여는 것이었다. 그런데 광대들의 연회를 왕실 연회만큼이나 크고 화려하게 열 예정이라 이곳에서 놀음할 광대 또한 필요했다.

"여기서까지 우리가 직접 할 수는 없잖아. 너무 힘들다고."

광대들이 입 모아 말했다. 그리하여 광대들은 이름부터 광대놀음에 어울리는 케임브리지 고그마고그힐스 출신의 소년 한 명을 뽑았다.

"네가 우리 후배 광대가 좀 되어야겠다."

광대들이 어리벙벙한 소년에게 말했다.

연회가 열리고 후배 광대가 연회장에 들어섰다. 후배 광대는 재미있는 농담과 유머를 선보이며 멋진 놀음을 끝마쳤다.

"이리 와, 후배 광대야. 너도 식사해야지."

술에 취한 광대들이 웅얼거렸다. 이때 잔소리꾼 광대가 단호히 말했다.

"이 연회는 자기가 놀음한 연회에서 식사할 수 없는 광대만을 위한 연회
야. 너는 여기에서 식사할 수 없어."

그러자 누군가가 반박했다.

"그렇지만 후배 광대가 여기서 식사할 수 없다면 자기가 식사할 수 없는
연회에서 놀음한 셈이잖아. 조건을 갖췄으니 여기서 식사할 수 있지."

"그렇지만 바로 그렇기에 식사할 수 없다고!"

"그렇지만 바로 그렇기에 식사할 수 있다니까!"

대다수 논리학자와 분석철학가에게 저주나 다름없는 모순이 발
견됐다. 연회에는 모순이 있다. 그러므로 연회는 열릴 수 없지만 그
렇기에 열릴 수 있다. 역설을 발견한 러셀은 이 나쁜 소식을 독일의
위대한 논리학자 프레게에게 알렸다. 프레게는 완성 직전이었던, 거
의 평생을 바쳐 탐구한 논리와 수학에 관한 연구를 폐기했다. 러셀
은 프레게의 도덕성과 우아함, 진리를 향한 헌신을 높게 평가했다.

～

1916년 러셀은 논리적 역설과는 한참 멀리 떨어진 철학적 사고
때문에 런던에서 문제에 휘말렸다. 그는 전쟁을 논하고 양심적 병

지극히 사적인 철학

역거부를 옹호했다는 죄로 벌금형을 선고받았다. 1918년에는 브릭스턴교도소에 반년간 투옥됐는데 죄목은 국왕 폐하와 미국의 관계에 편견을 낳을 가능성이 있는 발언을 했다는 것이었다. 당국은 러셀의 글에서 "미국인들이 결과적으로 영국의 파업 노동자들을 위협하고 있다"라는 식의 문장이 죄목처럼 해석될 수 있다고 했다.

교도소의 끔찍한 환경을 알게 된 러셀은 귀족으로서 연줄을 동원한 끝에 제1 구역, 그러니까 조금 더 나은 환경의 감방에서 복역했다. 오늘날 미국의 몇몇 주에서 돈을 내면 더 좋은 감방을 이용할 수 있는 것과 비슷한 방식이었다. 러셀은 제1 구역의 특별히 큰 감방을 사용했다. 감방에서 쓸 가구들은 러셀의 형수가 마련해 줬다. 식사는 외부에서 조달했으며 펜과 종이가 제공됐다. 계속 글을 쓸 수 있었던 러셀은 이곳에서 《수리철학의 기초Introduction to Mathematical Logic》를 집필했다. 그는 이렇게 말한다.

이번 장에서는 단어 'the'의 단수형을 살펴보고 다음 장에서는 단어 'the'의 복수형을 살펴볼 것이다. 한 단어에 두 장이나 바치는 게 과도할 수도 있겠으나 철학적 수학자들에게 이는 매우 큰 의의가 있는 단어다. 빅토리아 왕조 시대 시인 브라우닝Browning 의 시 〈문법학자의 장례식 A Grammarian's Funeral〉에 등장하는 문법학자가 후치접어(전업어) 'δε'를 두고 그러했듯 나 또한 그저 감옥에 있을 뿐만 아니라 허리 아래로는 죽은 상태였더라도 이 단어를 두고 학설을 제시했을 것이다.

러셀은 'the' 연구를 시작으로 기술 이론을 정립했다. 이 이론은 외적으로 동일한 구조를 보이는 두 문장이 실제로는 논리적 형식이나 구조가 다를 수 있다는 것을 보여주는 분석법이다. 러셀은 이를 〈마인드〉 1905년호에 실은 '지시에 관하여On Denoting'에서 처음으로 제시했다. 〈마인드〉의 편집자는 출간하기에 적합하지 않은 글이라고 생각했지만 러셀이 게재를 밀어붙였고 수년 후 램지는 이 이론을 철학의 패러다임이라고 했다.

기술 이론이 해결하려던 문제 중 하나는 존재하지 않는 사물에 관한 명제를 어떻게 표현해야 하는가였다. 러셀은 '프랑스의 현 국왕은 대머리다'라는 문장을 예로 들었다. 몇몇 철학자는 이 명제가 유의미하려면 프랑스의 현 국왕이라는 구절이 뭔가를 지시해야 한다고 가정한 듯하다. 당시 공화국이었던 프랑스에는 왕실이 없었다. 러셀은 만약 대머리인 사물을 나열한 다음 대머리가 아닌 사물을 나열한다면 둘 중 어디에도 프랑스 현 국왕은 보이지 않을 것이라고 지적했다. 또 늘 그렇듯 신랄하게 합명제를 사랑하는 헤겔주의자들은 그가 가발을 썼으리라고 결론지을 것이라고 덧붙였다.

러셀은 프랑스 현 국왕이 더는 문장 구성요소가 아니라고 간주하는 방식으로 명제를 분석해 난제를 극복했다. 그는 기존 명제를 '왕권으로 프랑스를 다스리는 자가 있다' '그런 식으로 프랑스를 다스리는 자는 하나뿐이다' '프랑스를 다스리는 자는 누구든 대머리다'라는 세 가지 전제를 결합한 것으로 봤다. 이렇게 세 부분으로

지극히 사적인 철학

나눠 분석한다면 '프랑스 현 국왕이 대머리다'라는 말이 거짓임을 알 수 있다. 첫 번째 명제 '왕권으로 프랑스를 다스리는 뭔가가 있다'가 거짓이며 이것만으로도 세 부분의 집합 전체를 거짓으로 판별할 수 있기 때문이다.

어떤 이들은 이 명제가 참도 거짓도 아니므로 분석이 틀렸다고 주장하며 상황을 더욱 불분명하게 만든다. 어쨌든 러셀의 이 분석은 더 많이 분석할 필요가 있다. 예컨대 '프랑스'를 낱낱이 분석해 볼 필요도 있다. 모든 사고나 언어 표현을 논리적으로 분해할 수 있는 가장 작은 단위로 간주한 러셀의 논리적 원자에 걸맞은 방식으로 말이다. '지시에 관하여'에는 이보다 훨씬 더 많은 내용이 담겨 있다. 러셀이 들려주는 재미있는 이야기를 통해 살짝 들여다보자.

얼마 전 나는 어느 과민한 요트 주인의 이야기를 들었다. 어느 손님이 요트를 처음 보고는 주인에게 말했다.

"요트가 이것보다 더 크다고 생각했어요."

그러자 주인이 대답했다.

"아뇨, 제 요트는 이것보다 더 크지 않습니다."

손님의 말뜻은 '내가 생각했던 요트의 크기가 요트의 크기보다 더 크다'였는데, 주인이 알아들은 말뜻은 '나는 요트의 크기가 요트의 크기보다 더 크다고 생각했다'였던 것이다.

당시 스코틀랜드의 소설가 월터 스콧Walter Scott 경은 《웨이벌리 Waverley》와 수많은 후속작을 써 많은 인기를 누렸다. 러셀은 사물에 대한 사람들의 심리적 태도를 표현하는 명제를 다루며 '조지 4세는 스콧이 《웨이벌리》의 그 저자인지 알고 싶어 했다'라는 문장을 예시로 들었다. 러셀은 이 문장이 붕괴해 '조지 4세는 스콧이 스콧인지 알고 싶어 했다'가 되지 않으려면 어떻게 해야 하는지 분석하고자 했다. 또 "유럽 최초의 신사(조지 4세의 별명)가 동일성 원리에 관심을 두지는 않았을 것 같다"라며 농담조로 덧붙였다.

~

귀족이라도 재산이 부족할 수 있다. 결혼을 여러 번 했다면 더더욱 그럴 수 있다. 금전적 이유로 골머리를 앓던 러셀은 1940년 미국 뉴욕시티칼리지의 교수직을 승낙했다. 러셀이 임용됐다는 소식이 전해지자 종교적 편견에 힘입어 움직이는 자들이 덤벼들어 뉴욕시티칼리지를 재판에 회부했다. 러셀이 외국인이며 경쟁시험을 통해 전문성을 입증해야 한다는 논지였다. 이는 이른바 도덕적 주장을 감추기 위한 연막이었고 오래지 않아 그 논증이 전면에 드러났다.

러셀은 그가 쓴 글 때문에 '음란하고 음탕하며 선정적이고 욕정을 자극하고 성욕을 부추기며 이상성욕적이고 무신론자면서 불경하고 편협하며 부정하고 도덕적 의지가 부족한 사람'이라는 혐의를 받았다. 저명한 철학자들이 러셀의 학문적·도덕적 지위를 보증했지만 대학은 임용 계약을 파기했다. 거기다 러셀은 그의 글이 공동체의 공중보건과 안전, 도덕을 위협한다는 선고를 받았다. 판사는 러셀이 교수에 임용되면 외설학장이 탄생할 것이라고 판시했다.

그로부터 10년 후 러셀은 노벨문학상을 받았다. 그는 뉴욕의 일을 회고하며 "1940년의 도시 뉴욕은 1868년 나의 조부님이 시골 같았던 잉글랜드에서 총선을 촉구하며 마련한 계몽의 무대인 듯했다"라고 했다. 아마 러셀은 반성하지 않는 삶은 살 가치가 없다는 소크라테스의 생각에 공감하지 않았을까? 질문하고 생각하고 추론하고 진리를 추구하라며 쏘아대는 쇠파리에게 동의했을 것이다. 그는 자주 빈정대듯 말했다.

사람들은 대개 생각하느니 차라리 죽을 테고, 정말 그렇게 한다.

러셀은 무엇이든 깊게 고찰하는 편이 현명하다고 했고 이는 대체로 옳은 행동이다. 생각과 추론이 형편없거나 결론이 어리석을 수도 있지만 말이다. 나아가 생각이 얼마나 좋든 우리에게는 연민과 인간성이라는 감각이 필요하다. 옳다고 생각하는 것을 위해 싸운 러셀은 1918년에 교도소에 갇혔고 1961년에 다시 투옥됐다. 당시 89세였던 러셀은 런던 트라팔가광장에서 핵무기 반대 시위를 벌이다가 평화시위의 요건을 지키지 않았다며 유죄를 선고받았다.

러셀의 철학적 사고에는 언제나 명료성과 이성, 증거에 관한 논의가 담겨 있었다. 그는 이른바 '러셀의 찻주전자'로 불리는 예시를 들었다. 도기로 만든 찻주전자 하나가 태양 주위를 돌고 있다고 해보자. 찻주전자는 너무 작아서 최첨단 망원경으로도 볼 수 없다. 찻주전자를 뒷받침하는 증거가 없다 해도 그것만으로 (그것이) 없다는 증거가 되지는 않는다고 한다면, 그래서 우리가 찻주전자의 존재함에 대해 열린 마음을 가져야 한다고 하면 헛소리처럼 들릴 것이다.

반면 러셀은 찻주전자의 존재를 믿는 자들에게 증명책임이 있다고 논했다. 보이지 않는 찻주전자 같은 가정은 무엇으로 정당화할 수 있을까? 여기서 오컴의 면도날을 꺼내 들겠다. 존재자가 필요 이상으로 많아져서는 안 된다는 내용의 이 논의는 프란치스코회 수도자이자 철학자였던 오컴의 윌리엄William of Ockham이 사용한 방법론에서 유래했다. 쉽게 말하면 어떤 현상을 볼 때 불필요한 가정을 해서는 안 되며, 같은 현상을 설명하는 주장이 두 개라면 간단한 쪽을 선택하겠다는 의미다.

흥미롭게도 러셀은 만약 찻주전자 이야기가 고대 문헌에서 발견됐다면 많은 이가 이 이야기를 믿었을 것이라고 했다. 앞서 언급했듯 러셀은 명명백백한 무신론자였다. "죽어서 신을 만난다면 그동안 신이 자신의 존재를 뒷받침하는 증거를 제시하지 않았다고 지적해 나의 무신론을 정당화할 수 있다"라고 신랄하게 말할 정도였다.

그는 자서전에서 단순하지만 압도적일 만큼 강렬한 열정 세 가지가 자신의 일생을 지배했다고 말했다. 사랑을 향한 갈망, 지식을 향한 탐구, 인류의 고통에 대한 참을 수 없는 연민이 바로 그것이다.

이 열정들이 마치 거대한 바람처럼 나를 이리저리 떠밀며 고뇌의 망망대해를 건너 절망의 낭떠러지에 이를 때까지 흔들거리며 걷게 했다. (…) 사랑과 지식은 할 수 있는 한 나를 드높여 천상으로 이끌어 줬다. 그러나 언제나 연민이 나를 다시 지상으로 데려왔다.

97세에 세상을 떠난 러셀은 삶을 갈무리하며 이렇게 말했다.

살 가치가 있는 삶이었다.
기회가 주어진다면 기꺼이 다시 한번 살고 싶다.

러셀처럼 생각하고 싶다면?

분명하게 생각하고, 모호성을 피하고, 증거를 따르고, 타인의 괴로움을 절대 모르는 척하지 말자.

22

George Edward Moore

G. E. 무어

최후의 승자를 가리는 기준

◆

모든 사물은 다른 무엇도 아닌 있는 그대로다.

조셉 버틀러

플라톤의 시대로부터 2,000년도 더 지나서 등장했지만 이전의 철학자들과 완전히 대조를 이루는 인물을 만나보자. 무어(1873~1958)는 1892년 케임브리지대학교 트리니티칼리지에 진학해 고전을 공부했다. 이곳에서 그는 한 살 연상인 러셀과 당시 젊은 교수였던 존 맥타가트 엘리스 맥타가트John McTaggart Ellis McTaggart를 만났다. 무어는 이들의 격려 속에서 도덕과학을 공부했고 오래지 않아 자신이 읽은 글에서 매우 놀라운 점들을 발견했다.

무어가 맥타가트의 사상을 접하고 보인 반응에는 그의 놀라움이 드러난다. 맥타가트는 물리적 세계가 실재하지 않는다고 믿는 관념론자로, 실재가 사랑하는 비물질적 영혼들로 구성된다고 했다. 나아가 시간 또한 실재하지 않는다고 주장했다. 이에 무어는 아연실색하며 답했다.

"잭, 그러면 제가 점심을 먹기 전에 아침을 안 먹었단 말인가요?"

이 이야기는 무어가 철학자들의 말과 이론을 통해 그들이 의미하는 바를 정확하게 파악하고자 했다는 점을 보여준다. 그는 그 목적을 달성하기 위해 철학자들의 말과 이론을 지상으로 끌고 내려온 다음 그들을 우리의 상식적인 믿음과 조심스레 관련지었다.

무어의 이 방식은 우리가 철학자들의 주장을 평가하려 할 때 적용해야 할 정도로 매우 중요하다고 말하고 싶다. 물론 무어의 질문은 맥타가트의 말문을 막기에는 한참 부족했다. 하지만 이 일화는 철학적 사고와 일상적인 생각, 언어, 활동 사이에 관련성이 있어야 한다는 점을 보여준다. 사실 시간을 분석하는 방법은 다양하다. 어떤 철학자는 우리가 시간 면에서 이전과 이후를 이해할 수 있으며, 그런 순서가 우리와 독립적으로 존재하나 과거와 현재, 미래를 객관적으로 구분할 수 있다는 생각은 환상이라고 주장한다.

～

무어는 러셀, 비트겐슈타인과 함께 20세기 초반을 빛낸 철학자로 손꼽힌다. 조지 에드워드 무어라는 이름을 싫어했던 그는 글을 펴낼 때 언제나 G. E. 무어라는 이름을 사용했다. 가장 먼저 무어가 어느 날 수업을 시작하며 했던 말을 살펴보자.

보다시피 저는 지금 강의실 안에 있고 야외에 있지 않습니다.
저는 서 있고, 앉아 있거나 누워 있지는 않습니다.
저는 옷을 입고 있고, 완전히 헐벗지는 않았습니다.

무어는 스스로 이를 확실하게 안다고 했으며 수업을 듣는 학생들도 이를 분명히 안다고 주장했다. 그는 자신이 누워 있었을 수도 있고 야외에 있었을 수도 있다는 가능성만으로는 누워 있지 않거나 야외에 있지 않다는 걸 확실히 알지 못한다는 결론으로 이어지지는 않는다고 적절하게 지적했다.

러셀이 제시한 예로 넘어가 보자. '우주가 5분 전에 생겼다'라는 말은 논리적으로는 가능할지도 모른다. 하지만 사람들은 그것만으로 '정말 우주가 5분 전에 생겼다' 또는 '우주가 5분 전에 생기지 않았다는 것은 알 수 없다'고 결론 내리지 않는다. 우리는 모든 증거가 5분 전에 생겼다는 것이 논리적으로 가능하다는 사실 때문에 우주가 5분 전에 생기지 않았다는 증거를 무시해서는 안 된다.

말장난처럼 들릴 수도 있지만 말장난이 아니다. 무어는 자신이 말의 평범한 의미를 사용한다고 주장했다. 그는 저속한 이와 함께 말하되 배운 이와 함께 생각하라는 버클리의 책략을 따르지 않았다. 나아가 진짜 물질로서의 몸, 예컨대 그의 옷과 옷을 입은 그의 생물학적 몸이 마음에 의존하는 관념의 집합에 불과하다고 논하지도 않았다.

무어도 때로는 혼선에 빠졌다. 어느 날 미국에서 강의하던 그는 위를 올려다보며 '이 천장에 창문이 나 있다는 사실을 확실히 안다'고 말했다. 그런데 강연이 끝난 후 주최 측이 무어를 한구석으로 불러내더니 천장에 창문이 없다고 말했다. 돔 천장의 일부를 덮은 그림의 창문을 잘못 본 것이다. 무어는 고뇌하는 메모를 남겼다.

나는 분명 거기에 창문이 있다고 생각했다. 그렇다면 나는 정말 있을 걸 확신했을까? 아니면 있을 게 분명하다고 생각했을까?

이후로도 마찬가지였다. 무어의 저서를 읽다 보면 때로는 모든 것을 완벽하리만치 분명하게 파악하려는 노력이 담긴 대목이 나오는데, 그의 엄청난 노력 앞에 엄청난 지루함 또는 싫증을 느낄 수도 있다. 이때 '또는'은 포괄적 논리합이다. 어떤 이들은 엄청난 지루함과 싫증을 동시에 느낄 수도 있다는 뜻이다.

무어는 러셀의 기술 이론을 두고도 논문 한 편을 썼는데, "얼마간 접전을 벌여본 결과 이 이론에 적어도 하나의 결점이 있음을 분명히 알았다"라고 했다. 러셀은 이런 식으로 답했다.

스콧이 《웨이벌리》의 저자'라면 그가 '《웨이벌리》를 썼다'는 게 분명하다고 간주했다는 점이 나의 가장 큰 실수인 듯하다. 스콧이 《웨이벌리》를 구술했을 수도 있기 때문이다. 다른 철학자가 일러줬다면 아마 무시했겠지만 나의 훌륭한 친구 무어가 일러준 만큼 (⋯)

무어와 러셀의 친구 관계는 다소 불안정했으며 좋을 때도 나쁠 때도 있었다. 러셀은 어느 날 무어와 토론을 하다가 이런 말이 튀어나왔다고 했다.

"내가 마음에 안 들지, 그렇지, 무어?"

　　　　　　　　　　　　지극히 사적인 철학

그러자 무어가 대답했다.

"네, 마음에 안 듭니다."

둘은 다시 토론을 이어나갔다. 무어는 청렴결백한 사람이었고, 많은 철학자가 어떤 주제의 진리를 추구하는 진지한 대화를 나눌 때 각자의 인성에는 신경 쓰지 않으려 하니 놀라운 일은 아니었다.

～

많은 사람이 무어가 철학계에 미친 영향과 그보다 더 넓은 세계에 미친 영향을 놀랍게 여겼으나 그 영향력도 옛말이 됐다. 오늘날 어떤 이들은 무어를 얼간이라고 하거나 그의 철학이 다소 바보 같다고 여긴다. 철학을 공부하기 전까지 상식적인 믿음을 철학적으로 고민해 본 적이 한 번도 없었다는 무어의 말에 경악하기도 한다.

무어가 상당한 영향력을 행사할 수 있었던 이유는 그의 철학이 엄중해서가 아니라 그의 성격 때문이었을 수도 있다. 고뇌하는 무어의 모습을 보면 그의 진심과 겸손, 청렴함, 진지함을 알 수 있다. 무어는 그저 진리를 향한 분투에 공을 들였다. 이를 두고 후대 논평가들은 무어가 온화한 사람이었을 것이 분명하다는 결론을 내리지만 사실 그렇지만은 않았다. 울컥 화를 낼 때도 있었다는데 그럴 때면 마치 순수한 사람이 타락한 사람을 혐오하는 듯한 모양새였다고 한다. 무어가 요란하게 연애하던 러셀의 개인사를 매우 나쁘게

봤다는 점에서도 이를 알 수 있다. 무어는 소크라테스나 예수를 연상시키는 순수함을 품은 인물이었다.

전문 철학자 외에 무어에게 큰 영향을 받은 이들을 꼽자면 바로 블룸즈버리그룹이다. 무어는 그들과 매우 다르게 살았다. 한 번의 결혼생활을 이어나갔고 가정에 헌신했으며 안정적인 직장에서 일하며 슬하에 두 아들을 뒀다. 와인을 수집하던 러셀이나 흥청망청 놀며 성생활 관습에 반기를 든 케인스 등 다른 블룸즈버리그룹 회원들과는 달랐다. 무어가 블룸즈버리그룹에 미친 지적 영향은 주요 저서인 《윤리학 원리Principia Ethica》에서 비롯한다. 어쩌면 그들은 이번에도 무어의 인성과 현자다운 순수함, 아름다움과 선善을 이해하는 태도 때문에 무어의 논의에서 매력을 느꼈을지도 모르겠다.

무어는 《윤리학 원리》에서 '좋다' 또는 '아름답다'처럼 단순하고도 정의할 수 없는 성질이 있다고 논했다. 예를 들어 '좋다'는 개념은 공리주의에서 논하는 최대 다수의 최대 행복과 같을 수 없다. '전체의 행복을 달성하는 것이 과연 좋은가?'라는 유의미한 질문을 던질 수 있기 때문이다. 같은 유형의 질문은 이후 개념과 의미, 그 지시에 대해 상당한 철학적 논쟁을 일으켰다. 우리는 '과연 물이 H_2O인가?'라는 유의미한 질문을 던질 수 있다. 이 질문은 무엇을 밝히는 물음일까? 물이 본질적으로 H_2O가 아니라는 말일까?

무어가 '좋다'에 대한 질문을 다루는 방식은 《윤리학 원리》에 등장하는 영국성공회 주교이자 철학자 조셉 버틀러Joseph Butler의 "모든

지극히 사적인 철학

사물은 다른 무엇도 아닌 있는 그대로다"라는 말과 일맥상통한다. '좋다'처럼 정의할 수 없는 성질을 살펴볼 때면 그 성질을 알아차리고 가치에 집중하는 것이 인생을 사는 데 중요하다던 플라톤의 형상론이 떠오른다. 무어는 미美와 진리, 사랑과 우정에 탁자나 의자 같은 견고함 또는 확실성solidity이 있다고 봤다. 두 가지 세계에 관한 그의 설명에서 무어가 가치의 견고함 또는 확실성을 어떻게 이해했는지 엿볼 수 있다. 우선 첫 번째 세계에 관한 설명을 살펴보자.

무척이나 아름다운 세계 하나를 상상해 보라. 이곳은 상상할 수 있는 가장 아름다운 세계다. 산과 강, 바다, 나무, 노을, 별과 달까지 당신이 가장 흠모하는 지상의 모든 것이 이곳에 있다고 해보자. 그 모든 것이 가장 완벽한 비율로 하나가 돼 무엇 하나 서로 방해하지 않고 각자의 역할을 다하며 전체의 아름다움을 한층 끌어올린다고 상상해 보라.

이제 두 번째 세계를 살펴보자.

이번에는 떠올릴 수 있는 가장 추한 세계를 상상해 보라. 이곳은 그저 오물 무더기일 뿐이고 어떤 이유로든 가장 역겨운 모든 것이 이곳에 있다. 전체적으로 봐도 무엇 하나 서로의 결점을 감춰주지 못한다.

여기서 우리가 둘 중 어느 세계에도 더하지 않을 사물이 하나 있으니 바로 의식이다. 둘 중 어느 세계에도 의식을 가지고 사는 자가 없고 외부의 관찰자도 이곳에 영향을 미치지 못한다. 무어는 아름다운 세계가 존재하는 편이 더 낫다는 것이 명백한 상식이라고 논했다. 무어는 아름다움이 누군가가 알아주지 않아도 존재할 수 있으며 마음에 의존하지 않는 객관적 성질이라고 결론지었다.

어떤 문제를 이토록 간단하게 해결할 수 있다고 믿는 데에서 거부감이 느껴질 수도 있다. 하지만 무어의 접근법은 당시 선풍적인 인기를 구가했으며 오늘날에도 매력적으로 다가온다. 케인스는 자신과 블룸즈버리그룹 회원들이 무어의 《윤리학 원리》와 그 안의 우정, 사랑, 아름다움 등 가치에 관한 논의에 보인 반응을 설명했다.

어떤 마음 상태가 좋았는지를 어떻게 아는가? 이는 직접 따져봐야 하고 분석할 수 없는 직접적인 직관의 문제다. 이를 논한다는 것은 무용하고 불가능하다. 여기서 의견 차이가 벌어진다면 누가 옳다고 할 수 있는가?

케인스는 사실상 "승리는 분명하고 흔들림 없는 확신을 가장 잘 보여주며 말할 수 있는 사람, 흠결 없는 투를 가장 잘 이용할 수 있는 사람에게 돌아간다. 무어는 그 방법의 대가다"라고 했다. 무어는 잘못된, 즉 그가 반대하는 견해를 만나면 인사하듯 정말 그렇게 생각하는지 물었다고 한다. 그렇다는 대답이 나오면 '오!' 하며 입을 벌리고 세차게 고개를 젓고는 마치 상대 또는 자신이 미친 게 분명

지극히 사적인 철학

하다는 듯 눈을 동그랗게 뜨고 말했다는데, 케인스는 거기에 아무 반박도 할 수가 없었다고 회고했다.

~

수 세기 전부터 철학자들, 특히 칸트와 그 이후의 철학자들은 '뭔가 존재한다'라는 말을 어떻게 이해해야 하는지를 두고 고심했다. 데카르트의 신의 존재에 관한 증명을 떠올려 보자. 사물이 존재한다는 주장은 예컨대 '이 여행 가방은 초록색이고 무겁다'라는 말처럼 사물의 성질이 어떠하다는 주장과 같을까? 무어는 대조 하나를 꺼내며 이 논의에 발을 들였다.

모든, 많은, 어떤 온순한 호랑이가 으르렁댄다고 말하기는 쉽지만 '모든 온순한 호랑이는 존재한다'는 말은 어색하다. '어떤 온순한 호랑이는 으르렁대지 않는다'는 말에는 아무 문제가 없지만 과연 '어떤 온순한 호랑이는 존재하지 않는다'는 말이 될까? 물론 이렇게 말하려면 허구의 사물을 어떻게 다뤄야 할지 생각해 볼 필요가 있다. 예컨대 저명한 칼럼니스트 돈 마퀴스Don Marquis가 1916년 뉴욕의 신문 〈이브닝 선Evening Sun〉에 게재한 이야기의 주인공으로 유명한 '바퀴벌레 아치와 길고양이 메히타벨이 존재하지 않는다'라는 말은 어떨까? 이번에도 무어가 분석에 공을 들인 덕분에 어느 정도 가치 있는 통찰을 얻을 수 있지만 피로를 느끼고 한숨을 내쉬는 이도 많을 것이다.

무어의 인성 이야기로 돌아가 보자. 사람들은 그의 성스럽고 어린이 같은 순수함을 존경했다. 비트겐슈타인이 "어린아이의 성질이라고 하지 않고서는 도무지 이해할 수가 없다. 인간이 얻고자 싸우는 그런 순수가 아니라 애초에 유혹이 없는 데서 오는 순수를 말하는 것이다"라고 말했을 정도다. 비트겐슈타인은 허영과 오만을 떨쳐내기 위해 끊임없이 싸운 인물이었다.

앞서 언급했듯 훗날 일부 철학자는 무어가 벌거벗은 임금님이나 다름없다고 봤다. 칸트는 그 어떤 철학자도 마음에 의존하지 않는 물리적 사물과 외부 세계의 존재를 증명하지 못했다며 이를 가리켜 철학의 스캔들이라고 했는데, 무어는 한 수업에서 자신이 이 스캔들을 극복했다고 주장했다. 무어의 증명은 한 손을 들어 보이며 여기 손 하나가 있다고 선언하고 다른 쪽 손을 들어 똑같이 말한 뒤 외부 세계가 실존한다고 결론짓는 식이었다. 무어가 요점을 놓친 걸까? 아니면 증명의 본질에 관해 뭔가 귀중한 논의를 입증한 걸까? 이를 염두에 둔다면 무어가 철학자들을 위한 철학자이자 결코 무시해서는 안 될 철학자임을 알 수 있다.

마지막으로 철학을 벗어나서 무어를 살펴보자. 영국의 모더니즘 작가 버지니아 울프Virginia Woolf는 1920년 6월 23일의 일기를 썼다.

어둠이라고 써야 할 것만 같은 얕은 빛 속에 오래도록 누워 있으니 무어

지극히 사적인 철학

가 내게 찾아왔고 새벽 1시에 찬물로 목욕을 했다. (…) 그는 회색빛이 돼가고 침울에 잠겼고 어쩌면 이도 다 빠진 것 같다. 그의 작은 두 눈은 또렷하나 옛날만큼 강렬하지는 않은 것 같다. (…) 왜 그가 젊은이들의 지배자이자 통치자인지 전혀 알 수가 없다. 어쩌면 케임브리지가 너무 동굴 같은 걸지도 모르겠다. (…) 물론 그의 순수와 통찰은 완전하고 그를 가리우는 거짓의 흔적은 어디에도 없다.

모든 것은 변한다. 벌거벗은 임금님도 두꺼운 옷들을 입을 수 있지만 세월과 문화가 그 옷을 갈기갈기 찢어버린다. 말년의 무어는 때때로 모임에서 아무 말도 하지 않는다는 비난을 받았다. 위대한 침묵의 현자가 되고 싶었던 걸까? 전혀 그렇지 않다. 누군가가 왜 침묵을 지키느냐고 물을 때면 무어는 이렇게 대답했다.

침묵하고 싶은 게 아닙니다. 할 말이 생각나지 않을 뿐입니다.

이 또한 무어에게 배울 수 있는 귀중한 교훈이다.

무어처럼 생각하고 싶다면?

철학 이론을 지상으로 끌고 내려와 보자. 그리고 할 말이 없을 때 아무 말이라도 해야 한다고 생각하지 말자.

마르틴 하이데거

나는 나만의 길을 간다

◆

이해할 수 있게 만든다는 것은 철학에게 자살이다.

하이데거

세상에는 터무니없이 이해하기 어려운 철학자가 많다. 물론 그들의 사상을 이해하기 어렵다는 뜻이다. 철학자들은 대개 복잡한 개념과 알기 어려운 관념을 다룬다. 때때로 표현력이 부족하다거나 대상 독자를 잘못 판단하기도 하고 너무 적은 말로 너무 많은 걸 말하려 하기도 한다. 매우 많은 말로 매우 적은 것을 말하려 하기도 한다. 어떤 이들은 존중받을 만한 철학이나 연구 자금을 지원받을 가능성이 큰 철학을 하려면 과학을 흉내 내야 하며, 이를 위해 기술적 단어를 사용해야 한다고 믿는다. 물론 형식적 논리학을 비롯한 특정 분야에서는 기술적 언어를 쓰지 않을 수 없다.

어떤 철학자는 독자들이 나름의 방식으로 문제를 파고들 수 있게 난해한 방식으로 생각을 제시한다. 이를테면 놀라운 사고실험을 사용하거나 광란의 폭발을 선보인다. 또 어떤 철학자는 일부러 누구나 쉽게 이해할 수 있는 일반적인 단어를 골라 사용할 때조차 그 정확성에 집중한 나머지 한층 더 당혹스러운 글을 남기기도 한다. 그래도 이런 경우라면 보통 철학자들과 그들의 노고를 높이 산다. 그들은 진심으로 문제와 씨름하기 때문이다.

하이데거(1889~1976)에서는 이야기가 조금 달라진다. 적어도 어떤 이들은 그렇게 주장한다. 어떤 이들은 하이데거가 사기꾼에 가깝다고 본다. 더 자세히 말하자면 그저 모호하기 위해 모호한 단어를 만들고, 엄청난 깊이와 지혜를 담은 것처럼 보이기 위해 모호한 새 용어들을 만든 허세 가득한 방적공으로 여긴다. 보통 철학자들은 안개를 헤치고 나아가며 쓸모 있는 견해를 몇 가지 발견하곤 한다. 하지만 하이데거를 방적공으로 생각하는 이들은 그것조차 많지 않다고 여기는 셈이다.

반면에 어떤 이들은 하이데거를 20세기의 가장 위대한 철학자로 보고 하이데거라는 인물을, 적어도 그의 사상을 떠받든다. 확실히 하이데거는 철학계에 누구보다 큰 영향을 미쳤다. 그의 글을 분석하는 연구는 다른 누구의 글을 분석하는 것보다 많은 것은 사실이다. 물론 하이데거의 글이 너무나 이해하기 어렵다는 이유도 그런 업적을 달성하는 데 한몫했겠지만 말이다.

～

글의 난해함은 차치하고 어떤 이들은 하이데거가 아돌프 히틀러와 민족사회주의, 반反유대주의를 지지했고 후에 그 사실을 무마하려 애쓰거나 마음을 바꿨다고 포장하려 했다는 점에서 회의적으로 바라본다. 그의 진심이 무엇인지 누가 알까? 이 문제에 상당히 주목하는 이유는 오직 하이데거가 철학뿐만 아니라 사회과학, 나아가 인문학 전반에 지대한 영향을 미쳤기 때문일 것이다. 그를 따라다니는 나치의 꼬리표는 히틀러가 비트겐슈타인 때문에 반유대주의를 길렀다는 주장만큼이나 확실하지 않다. 히틀러와 비트겐슈타인은 같은 학교에 다녔는데, 유대인인 비트겐슈타인은 어린 히틀러보다 훨씬 더 똑똑하고 부유하고 자신감 있어 보였을 수도 있다. 어쩌면 그 모습이 히틀러의 반유대주의를 부추겼을지도 모른다. 누가 알 수 있을까?

형이상학을 불구덩이에 던져 넣었던 흄을 떠올려 보자. 경험론의 계보를 이어받은 철학자들은 하이데거의 글에 담긴 사상을 직접 겨냥하면서 그의 수많은 주장이 말도 안 되고 참은커녕 거짓이 되지도 못했다고 논하는 데서 많은 재미를 봤다. 1940년대 한때 철학의 왕으로 군림했던 옥스퍼드대학의 교수 길버트 라일Gilbert Ryle은 말이 되기만 한다면 거짓인 논의가 참인 논의만큼 좋을 수 있다며 신랄하게 논했다. 그렇지만 사실 라일은 하이데거의 논의에 가치가 있다고 생각했다.

말도 안 된다는 찬사 덕분에 오히려 하이데거가 이득을 본 사례가 하나 있다. 빈학파의 루돌프 카르나프Rudolph Carnap가 조롱한 하이데거의 '무無는 무화無化한다'라는 말에 관한 논의다. 도대체 어떤 의미일까? 캐럴의 '아무도'를 이용한 언어유희가 떠오를 수도 있겠다. 우리는 이상한 말을 마주할 때면 자비롭고 관대한 마음으로 의미를 탐색해야 한다. '무는 무화한다'에서 무화라는 동사는 어쩌면 주어인 무에 아무런 속성도 없고 관계도 없으므로 아무것도 논할 게 없다는 뜻일 수 있다. 그렇다면 이 주장은 모든 속성, 모든 관계, 모든 실체가 결여된 사물은 존재하지 않는다는 단순한 진리로 이해된다. 존재하지 않는 사물과 동일한 사물은 존재하지 않는다는 진리로 볼 수도 있겠다. 하지만 이 말을 한 인물은 하이데거다. 단순하고 논쟁의 여지가 없는 진리를 의도하지는 않았을 것이다.

하이데거의 글은 독일어로 읽든 번역서로 읽든 너무 모호하고 이해하기 어렵다. 그렇기에 매력적일 수도 있지만 말이다. 그 매력 요소 중 하나는 붙임표(-)를 이용해 만든 수많은 용어다. 하이데거는 왜 이런 시도를 했을까? 형이상학을 다시 시작하는 과정에서 익숙한 용어와 기존의 언어에 문제 제기가 필요한 철학적 전제들을 담았을 가능성도 있다. 물론 새로운 표현이 '이러쿵-저러쿵'처럼 일상의 언어와 연결되지 않고 둥둥 떠다녀서는 안 되겠지만, 지면상 눈에 띄는 단어를 만들면 독자의 관심을 사로잡는 데 효과적이었을 것이다. 확실히 하이데거는 붙임표를 다양한 방식으로 활용해 이목을 끄는 데 성공했다. 세계-내적-존재In-der-Welt-sein, 그-때문Um-wil-len, 죽음을-향한-존재Sein zum Tode, 눈앞의-존재Vorhandenheit, 탈-존Ek-sistence 등이 그 예시다.

1927년 출간된 하이데거의 주요 저서《존재와 시간Sein und Zeit》에 집중해 보자. 이 책은 400쪽이 넘지만 미완성으로 남았다. 하이데거조차 결국 역사적 성향이 더 짙은 다른 저작으로 향하는 디딤돌로 대하는 경향을 보였다. 이 책은 존재_Sein에 초점을 맞춘다. 하이데거는 붙임표만큼이나 대문자를 사용하는 데에도 신경을 썼는데, 비단 독일어라는 이유 때문만은 아니었다. 존재는 무엇을 가리키는 말일까? 하이데거가 말한 존재_being는 그 자체로 존재자_entity가 아니다. 어떤 면에서는 존재 덕분에 존재자가 존재자일 수 있다는 뜻이다. 여기까지만 봐도 충분히 난해하게 느껴진다. 하이데거는 존재의 양식 중 한 가지에 특히 초점을 맞췄다. 바로 그곳에 존재한다는 뜻의 현존재_Dasein다. 현존재라고 하면 일반적으로 우리 인간을 가리키는 듯하다.

현존재는 기본적으로 '존재란 무엇인가'라는 질문과 함께 논의된다. 잠깐 하이데거와 관련없이 내 생각을 말하자면 이 질문을 남모르게라도 마음속에 품은 사람이 얼마나 될지는 잘 모르겠다. 그래도 하이데거식 사고가 얼마나 모호한지 경험해 보고 싶은 독자가 있을 수도 있으니, 이제 현존재에 관한 한 가지 논의를 살펴보자.

(⋯) 존재로서의 성질이 현존재의 성질과는 다른 존재자를 주제로 삼는 존재론에서 그 존재자를 무엇이라고 생각하든, 그 존재자 나름의 기초와 동기는 현존재 나름의 존재적 구조 안에 있으며 그 안에서 존재에 대한 존재론 이전의 이해는 확정적 특질에 해당한다. (⋯) 그러므로 다른 모든 존재론의 기원이 될 수 있는 근본적 존재론은 현존재의 실존적 분석을 통해 추구해야 한다.

조금이라도 이해가 된다면 축하할 일이다. 적어도 현존재가 분명 다른 존재자들과 본질적으로 다르다는 점만큼은 분명하다. 현존재는 실존 또는 탈-존이라는 존재 양식을 취하는 반면 다른 존재자들은 눈앞에-있거나 때로는 손안에-있어서Zuhandenheit, 바로 사용할 수 있는 식으로 존재한다고 간주된다.

요컨대 우리가 일상 속에서 사용할 수 있고 사용하는 사물을 마주하며 그 사물의 존재와 우리의 존재를 구분할 수 있다는 사실을 말하려는 듯하다. 우리는 일상 속에서 어떤 사물을 물리학자가 연구하는 물리적 객체로만, 다시 말해 일시적인 것으로만 보지는 않는다. 하이데거는 독특하게도 이런 사물들을 간결하게 도구Zeug라고 칭했다. 이때 바다와 노을과 단풍나무를 실, 수도꼭지, 가위 같은 방식으로 생각하지 않도록 주의해야 한다.

많은 이가 인용하는 하이데거의 논의로는 망치 사례가 있다. 우리는 망치를 단순한 물리적 객체가 아닌 작업을 수행하기 위한 도구로 여긴다. 누군가는 망치를 들고 보관함을 뒤져 못을 꺼낼 수 있다. 그리고 못 한두 개를 입에 물고는 망치를 들고 망가진 울타리로 걸어가 손가락의 안위를 확인하며 망치질을 할 수 있다. 이때 우리는 망치, 못, 울타리와 근원적 관계에 놓인다. 다시 말하자면 그 사물들은 손안에-있다. 우리는 망치질에 몰두한 상황 그 자체다.

많은 상황에서 우리는 자각 없이 행동한다. 스스로의 움직임이나 행동을 의식하지 않는 경우는 수도 없이 떠올릴 수 있다. 자동차를

지극히 사적인 철학

운전할 때, 빨간불에서 멈춰 설 때, 깜빡이를 켤 때도 마찬가지다. 하이데거의 주장은 우리가 어떤 행동을 할 때 자신을 절대 의식하지 않는다는 뜻이 아니었다. 상황이 잘못될 때, 이를테면 못을 잃어버리거나 엄지손가락을 찧었을 때, 아이가 갑자기 차도로 뛰어드는 모습을 목격할 때면 단번에 의식이 전면에 등장한다.

하이데거가 철학이 외부 세계의 존재를 증명하지 못하는 것을 철학의 스캔들이라던 칸트의 주장에 맞서 어떻게 대응했는지를 보면 현존재에 대한 하이데거의 이해를 조금 더 분명하게 알 수 있다. 앞서 살펴봤듯 무어는 자기 손을 보여주는 식으로 대응했다. 하이데거는 망치질하는 손을 보여줬다. 그는 증명을 기대하고 반복해서 시도하는 것이야말로 철학의 스캔들이라고 했다.

칸트가 말하는 철학적 스캔들은 우리가 주체로서 객체를 대한다는 데카르트의 입장을 받아들였기 때문에 발생한다. 데카르트식 견해는 이른바 '껍데기가 벗겨진' 세계를 제시한다. 그러나 사실 우리는 세계에 깊이 내재한다. 세계-내적-존재라는 붙임표 단어에서 알 수 있다. 이 단어는 현존재의 활동과 사물의 접근성, 사물의 관련성과 위치, 사물이 현존재의 계획 속에서 손안에-있는지 여부에 따라 사물의 정의가 정해진다는 점을 짚는다.

침대는 우리에게 휴식을 선사하는 사물이다. 망치는 망치질을 선사하는 사물이고 전화기는 통화를 선사하는 사물이다. 우리는 사물의 기능적 속성에 얽힌 만큼 현존재인 타인에게도 얽매인 상태다. 외부 세계의 존재를 증명하기 위해 타인의 마음이 존재하는지를 있는 그대로 증명해야 한다는 생각 또한 칸트의 스캔들에 준하는 스캔들일 것이다.

하이데거의 논의는 철학자들이 그토록 집착하고 사랑하는 지식, 즉 무엇이 옳은지를 아는 명제적 지식이 아니라 무엇을 어떻게 하는지 아는 방법적 지식에 초점을 맞추는 논의와도 일맥상통한다. 《존재와 시간》을 비평하기도 했던 라일은 여러 글에서 방법적 지식의 중요성을 다뤘다. 또 무엇이 이렇고 저렇다를 다룬 20세기의 몇몇 분석은 방법적 지식을 안다는 것은 신빙성 있는 정보를 전할 줄 안다는 뜻이라는 해석을 제시했다.

내가 염소를 원한다면 나에게는 염소와 양을 구분할 줄 아는 자가 필요하다. 누군가가 들판에서 뛰어노는 양을 보고 저 동물이 양이라고 말할 줄 안다고 하더라도, 만약 염소를 보고도 저 동물 또한 양이라고 말한다면 그 사람은 내게 소용이 없다. 그의 양과 염소를 구별하는 재능에 신빙성이 없기 때문이다.

∽

지금까지 하이데거의 사상 중에서 이해할 수 있을 만한 몇 가지 생각을 소개했다. 부디 그랬기를 바란다. 그런데 고통스러울 만큼 난해하고 허세스럽기까지 한 하이데거의 설명을 꼭 살펴봐야 할

지극히 사적인 철학

까? 어쩌면 몇 가지 요점을 간단하게 제시했다는 사실 자체가 내가 하이데거의 사상을 전혀 이해하지 못했다는 증거일 수도 있다. 하지만 하이데거는 우리가 사물을 도구로 사용하고, 종종 어떤 행동을 하는지 의식하지 못하는 와중에 그보다 더 깊은 수준을 파고들고자 했다. 그가 공략한 철학계의 전통적 난제는 바로 내 경험과 외부 세계, 타인 사이에 놓인 관계성이다. 계속 살펴보자.

하이데거가 제시한 주요 개념 중 하나로는 놀랍게도 붙임표가 없는 염려Sorge가 있다. 현존재는 우연적인 존재자들과 다른 의미를 품는다. 사물은 우리에게 의미가 있고 우리는 사물을 염려한다. 우리 앞에는 가능성이 펼쳐져 있다. 다만 물론 그 가능성은 주변 관습과 사회적 세계, 가족과 친구, 연인, 역사, 우리의 실력과 능력 등에 의해 제한된다. 현존재는 세상에 내던져짐Geworfenheit을 당한다. 현존재의 염려는 미래, 과거, 현재라는 삼각 구조를 통해 이해해야 한다. 다만 당연하게도 하이데거는 이 시간적 구조 또한 평범한 방식으로는 이해할 수 없다고 했다.

하이데거에 따르면 현존재의 염려는 세 가지 시간적 탈자Ekstase를 바탕으로 한다. 염려는 과거, 현재, 미래의 지평으로 서로 다르게, 그러나 서로 얽힌 채 향해간다. 염려는 불안angst이라는 경험으로 드러난다. 불안은 특별히 위협될 만한 객체가 보이지 않는데도 우리 존재가 위협받는 느낌을 말한다. 불안은 우리가 어떤 활동에도 완전히 몰두하지 못할 만큼 우리를 억압할 수 있다. 세계에 소속되지 않은 듯한 느낌, 즉 섬뜩함das Unheimliche은 우리를 압도할 수 있다.

하이데거의 주장에 따르면 불안은 본래적Eigentlichkeit 존재 양식과 시간성Zeitlichkeit의 가능성을 우리에게 드러낸다. 우리는 대부분의 시간에 비본질적으로 존재하는데, 우리가 섬뜩함을 똑바로 인징하지 않고 어둑하게 바라보기 때문이다. 예컨대 우리는 잡담Gerede 에 빠져 수다를 떨고 소문을 주고받으며 피상적인 방식으로 세계를 대한다. 호기심Neugier 또한 비본질 중 하나다. 이런 관점은 앞서 아리스토텔레스가 호기심을 철학의 핵심으로 여긴 것과 대조된다. 하이데거는 호기심이란 섬뜩함에 파묻히지 않기 위해 안절부절못하며 새로움과 경쟁을 갈구하는 것으로 봤다.

또한 비본질적으로 존재한다는 것은 우리 자신을 세계의 다른 비인간적 사물에서 비롯한 방식으로 이해하는 것, 다시 말해 우리 자신을 다른 사물들 사이에 놓인 하나의 사물로 이해하는 것이라고 했다. 어떤 면에서는 인간이 존재하는 방식과 다른 사물이 존재하는 방식 사이의 근본적 차이를 제대로 인식하는 데 실패한 셈이다. 이 견해는 곧 살펴볼 사르트르의 종업원 사례에서 더 분명하게 만날 수 있다. 하이데거에 따르자면 비본질적으로 존재할 때의 나는 나의 일상에 흡수된다. 나는 존재하는 데 있어 현재에 일종의 우선순위를 부여하고, 미래를 그저 시간의 순서에 따라 찾아올 순간으로만 여긴다.

우리가 일상생활에 흡수된다는 하이데거의 특이한 견해를 어떻게 이해하든, 우리는 당연하게도 때때로 불안을 느끼며 삶의 방향성을 잃은 듯한 기분에 빠지고 절망을 드러내거나 이게 다 무엇을 위한 것이냐며 고통스럽게 울부짖기도 한다. 물론 그것이 인간의 삶에서 빼놓을 수 없는 특질인지에 관해서는 의심해 볼 여지가 있다. 어느 쪽이든 하이데거는 그 불안에 내가 나의 현재 적소성을 넘어선다는 의식이 포함된다고 설명했다. 여기서 붙임표가 들어간 단어들이 더 등장한다.

현존재가 존재한다는 것은 곁에-존재Sein-bei 함으로써 (…) 자기를-앞질러-이미-내부에-존재Sich-vorweg-schon-sein-in 한다는 뜻이다.

현존재의 기투entwerfen(미래를 기획함)를 다루려면 죽음을 생각할 수밖에 없다. 물론 하이데거는 필멸성을 논했으며 당연하다는 듯 한층 더 난해한 논의를 펼쳤다. 불안을 느낄 때 나는 세계에 흡수된 상태에서 벗어나 나의 가장 본래적인 존재 가능성인 죽음과 대면한다. 내가 인간으로 존재하는 방식이 본질적으로 늘 나 자신보다 앞서 있다. 따라서 내가 내 죽음을 생생하게 대면하는 것은 미래의 상실이기도 한 현재의 상실을 대면한다는 뜻이다. 그래서 하이데거는 "인간은 살아서 죽음을 죽는다"라고 말한다. 가능성 면에서 현존재에게 죽음은 실현될 수 없다. 하이데거의 이론에서 현존재에게 죽음은 실현될 가능성이 없다. 죽음은 무언가를 지향하며 행동하는 모든 방식을 불가능하게 하는 가능성이다. 이 진리를 이해하고 그에 걸맞게 살 수 있다면 나는 본래적으로 존재하는 것이다.

지금까지 죽음에 관한 장황한 설명이었다. 내가 본래적이려면 나는 내가 어느 시점에 이르러 죽는다는 걸 인식해야 하고, 그것도 보편적인 죽음에 대한 추상적인 인식이 아니라 내 죽음에 대해 인식해야 하는 듯하다. 그렇지만 과연 본래적이 비본래적보다 좋은지는 의문이다. 키르케고르의 서적 상인 예시를 떠올려 봐도 좋겠다.

~

어떤 이들은 하이데거가 가톨릭에서 루터교회의 극단적 형태로 개종했고, 이때 신을 관념으로 이해할 수 없다고 주장하는 부정적 신학을 받아들였다는 점이 그의 사상에 지대한 영향을 미쳤다고 본다. 하이데거는 형이상학이 현존재를 다루는 데 실패했다며 전통적인 형이상학을 불구덩이에 집어넣었다. 그렇지만 훗날 논리실증주의자들과 다수의 분석철학가가 그의 저작 또한 불구덩이에 던져 넣을 줄은 몰랐던 듯하다. 하이데거는 세상을 떠난 후에야 출간된 어느 저작에서 이렇게 썼다.

오직 신만이 우리를 구원하리라.

지극히 사적인 철학

그보다 조금 일찍 출간된《철학에의 기여(존재 사건에 대하여)Contribu-
tions to Philosophy(From Enowning)》에서는 이렇게 말했다.

이해할 수 있게 만든다는 것은 철학에게 자살이다.

하이데거가 적어도 그런 방식으로 철학의 자살에 기여하지 않았
다는 것만큼은 확실히 알겠다.

하이데거처럼 생각하고 싶다면?

묻고 싶다. '꼭 그래야만 할까?' 하지만 이렇게 묻는 것은 나의 오만일
테니 제대로 답하겠다.
인간의 실존을 이해하고 오늘날 통용되는 개념에 의문을 제기해 보
자. 붙임표를 쓴다면 더욱 좋겠다.

장 폴 사르트르

싫은 사람과 함께해야 할 때

◆

인간은 쓸데없는 수난이다.

사르트르

사르트르(1905~1980)는 의심할 여지 없는 철학자이며 철학자로서 글을 썼다. 한동안 실존주의자라는 이름표를 거부했으나 실존주의자로 여겨졌고, 오늘날 가장 유명한 실존주의 철학자로 손꼽힌다. 그의 생애와 철학, 정치와 좌파 운동, 에로티시즘은 곧 살펴볼 시몬 드 보부아르Simone de Beauvoir와 얽혀 있다.

살아생전 사르트르보다 큰 명성을 누린 철학자는 또 없을 것이다. 1960년대에 프랑스에서는 독립을 원한 알제리와 이를 막으려던 정부 사이에 전쟁이 일어났다. 사르트르는 알제리 독립을 지지하며 시민불복종을 선언했는데, 사르트르를 체포해야 한다는 지지자들의 요구에 대통령 샤를 드골은 "볼테르를 체포할 수는 없다"라는 현답을 남겼다고 한다. 18세기의 사상가 볼테르는 프랑스의 지성과 양심을 상징하는 존재다. 드골은 신념의 편에 선 사르트르를 그와 동일선상에 놓은 것이다. 사르트르는 프랑스에 혼란을 일으키면서도 프랑스의 국격을 높였다.

1964년 사르트르는 노벨상을 받았다. 정치적 이유로 수상을 거부했지만 어쨌든 상은 그에게 돌아갔다. 러셀은 그보다 앞서 노벨 문학상을 받았다(그는 수락했다). 노벨상에 철학 부문은 없다. 문학상은 소설에 큰 재능이 없던 러셀에게는 어울리지 않았을지 모르지만 위대한 소설가 사르트르에게는 매우 잘 어울리는 찬사였다.

덕분에 우리는 그의 가장 유명한 1938년 작품《구토La Nausée》의 주인공 앙투안 로캉탱의 작중 일기에서 사르트르의 실존주의를 쉽게 만나볼 수 있다. 아이리스 머독Iris Murdoch은 이 소설이 흡사 시문학이나 주문 같다고 했다.《말Les Mots》에서 사르트르는 자신이 어린 시절부터 말에 얼마나 큰 흥미를 느꼈는지 설명했다. 1943년에는 사르트르의 가장 유명한 철학 저서《존재와 무L'être et le néant》가 '현상학적 존재론에 관한 논고Essai d'ontologie phénoménologique'라는 부제와 함께 출간됐다. 곳곳에 난해한 내용이 보이지만 사르트르의 문학적 재능으로 갈고닦은 인상적인 장면도 많다.

～

사르트르처럼 생각하고 싶다면 우선 인간이 세계의 다른 모든 사물과 뚜렷하게 구별된다는 점에 주목할 필요가 있다. 어떻게 구별된다는 걸까? 차이는 인간의 무無에 있다. 무척 이상한 말처럼 들릴 것이다. 사르트르가 난해할 수 있다는 내 경고는 괜한 말이 아니다. 실제로 사르트르는 자기 뜻을 강조하기 위해 몇 가지 표현을 만들어 냈다. 다행히 하이데거에게 영향받았다고 자처한 사람치고는 그만큼 머릿속이 복잡해지는 말을 만들지 않았다. 여기서도 하이

지극히 사적인 철학

데거와 현존재의 분투를 둘러싼 난해를 각오할 필요는 없다.

사르트르는 즉자존재$_{être-en-soi}$와 대자존재$_{être-pour-soi}$를 구분했다. 역설적으로 말하면 대자존재에는 즉자존재에게는 없는 '무'가 있다. 여기서 무는 의식이다. 인간은 대자존재고 시체와 바위, 나무 등은 그 자체로 존재하는 즉자존재다. 인간의 중심을 이루는 무는 인간의 자유에 대한 사르트르의 확언과도 연결된다. 더 자세히 알아보기 위해 하이데거에게서 유래한 사르트르의 표어, '실존은 본질에 앞선다'에 주목해 보자.

종이칼과 책(사르트르의 관심사를 엿볼 수 있는 대목이다)의 경우에는 본질이 실존에 앞선다. 목적을 염두에 두고 설계된 사물이기 때문이다. 종교를 믿는 이들은 신이 모종의 기능을 위해 인간을 만들었다고 주장할 수도 있다. 아리스토텔레스처럼 인간의 본질이 말이나 나무의 본질과는 다르다고 생각하는 철학자도 있었다.

사르트르는 그렇게 생각하지 않았다. 더 신중하게 해석하면 사르트르는 인간의 본질이 없다고 논했다. 우리에게 뇌와 심장, 신장이 없다는 주장이 아니다. 사르트르는 우리 의식이 무 그 자체이자 순수한 반추라는 데서 다른 사물과 구분된다고 했다. 반추는 우리에게 마치 벌레처럼 존재의 심장에 똬리를 튼 무를 보여준다. 매번 그토록 시적인 표현을 쓰지 않더라도 마찬가지다.

우리는 무에서 벗어날 수 없다. 안위를 구하기 위해 세계에 의지하려 해도 그곳에는 우연밖에 없기 때문이다.《구토》에서 앙투안은 사물의 순전한 존재, 우연히 존재하는 사물들의 신비와 부조리를 보고 겁에 질린다. 앙투안은 이렇게 썼다.

> 방금 나는 공원에 있었다. 벤치 바로 아래로는 밤나무 뿌리가 땅을 파고 들고 있었다. 그게 뿌리였는지 더는 기억나지 않는다. 말이 자취를 감추면서 사물의 의미도 함께 사라졌다. (…) 홀로 앉아 몸을 내밀고 고개 숙인 내 앞의 이 시커멓고 옹이 진 덩어리가 완전히 야만적이어서 겁이 났다. (…) 그렇지만 나는 이 마지막 며칠이 있기 전까지 존재의 의미를 이해해 본 적이 없었다.

앙투안은 뿌리와 공원 입구, 벤치, 드문드문 난 잔디와 그 모든 게 사라지고 없다는 것을 발견했다. 사물의 다양성은 존재하지 않고 그저 부드럽고 괴물 같은 덩어리가 통째로 혼돈 속에서 벌거벗은 채로, 끔찍하고 외설스럽게 벌거벗은 채로 있을 뿐이었다. 문학 속의 이 무시무시한 광경은 우리의 질서정연한 개념 체계가 자리하기 전까지 우리 주변의 세계가 얼마나 이상한지를 역설한다.

물리적 세계와의 소외를 차치하더라도 우리의 의식, 무는 우리가 자유를 선고받았다는 점을 일러준다. 우리가 결코 선택의 책임에서 벗어날 수 없다는 뜻이다. 우리는 주변의 무언가에 의지해 구원을 얻을 수 없다. 그렇다면 이 선고를 어떻게 이해해야 할까?

첫째, 사르트르는 인간이 아무런 도움 없이 달까지 날아갈 수 있다거나 죄수들을 감옥에서 풀어줘야 한다거나 하반신이 마비된 사람이 자유롭게 걸을 수 있다고 주장하지 않았다. 이런 사례들은 실질적 자유가 없는 경우다. 우리는 매일매일 원하는 바를 얻지 못하는, 다시 말해 실질적 자유가 없는 평범한 날들을 살고 있다.

둘째, 사르트르의 확언은 우리 의식을 통해 드러나는 절대적 자유에 대한 말이다. 이는 우리가 우리의 상황에 어떻게 대처할지 적어도 선택할 수는 있는 자유다. 죄수는 선택에 따라 탈옥을 시도하거나 자기가 오히려 피해자라고 생각하거나 벌을 받아 마땅하다고 생각할 수 있다. 또 회개를 택하거나 반란을 택할 수도 있다. 인간이 날지 못한다는 걸 두고 재앙이라고 생각하는 편을 택할 수도, 아무런 상관도 없다는 생각을 택할 수도 있다.

사르트르는 "나는 불구자로서의 나 자신을 선택하지 않고는 불구가 될 수 없다"라고 말했다. 나에게는 내 장애를 어떻게 바라볼지 선택할 자유가 있다. 장애를 참을 수 없다고 여기거나 수치스럽다, 숨겨야 한다, 드러내야 한다, 변명으로 이용해야겠다, 역경을 딛고 무엇을 할 수 있는지 보여줘야겠다고 여길 수 있다. 사실성이 내 상황을 고정하지만 대자존재로서 나는 언제나 그 사실성을 어떻게 다룰 것인지 물을 수 있다. 초월은 가능하다.

물론 우리는 사르트르의 사고에 반기를 들 수 있다. 내 신경학적 상태와 내가 받은 교육, 주변 환경 등이 서로 얽히고설켜 내가 사물을 어떤 방식으로 보는지, 나 자신을 피해자로 여기거나 자랑스러운 전사로 여길지를 결정한다고 보는 편이 옳지 않을까? 이처럼 인과관계를 바탕으로 세계가 결정된다거나 같은 맥락에서 세계가 무작위로 결정된다 해도, 사르트르는 여전히 내가 무엇을 할지와 사물을 어떻게 바라볼지 선택해야 한다고 올바르게 지적했을 것이다.

모든 사건이 자연법칙에 따라 필연적으로 발생한다는 인과적 결정론의 세계는 내 척추가 부러진 정당한 이유를 알려주지 않는다. 여전히 나는 빨간색 옷을 입을지 파란색 옷을 입을지 결정해야 한다. 결정론적 세계는 내게 그런 선택에서 벗어날 자유를 주지 않는다. 우리의 자유는 분노와 공포를 낳고 그 분노와 공포는 대개 실존주의와 관련된다. 흔히 사용하는 회피 수단으로는 자기기만이 있다. 사르트르는 어떤 이들은 더는 자유도 없고 선택의 책임도 없는 사물이 되기를 자처할 수 있다는 점을 어느 멋진 이야기를 통해 효과적으로 전한다.

이제 수많은 논의의 주제가 된 어느 종업원의 이야기를 살펴보자. 어쩌면 사르트르는 보부아르와 함께 프랑스 파리 생제르망의 카페 레뒤마고와 카페드플로르를 자기 집처럼 드나드는 동안 이 이야기의 영감을 얻었을지도 모르겠다.

그는 너무 빠르게 미리미리 움직인다. 너무 정확했고, 조금은 너무 급했다. 그는 다소 너무 빠른 걸음으로 손님에게 다가간다. 다소 과하게 열정적으로 손님에게 몸을 기울인다. 그의 목소리와 눈빛에는 손님의 주문에 대해 다소 과하게 꼼꼼한 관심이 묻어난다.

사르트르는 이것이 나쁜 믿음이라고 봤다. 다만 사르트르가 '나쁘다'라는 가치평가의 근거를 어디에 두었는지는 논의의 여지가 있다. 어쨌든 대자존재인 이 종업원은 즉자존재, 즉 카페-종업원-객체로서의 자신을 지키려 애쓰고 있다. 그가 담당한 기능이 그의 존재를 결정한다.

마침내 그가 일종의 자동인형처럼 경직되고 뻣뻣한 자기 걸음걸이를 흉내 내려 애쓰며 쟁반을 들고 마치 줄을 타는 사람처럼 영원히 불안정하고 영구적으로 깨진 평형 속으로 무모하게 돌아오며 팔과 손을 가볍게 움직여 그 평형을 영원히 재정립한다.

사르트르는 그가 새벽에 일어나는 데에는 아무런 자유선택이 개입하지 않았고 종업원으로서의 권리와 의무에 가치를 두는 데에도 아무런 자유선택이 개입하지 않은 것 같다고 했다. 물론 종업원은 그 순간 외교관이나 농부가 확실히 아니라는 의미에서 종업원으로 존재한다. 사르트르의 역설적인 용어로 표현하자면 그는 즉자존재의 양태를 취하는 종업원이 아니라 그가 아닌 뭔가의 양태를 취하는 종업원이다. 그래서 사르트르는 "우리는 우리가 아닌 무언가이며 우리인 무언가가 아니다"라고 말한다.

종업원을 관찰하는 우리는 그의 행동을 놀이로 여길 수 있지만 대개는 이에 가담하는 공모자가 된다. 나쁜 믿음 속에서 우리는 손님인 우리 자신과 종업원인 그를 구체화한다. 사르트르는 우리가 다른 사회적 역할에서도 자유선택을 마주할 때의 불안을 회피하기 위해 자기기만 속으로 걸어 들어간다고 했다. 식료품점 주인, 재단사, 경매인은 자신이 다른 무엇도 아닌 식료품점 주인, 재단사, 경매인에 불과하다는 것을 각자의 고객에게 설득하려 애쓰며 춤을 춘다. 실제로 사르트르는 꿈을 꾸는 식료품점 주인은 완전한 식료품점 주인이 아니므로 손님에게 불쾌감을 준다고 했다.

사르트르의 견해를 마르크스의 견해와 연결해 볼 수도 있겠다. 다만 마르크스는 아리스토텔레스처럼 유적 본질을 가진 인간에게 관심을 뒀다. 앞서 살펴봤듯 마르크스는 인간이 사냥꾼이나 비판가가 되지 않더라도 아침에 사냥하고 저녁 식사 후에는 비판할 수 있도록 자유로워져야 한다고 했다. 물론 사르트르의 종업원은 나쁜 믿음에 따라 행동하지 않아도 된다. 종업원은 의식적으로 자신의 행동을 놀이라 여길 수 있고 우리도 의식적으로 식당에서 놀고 있다고 여길 수 있다. 그와 우리가 아이러니하게 행동하는 것일 수도 있다는 뜻이다.

《구토》에서 앙투안은 자신을 둘러싼 나쁜 믿음에 이끌리지 않을 수 없었다. 예컨대 그는 일요일 아침 시간을 보내기 위해 투르느브리드거리를 거닐며 바보처럼 모자를 들어 올리고 한가로이 잡담을 나누는 사람들의 의례를 지켜봤다.

> 모자들, 모자들의 바다가 보인다. 모자들은 대체로 검은색이고 단단하다. 때때로 모자가 어느 팔 끝에 매달려 날아가며 머리통의 희미한 빛을 드러내는 게 보인다. (…)
> "좋은 아침입니다, 무슈."
> "좋은 아침입니다, 친애하는 경. 어떻게 지내고 계세요?"
> "다시 모자를 쓰시지요, 무슈. 그러다 감기에 걸리시겠어요."

사르트르가 분투한 한 가지 흥미로운 주제는 나와 타인의 상호작용, 앞서 《구토》의 앙투안이 본 밤나무와 반대되는 대타존재être-pour-autrui다. 사르트르는 우리가 일순간 타인의 시선을 의식할 수 있다며 지각에 관한 탁월한 통찰을 선보였다. 타인의 시선은 나를 사로잡고 내가 나를 의식하게 만든다. 예컨대 내가 열쇠 구멍을 통해 나를 바라보는 듯 수치스러운 기분이 들 수도 있다.

나는 대타존재이며 타인은 내 정체에 관한 비밀을 알고 있다. 내가 내 주체성을 이해하려면 타인의 주체성을 가져야 한다. 하지만 만약 그렇게 한다면 나는 타인을 흡수하고 타인을 마치 나라는 주체를 위한 객체처럼 다루게 된다. 또 나는 타인의 주체성을 이해하려는 타인의 시도로 인해 객체처럼 다뤄진다. 그러므로 충돌을 피할 수 없다. 그래서 사르트르는 말한다. "지옥은 타인이다"라고.

사르트르는 그 충돌을 어떻게 이해해야 하는가에 대해서는 다소 모호하게 마무리했다. 하지만 성적 관계와 육체적 문제를 다룰 때는 선명하게 의견을 밝혔다. 그는 점잖았던 이전 세대 대부분의 철학자와 달랐다.

나는 내 나신으로 타인을 매혹하고 그녀에게 내 육체를 향한 욕망을 불러일으키기 위해 육체이기를 자처한다. 그 욕망이야말로 타인에게는 다른 무엇도 아닌 내 육체와 비슷한 체화일 테니 말이다. 그러므로 욕망은 욕망을 부르는 초대다. 오직 나의 육체만이 타인의 육체에 이르는 길을 찾을 줄 안다. 나는 그녀에게 육체의 의미를 일깨워 주기 위해 그녀의 육체 옆에 내 육체를 뉘인다. (…) 바로 이 순간 욕망의 교감이 실현된다. 각 의식은 자기 체화를 통해 타인의 체화를 실현한다. 각자의 동요는 타인의 동요에서 비롯하며 그렇기에 한층 풍성해진다.

사르트르는 성적 욕망의 본질이 역설적이라고 봤다. 나는 타인이 자유로이 나를 욕망하기를 욕망한다. 하지만 동시에 나는 그녀 또는 그를 내가 소유할 객체이자 자유 없는 객체로 대상화한다.

~

사르트르는 《존재와 무》 출간 직후 대규모 청중 앞에서 실존주의

지극히 사적인 철학

와 휴머니즘을 연결하는 대중 강연을 진행했다. 그는 우리가 우리의 가치와 의미를 선택해야만 한다고 강조했다. 그러면서 1940년대 독일 치하의 파리에 살았던 어느 학생 이야기를 들려줬다. 학생은 파리에서 탈출해 잉글랜드로 가 자유프랑스군에 입대하는 선택지, 파리에 남아 어머니를 돌보는 선택지를 두고 고뇌했다. 어머니는 큰 아들이 살해당한 이후로 절망에 빠진 상태였다. 학생은 어머니에게 마음이 쓰였으나 형을 위해 복수하고 싶었다.

저마다 학생에게 다른 조언을 해줄 수 있겠지만 모두가 같은 조언을 해준다 해도 학생은 여전히 스스로 어떻게 할 것인지 결정해야 한다. 사르트르는 학생에게 이렇게 말했다.

너는 자유롭다. 그러니 선택하라. 다시 말하자면 창조하라.

학생은 동전을 던져서 선택할 수도 있다. 하지만 그런 방식은 문제를 사소하게 취급하는 것 같고 아무렇게나 선택을 내리겠다는 모양새로 보인다. 그저 선택하라고 강조했다는 데서 이성이 끼어들 여지가 없다는 것처럼 들릴 수도 있다. 하지만 선택지를 반추해 보면 어떤 결과가 따를지를 밝히는 데, 여러 행동을 새로운 관점으로 바라보는 데 도움이 된다. 학생이 반추하고 논의하고 자기 마음을 헤아려 본다면 일순간 어머니 곁의 자신이, 또는 친구들의 조롱을 두려워하는 자신이 겁쟁이처럼 보일 수도 있다. 반대로 스스로를 끌어

올리고 그런 비난에 용기 있게 맞설 수도 있다.

사르트르는 그보다 앞선 키르케고르나 니체와 마찬가지로 우리가 자신을 바라보는 불안, 실로 자기 자신을 평가하는 불안에 맞서야 한다며 등을 띠민다. 키르케고르의 아브라함 이야기를 다시 떠올려 보자. 아브라함은 자기 아들을 희생시키라는 천사의 목소리를 들었다. 사르트르는 우리가 저항하기를 택할 수 있다고 지적했다. 그게 정말 천사의 목소리일지 의심해 볼 수도 있고 천사의 목소리라고 인정하더라도 신에게 맞서기를 택할 수도 있다.

가치가 우리 선택에 달려 있음을 우리가 이해한다면 이제 사르트르는 그 버림의 상태에서 우리가 오직 한 가지만을 소망할 수 있다고 논했다. 바로 모든 가치의 기초인 자유다. 이 견해를 바탕으로 사르트르는 '내가 모든 인류를 위해 자유를 가치 있게 여긴다'는 흥미로운 결론에 다다른다. 하지만 훗날 그도 평했듯 이런 보편화가 그의 나머지 실존주의 논의에 딱 들어맞지는 않는다. 내가 내 자유의 가치를 인정한다는 것이 타인이 그들의 자유를 가치 있게 여길 수 있음을 내가 인정해야 한다는 뜻이라고 해도, 과연 내가 호혜적 자유를 가치 있게 여기고 타인의 자유를 존중해야 할까?

결국 타인의 역할이 무엇보다도 중요하다. 사르트르는 우리가 죽고 나면 산 자들의 먹잇감이 된다고 했다. 죽은 나에게는 더는 나를 정정할 자유가 없다. 이 실존주의적 불행은 불능 중 하나다. 사르트르의 탄생 100주년을 기념해 파리에서 성대한 행사가 열렸을 때,

사진 속 사르트르는 먹잇감이 되어 그의 끝없는 흡연을 가리기 위한 리터칭을 당했다. 죽음은 타인에게 유리한 방식으로 나를 내 삶에서 완전히 소외시킨다.

사르트르는 무에 관해 이보다 훨씬 더 많은 논의를 남겼다. 멋진 유머가 담긴 이야기로 이 주제를 마무리해 보겠다. 캐럴이 들려준 하얀 왕과 아무도의 이야기, 비트겐슈타인과 러셀의 방 안에 없는 하마 논쟁을 연상시키는 이야기다.

레뒤마고에서 종업원 한 명이 사르트르에게 다가갔다.

"음료는 무엇으로 드릴까요, 무슈 사르트르?"

종업원이 물었다.

"커피 주세요. 설탕은 넣고 크림은 없이요."

몇 분 후 종업원이 다소 걱정스러운 표정으로 돌아왔다.

"정말 죄송합니다, 무슈. 크림이 다 떨어졌어요. 우유 없이는 어떠신가요?"

사르트르처럼 생각하고 싶다면?

존재와 무를 놀랍게 여기고 나의 자유와 타인의 시선에 맞서자.

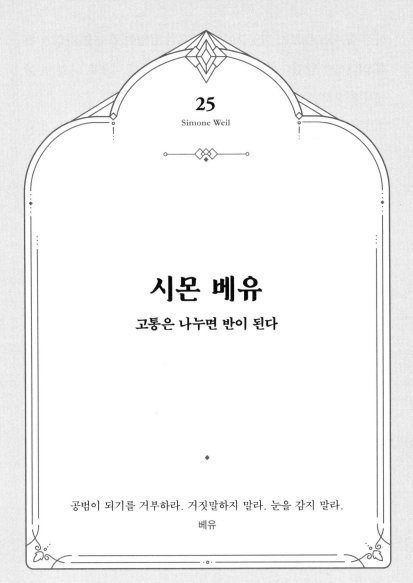

시몬 베유

고통은 나누면 반이 된다

◆

공범이 되기를 거부하라. 거짓말하지 말라. 눈을 감지 말라.

베유

1951년, 소설 《페스트La Peste》와 실존주의적 낯섦 논의로 유명한 프랑스의 작가이자 노벨상 수상자인 카뮈는 이 인물의 어머니에게 보내는 편지에서 찬사를 쏟아냈다.

지금 생각해 보건대 시몬 베유는 우리 시대 유일의 위대한 정신입니다. 이를 아는 자들이 그녀의 압도적인 증언을 전용하려 들지 않을 만큼 겸손하기를 바랍니다.

카뮈는 이렇게 덧붙였다.

저로서는 우리가 아직 어떤 영향을 미칠지 헤아려 본 적 없는 그녀의 저작을 제가 이 자리에서 제가 가진 보잘것없는 수단을 다해 알리고 전파했다는 말을 들을 수 있다면 그것으로 만족스러울 것입니다.

사실 베유는 카뮈가 이 편지를 쓰기 8년 전에 30대의 젊은 나이에 세상을 떠났는데, 철학계에는 그녀의 죽음이 거의 알려지지 않은 상태였다. 런던에 살던 베유는 사실상 굶어 죽었다. 그녀는 인간이라면 마땅히 그래야 한다고 생각한 바대로 타인의 방대한 고통을 의식하는 삶을 살았다. 그녀의 철학적 사고는 그녀의 삶과 바짝 붙은 채 서로 깊이 엮여 있다. 잠시 그 배경을 살펴보자.

~

파리의 무신론자이자 유복한 전문직 유대인 가정에서 태어난 베유는 고대 그리스 문화를 흠모했으며 이후에는 가톨릭 교리에 지대한 관심을 보였다. 독실한 기독교인이 된 그녀는 유대교와 히브리 문화를 적극적으로 거부했다. 프랑스 철학자이자 뛰어난 비평가였던 조지 스타이너George Steiner가 베유를 두고 "유대인 자기혐오의 성가신 역사를 통틀어 무지와 편협이 두드러진 가장 추한 사례 중 하나다"라고 했을 정도로 말이다. 한 사람의 일생을 두고 이토록 극명하게 평이 갈리는 것을 보니 죽으면 타인의 먹잇감이 된다는 사르트르의 말이 떠오른다. 우리 삶은 결국 타인이 해석할 대상이 된다.

베유가 눈에 띄는 기인이었다는 데에는 의심할 여지가 없다. 그녀는 여러 공포증과 질병에 시달렸고 몸이 불편했으며 누군가가 자신에게 손대는 것을 극도로 싫어했다. 그녀보다 몇 살 많았던 오빠는 걸출한 수학자였다. 그에 대한 대응이었는지 부모의 무신경한 말 때문이었는지는 몰라도 베유는 집에 보내는 편지의 끝에 "당신의 아들, 시몬"이라고 서명했다.

지극히 사적인 철학

파리에서 대학을 졸업한 베유는 철학을 가르치는 일 외에도 다양한 막노동에 뛰어들어 농장과 공장에서 일했다. 그녀는 동료 인간의 고통과 피로를 이해하기 위해 육체노동을 고집했다. 하지만 원체 병약했고 시력도 나빴으며, 성격도 불안정해 육체노동을 잘하거나 오래 하지 못했다. 병이 나거나 해고당하기 일쑤였다. 베유는 가난하게 살았다. 음식을 거의 먹지 않았지만 많은 돈이 필요했던 것만큼은 분명해 보인다. 그녀의 가족이 자주 남몰래 금전적으로 도와주곤 했다.

베유는 1930년대 스페인 내전 당시 무정부주의자 투쟁에 가담했다. 물론 이 투쟁은 잘 풀리지 않았다. 베유는 이탈리아로 여행을 떠나 오페라에 심취했고(여기서는 일이 더 잘 풀렸던 게 분명하다) 이후 프랑스로 돌아왔다. 유대인 탄압이 더 심해지자 1942년에는 마지못해 부모님과 뉴욕으로 향했다. 이후 여행을 떠날 여건이 되자 영국으로 거처를 옮겼고 런던에서 자유프랑스운동에 가담했다.

베유는 점령 프랑스에서 레지스탕스와 함께 싸우겠다는 야심을 위해 살았다. 건강이나 신체 능력이 좋지 않은 데다 유대인이었다는 점에서 실로 헛된 포부였다. 혹시 신을 시험하고자 죽음을 바랐던 걸까? 곧 만나볼 비트겐슈타인은 자신이 살아남을 운명인지 알아보기 위해 제1차 세계대전 당시 자원해 이탈리아 최전선에서 복무했다. 어쨌든 베유의 생애를 짧게 요약하자면, 그녀는 그토록 구원자가 되고 싶어 했으나 종종 구원받아야 할 처지에 놓였다.

베유의 사상은 수많은 글과 편지, 노트, 격언, 비망록 등에서 볼수 있는데 그중 대부분은 그녀가 세상을 떠난 지 수년 후에야 출간됐다. 그녀의 사상은 갈수록 종교적 헌신으로 물들었으며 기독교와 신의 은총, 예수 그리스도를 언급하기 시작했다. 베유의 초기 논의는 데카르트의 이원론이라는 틀 안에서 인간이 객체로서의 생물학적 지위를 가지면서도 주관적 관점을 견지할 수 있다는 것을 어떻게 이해해야 할지 탐구했다. 그런데 이후에는 인간 대다수를 괴롭히는 곤경과 고통, 자유의 상실, 그리고 자기 자신을 통제하는 자율성의 상실에 점점 더 많은 관심을 뒀다.

베유는 물리적 장애물과 타인이 가하는 제약을 뚜렷하게 구분했다. 그녀는 우리가 행인을 위해 길을 비켜주는 것과 광고판을 피해비켜서는 것은 같지 않다고 올바르게 지적했다. 행인에게는 존중을 보인 것이지만 광고판에는 존중을 보인 것이 아니다. 우리는 방 안에 혼자 있을 때도 일어나고 걷고 앉는다. 하지만 손님이 있을 때는 상당히 다른 방식으로 일어나고 걷고 앉는다. 칸트가 말년에 병마에 시달리면서도 의사에게 인사하기 위해 자리에서 일어난 것을 떠올려 보자. 타인은 우리의 요구를 거절할 힘이 있지만 열쇠는 자물쇠를 열지 않겠다고 거절할 힘이 없다. 우리는 타인에게는 동의를 구해야 하지만 바위에게 동의를 구하지는 않는다.

지극히 사적인 철학

인간이 자유를 누리려면 사람들에게 공동의 목표가 필요하다. 공동의 목표를 가진 집단 속에서 사람들은 타인으로부터 자유로워진다. 우리는 은행털이나 유럽 여행을 계획할 수도 있고 더 나은 근무 조건을 위한 파업을 계획할 수도 있다. 사회의 구성원은 서로 이질적이며 모두가 합의해야 하기에 공동의 목적을 가지기가 어렵다. 그래서 사회에서는 부당함이 생기기 쉽다. 정의가 뭔지 파악하고 제대로 이해하는 것, 그것이 베유의 주된 관심사 중 하나였다.

오늘날 정의는 대개 특정 사회 또는 여러 사회에 걸쳐 인간이 권리를 가지고 그 권리를 존중받는다는 의미로 논의된다. 그러나 베유는 정의를 권리 존중 정도로 축소할 수 없는 더 귀중하고 깊은 개념으로 보고 옹호했다. 베유는 왜 그런 축소를 거부했을까? 간단하게 답하자면 우리 권리를 주장하지 않는 것이 얼마든지 옳은 일일 수 있다는 것을 인식하기 때문이었다.

미국의 철학자 주디스 자비스 톰슨Judith Jarvis Thomson이 1970년에 펴낸 매우 영향력 있는 논문에서도 같은 생각을 찾아볼 수 있다. 그가 제시한 사고실험은 낙태의 도덕성 문제를 절대 흑백논리로 따질 수 없음을 보여준다.

어느 여자가 병원에서 깨어나보니 남자 한 명(바이올린 연주자라고 한다)이 그녀의 동의 없이 그녀의 핏줄에 연결된 채 생명을 유지하고 있었다. 그녀에게는 연결선을 뽑아내고 남자가 죽게 둘 권리가 있다. 하지만 일주일 정도만 도와주면 남자가 살 수 있다고 했을 때, 바로 연결선을 뽑아낸다면 이는 옳지 않은 일일 것이다. 옳은 일, 도덕적으로 고결한 일은 친절과 용기를 보여주는 것일 테니 말이다.

여기에서는 친절과 용기라는 아리스토텔레스식 덕목이 자기 신체에 대한 권리와 경합한다. 일주일 정도 불편을 감수하고 한 사람의 목숨을 구할 수 있다면 결단을 내릴 수 있겠지만 만약 10년을 견뎌야 한다면 어떨까? 태아에게 생명권이 있다면 그 생명권은 동의의 요건과 원치 않는 임신을 계속하는 고통을 압도할까? 정의로운 답변은 그게 무엇이든 권리보다 더 깊은 층위를 파고든다.

베유는 정의가 권리 보호에 불과하다는 주장이 정의를 계약과 무역 협정으로 전락시킨다고 답했다. 20세기 말의 영향력 있는 정치철학자 존 롤스John Rawls는 1971년 저서 《정의론A Theory of Justice》에 사익을 추구하는 합리적 행위자가 등장하는 그림을 그렸다. 이 행위자는 타인의 존재와 그에 따른 갈등의 발생 가능성을 인식한다.

이때 정의란 사람들이 협상을 통해 각자의 이익을 타협하는 데서 비롯한다. 플라톤이 논한 집단적 동물은 협상을 통해 이견을 해소하고 여러 권리를 인정하는 데서 탄생한다. 물론 폭력에 의존하는 방법보다야 훨씬 낫지만 과연 이것이 인간이 관계를 맺는 가장 좋은 방법일까? 직장에서 직원들이 사용자에게 임금 인상과 근무 환경 개선을 요구하고 있다고 해보자. 마치 이런 상황이다.

악마가 어느 가엾고 불행한 자의 영혼을 두고 흥정을 벌이고 있었다. 그때 누군가가 동정심에 나서서 악마에게 말했다.

"그렇게 낮은 값을 부르다니 괘씸하구나. 그 상품은 적어도 두 배는 더 쳐줘야지."

권리에 의존하다 보면 사람을 상품으로 대할 우려가 있다. 그렇다. 베유는 카를 마르크스의 영향을 받았다. 흥정은 정의의 올바른 이해를 격하시킨다.

베유에 따르면 농부는 적절한 가격이 되기 전까지 달걀을 팔지 않을 권리가 있다고 주장하며 달걀 판매를 거부할 수 있다. 반면 사창가로 끌려가는 어린 소녀는 제 권리를 논하지 않을 것이다. 오히려 소녀가 자신의 권리를 언급하면 사람들은 그 말이 어리석고 부적절하다고 느낄 것이다. 베유는 우리가 그 소녀를 두고 마음속 깊은 곳에서부터 저항하며 울부짖는 편이 옳겠지만 실제로는 그저 새된 잔소리처럼 주장과 맞주장을 주고받을 뿐이라고 했다.

더 깊이 파고들어 볼 수도 있다. 달걀 파는 농부가 굶주림에 시달리는 소녀를 마주했다고 해보자. 소녀에게는 달걀을 살 푼돈조차 없다. 이때 우리는 농부가 소녀에게 달걀을 팔지 않고 오히려 선물로 주는 편이 옳겠다고 생각해 볼 여유를 가져야 한다.

베유는 정의를 초자연적 덕목으로 봤다. 가치 있는 관계는 이기적인 협상과 욕구, 욕망 따위를 바탕으로 두지 않는다. 베유는 그리스의 역사가 투키디데스Thucydides가 전한 펠로폰네소스전쟁 속 협상 이야기를 중요하게 다뤘다. 강력한 아테네의 지도자들은 멜로스인들에게 복종을 요구한다. 강자 통치가 자연법칙이기 때문이다. 멜로스인이 이를 거부하자 아테네인은 멜로스를 격파했으며, 남자는 모조리 죽이고 여자와 어린아이들은 노예로 만들었다. 아테네인은 이것이 기계적 필연이자 자연스러운 필연이라고 주장했다.

베유는 이 주장에 반대하며 "인간은 순수한 관용을 바탕으로 견뎌낼 것이다. 다만 그런 경우가 드물 수는 있다"라고 말했다. 우리는 종종 계획을 한계까지 밀어붙이지 않는 편을 택한다. 때로는 어떤 이가 충분히 할 수 있지만 하면 안 될 일을 하려고 할 때 그럴 수는 없다고 말한다. 정의는 스스로 필연을 만들어 낼 수 있는 듯싶다. 베유에게 이는 설명이 필요한 요소가 아니었다. 신성, 참된 믿음의 역할, 초자연을 인정하는 데서 오는 자연스러운 깨달음이었다. 그래서 베유는 초자연이란 인간과 동물의 행동을 가르는 차이점이라고 말했다.

이때 헤아릴 수 없이 작은 무언가가 그 차이일 수도 있다. 베유는 이 논의를 〈마태복음〉 17장 20절에 나온 예수의 말과 연결한다.

만일 너희에게 겨자씨 한 톨만큼 작은 믿음이라도 있다면, 저 산에게 여기에서 저기로 움직이라 이르되 산이 움직일 것이니 너희가 못할 일이 없으리라.

정의라는 초자연적 덕목은 어떤 불공평한 관계에서 어느 한쪽이 더 강할 때 마치 평등한 것처럼 행동하는 것으로 구성된다. 정의로운 행동을 하는 이유는 오직 그 행동이 정의롭기 때문이다. 물론 잔인한 자들이 이 말에서 조금이라도 무게를 느끼고 잔혹 행위를 그만둘지, 자신의 잔인하고 이기적이며 정의를 무시하는 행동을 잠시나마 돌아보기나 할지는 의심해 볼 필요가 있다.

'우리는 왜 더 깊은 의미에서 정의롭게 살아야 할까?'에 대한 경험적 설명을 찾을 수 없다는 것은 베유에게 우리가 이기적인 계획에서 벗어나려면 이 세계를 초월한 무언가가 필요하다는 뜻이었다. 우리는 이 세계를 초월하는 미美, 진眞, 선善을 인식하고 세속적 세계를 새로운 시각으로 바라볼 수 있어야 한다. 베유는 세속적인 것은 영적인 것의 기준이라고 말하며 미, 진, 선을 따를 때 변화를 기다리지 않아야 한다고 촉구했다.

숲의 자연스러운 아름다움을 따를 때 우리는 고속도로를 건설하기 위해 숲을 베면 안 된다고 생각한다. 물론 그 아름다움에 닿기 위해 이미 다른 아름다운 영역을 짓밟고 들어선 고속도로에 의존했다는 사실은 쉽게 간과하지만 말이다. '진리를 따른다'는 '증거를 조작하지 않는다'는 뜻이다. 그렇다면 '선을 따른다'는 어떤 의미일까? 그런 태도 자체가 변해서는 안 된다는 뜻일 수도 있고 다른 의미일 수도 있다. 베유의 생각은 알면 알수록 난해하다.

정의, 진리와 아름다움은 우주의 비인간적이고 신성한 질서가 우리 세계에 드러나는 영상이다. 죽음이라는 사실을 받아들이는 인간에게 그보다 질 낮은 무언가는 영감으로서 아무런 가치도 없다.

비인간적인 질서를 추구했다는 점은 베유가 자선은 차별하지 않는다고 믿었다는 점과도 일맥상통한다. 다만 그 무차별이 친구와 연인, 가족을 우선하는 가치와 어떻게 관련되는지는 알기 어렵다.

~

보부아르는 베유가 세상을 먹여 살리고 싶어 했다고 말했다. 보부아르가 "인간의 목적은 존재의 의미를 찾는 것이죠"라고 말하자 베유가 "당신이 한 번도 굶어본 적 없다는 걸 잘 알겠군요"고 답했다는 유명한 일화가 있다. 나중에 살펴볼 머독이 음식과 보금자리를 가장 강조했다는 점은 베유의 답변과 일맥상통한다.

베유의 생각과 감정은 수많은 사회개혁, 이른바 좌파 또는 노동조합운동과 결을 같이한다. 베유는 대중에 흡수되고 싶어 했으나 두드러질 수밖에 없었다. 사람들이 유복한 집에서 태어난 지적인 여성인 그녀가 공장 바닥이나 고기잡이배에서 생활하는 자신들과 동일시 여기려는 시도를 늘 환영하지는 않았기 때문이다. 베유는 평생에 걸쳐 연대를 이해하려 했지만 그 시도로 명을 한참이나 재촉하고 말았다. 베유는 너무나 거대한 고통을 뜻하는 환난_{affliction}이라는 개념을 도입했다.

(환난에서는) 내가 통제할 수 없는 상황의 농간으로 내가 가진 모든 것을 잃을 수 있고, 심지어는 내가 너무나 긴밀하게 쥐어 나 자신이나 다름없는 것까지도 잃을 수 있다는 생각이 든다. 내가 잃지 못할 것은 아무것도 없다. 환난은 언제든지 내가 누구인지를 밀어버리고 가장 더럽고 비열한 종류의 무언가로 대신할 수 있다.

베유는 환난 속에서는 일종의 공포가 온 영혼을 잠식하며, 신체적 고통과 영혼의 고뇌, 사회적 박탈이 동시에 찾아온다고 했다. 영혼의 한가운데에 못이 박힌다. 베유는 고통이 그토록 거대할 수 있으며, 환난을 통해 우리가 무존재와 극단적이고 완전한 굴욕을 경험하지만 그것이야말로 진리를 향해가는 조건임을 이해하기 바랐다. 실제로 베유는 《신을 기다리며_{Attente de Dieu}》에서 하나님의 사랑에 대한 확신까지 흔들릴 수 있다고 했다.

나는 다른 이들만큼 내게 무관심하고 내가 잘 알지 못하는 사람들의 환난을 접한다. 더구나 그중에는 가장 멀리 떨어진 고대의 이들도 있다. 그렇게 접할 때면 너무나 지독한 고통이 찾아와 내 영혼을 갈가리 찢어놓으니 하나님이 우리를 사랑하실 리가 거의 없다는 생각까지 든다. 조금만 더 나아가면 그럴 리가 아예 없으리라는 생각이 들 것 같아 나 자신이 불편할 정도다.

그녀는 "그리스도가 예루살렘의 끔찍한 파멸을 예견하고 눈물을 흘리셨다는 점을 기억하며"라고 적으며 신의 사랑을 다시 확신했다. 베유는 신이 그녀의 연민을 보고 용서해 주기를 바랐다. 다행히 고통도 베유의 영혼에서 연민까지 앗아가지는 못했다.

인간은 너무나 인공적이어서 폭력을 가하는 이들은 아무것도 느끼지 못한다. 어떤 일이 일어나는지를 느끼는 이들은 폭력을 당하는 이들이다. 억압을 당하는 이들의 편에 직접 서서 그들의 심정을 느껴보지 않는다면 절대 이해할 수 없다.

베유는 늘 자신이 어느 쪽에 서 있는지를 확실히 했다. 하지만 자신의 사상을 섬세하게 정형화된 논의로 정리하지 않았다. 때로는 열정적으로, 때로는 과장된 톤으로 표현했다. 때로는 난해했으며 자주 성경에 호소했다. 그럼에도 그녀의 사상은 무엇이 진정으로 가치 있는 일인지 깨닫고 올바른 편에 서는 데 큰 도움이 된다.

베유는 당근 하나를 훔친 부랑자 이야기를 들려줬다. 법정에 선 부랑자의 앞에는 판사가 편안하게 앉아 우아하게 질문과 논평, 재담 따위를 줄줄이 읊었고(소피스트들이 어땠는지 생각해 보라), 그동안

지극히 사적인 철학

부랑자는 단 한 마디를 더듬거리지조차 못했다.

우아한 의견 조작에 신경 쓰는 지성 앞에 진리가 서 있다.

배유의 일생과 그녀가 품었던 깊은 공감은 우리에게 우아하든 우아하지 않든 의견 조작에 가담하는 식으로 생각하지 않아야 한다는 것을 보여준다. 이번 장의 앞부분에서 우리는 정의가 우리에게 필연을 요구하며 진리도 마찬가지라는 점을 살펴봤다. 우리에게 주어진 과제가 또 있다면, 아마 배유의 탁월한 사상과 위대한 정신에 감사하는 일일 것이다.

배유처럼 생각하고 싶다면?

공범이 되기를 거부하라.

26

Simone de Beauvoir

시몬 드 보부아르

짧은 머리카락이 여성스럽다는 오해

여성은 태어나는 것이 아니라 만들어지는 것이다.

보부아르

'우리는 사드Sade를 불태워야 하는가?' 누군가가 이런 이상한 질문을 던진다면 보부아르(1908~1986)에 관한 질문은 아닐 것이다. 그렇지만 이 질문은 보부아르가 프랑스 사드 후작의 글과 경험, 그의 성적 일탈과 사디즘, 구속을 검토한 논문의 제목이다. 보부아르는 사드를 불태우는 대신 그에게서 배워야 한다고 했다. 이 점은 보부아르가 철학적 사고에 대해 어떻게 접근했는지를 보여준다.

보부아르는 인간이 처한 특정한 상황, 즉 의식 있는 존재의 육신이 어떤 사회 안에 존재하는 상황을 검토하는 데 바탕을 뒀다. 인간이 처한 상황은 인간이 자유와 욕망, 그리고 인생에 의미를 가져다주는 요소들을 어떻게 이해하는지에 영향을 미친다. 보부아르의 접근법은 현상과 우리가 겪는 경험, 우리에게 영향을 미치는 세계에 초점을 맞추는 현상학에 해당한다. 보부아르를 이해하려면 그녀가 제시한 상황성situatedness이라는 개념을 살펴봐야 한다. 상황situation 대신 상황성이라는 용어를 사용했다는 점에서 보부아르가 한 사람이 살면서 겪는 경험이 어느 시간, 어느 공간에 자리하는지를 얼마나 중시했는지 알 수 있다.

20세기 초 프랑스의 부유한 가톨릭교도 가정에서 태어난 보부아르는 성적 관계와 여성을 억압하는 관습을 경험했다. 1940년대에는 나치 점령 파리에서 생활하면서 그에 따른 위험과 두려움, 딜레마를 경험했다. 이런 상황성 속에서 보부아르는 억압에 굴복하는 대신 자신의 자유를 의식하고 저항을 모색했다.

10대 초부터 무신론자라고 선언한 보부아르는 파리의 소르본대학교에 입학해 가장 난해한 철학자들을 연구했으며 명망 높은 파리고등사범학교에서 비공식적으로 수업을 청강했다. 이때 3년 선배이자 보부아르가 자신보다 지적으로 우월하다고 여긴 유일한 남성 사르트르를 만났다. 두 사람은 경쟁이 치열하기로 유명한 권위 있는 프랑스의 교원임용시험 아그레가시옹에 응시했는데, 심사관들은 철학 과목에서 상당한 고민 끝에 보부아르에게 차석을, 사르트르에게 수석을 줬다. 사르트르가 두 번째 응시였고 보부아르는 첫 번째였다는 점이 희한하고도 핵심적인 이유였던 듯하다.

영미권에서 보부아르는 철학자보다 인상적인 소설가이자 사르트르의 절친 겸 연인, 추종자로 유명하다. 특히 1949년 저서《제2의 성 Le Deuxième Sex》에서 사회가 남성 지배를 부당하게 용인한다는 점을 밝힌 초기 페미니스트로 아는 경우가 많다. 보부아르를 페미니스트로 이해하는 이유는 몇 가지 더 있다.

지극히 사적인 철학

보부아르와 사르트르는 개방적인 연인 관계, 그것도 아주 개방적인 관계를 지향했다. 보부아르가 먼저 사르트르와 지인들에게 매력을 느꼈다는 점에서 보면 보부아르가 그를 따랐다고 이해해야 할 것이다. 하지만 사르트르를 지적으로 따랐다고 본다면 이는 오산이다. 사르트르의 1943년 저서 《존재와 무》에 등장하는 몇몇 주요 사상은 그보다 일찍 완성된 보부아르의 소설 《초대받은 여자 L'Invitée》에서 찾아볼 수 있다. 누가 누구에게 영향을 미쳤는지는 아무도 모를 일이다. 철학 논쟁을 벌이다 보면 종종 누가 처음으로 떠올린 생각인지 모를 여러 관념이 형성되다가 더 좋은 관념이 만들어지기 때문이다.

보부아르와 사르트르는 평생 지적으로, 감정적으로, 정치적으로 매우 가까운 관계를 유지했다. 두 사람이 사적으로 주고받은 편지들을 보면 각자가 다른 이들과 맺은 성관계를 얼마나 상세하게 논의했는지 알 수 있다. 심지어 한쪽이 젊은 여성 한 명을 다른 한쪽에게 넘겨준 경우도 있었다. 두 사람의 행동을 오늘날 영미권의 기준에서 공식적으로 성관계와 권력, 영향에 대해 보이는 태도로는 이해하기 어렵다. 두 사람의 관계는 철학에서도 매력적인 주제였다. 당연히 지금도 그렇다. 두 사람은 우리의 체화된 의식이 타인의 체화된 의식을 어떤 의미에서 소유할 수 있는지 물었다. 바로 이런 점에서 사드가 흥미로워진다.

보부아르의 글에 관해 이야기해 보자. 그녀는 1954년 출간작, 전후 시대와 당대 지식인들의 모습을 그린 《레 망다랭Les Mandarins》로 권위 있는 공쿠르상을 받았다. 언론에 투고하고 여행기도 썼으며 억압받는 이들의 편에 서서 정치적 저항운동에도 나섰다. 철학 논문도 몇 편 썼다. 그렇지만 보부아르는 자신이 철학자가 아니라고 주장했다. 보부아르는 스피노자나 라이프니츠, 사르트르처럼 추상적인 형이상학 체계를 세우지 않았다. 하지만 실제 인간의 생애와 허구적인 등장인물의 생애를 통틀어 봤고, 특정 상황에 놓인 인간의 삶을 파악하고 이해하며 상당한 철학적 사고에 몰두했다는 점에서 부정할 수 없는 철학자였다.

그녀의 페미니즘에 관해 논하자면 사실 보부아르는 페미니즘이라는 용어를 거부했다. 아마 그녀가 여성이 받는 부당한 대우만큼 여성과 남성 모두의 인간 상태, 사드의 성적 방종주의에 관심을 가졌기 때문인 듯하다. 그럼에도 《제2의 성》은 당시 여성이 처한 부당한 조건에 상세하게 이의를 제기하면서 페미니즘에 지대한 영향을 미쳤다. 다만 이 작품과 페미니즘 모두 시대에 따라 각기 다른 방식으로 이해된다. 오늘날 페미니즘과 트랜스젠더 공동체 사이에 존재하는 대립을 보면 알 수 있다. 이 또한 상황성이 무엇인지 보여준다.

《제2의 성》은 성과 성적 관계의 본질이 무엇인지를 탐구하면서

지극히 사적인 철학

영국 작가 메리 울스턴크래프트Mary Wollstonecraft와 버지니아 울프 등의 글을 다루는 한편 여성의 경험을 직접 그려낸다. 하지만 수십 년 동안 영미권 대학에서 《제2의 성》을 철학의 일례로 다루는 경우는 거의 없었다. 수업 계획을 짜는 교수들이 대체로 남성이었으며 신체 기능을 묘사한 글을 거북하게 여겼다는 이유도 있었다. 보부아르는 그 같은 묘사를 거리낌 없이 선보였기 때문이다.

앞서 언급했듯 보부아르의 철학적 접근법에서 핵심은 상황성이었다. 우리는 추상적 담론보다는 특정한 사회적 상황에 놓인 인간의 구체적 사례를 들여다봐야 한다. 또 우리는 마음과 몸이 뚜렷하게 구분된다는 데카르트식 함정을 거부해야 한다. 보부아르는 이를 거부하고 우리의 체화된 육신이 욕망과 소란으로 가득 차 있다는 것을 강조했다.

나아가 보부아르는 소설 등장인물을 통해 우리가 살아가는 방식에서 비롯되는 책임을 면할 수 없다는 의미에서 실존주의를 논한다. 니체와 함께 살펴본 신이 없다면 모든 게 허락된다는 개념 또한 여러 차례 등장한다. 이 말을 우리가 우리 행동에 책임을 질 필요가 없다는 식으로 해석할 수도 있다. 하지만 니체와 마찬가지로 보부아르는 이렇게 주장하며 그런 해석에 강하게 반대했다.

우리는 우리가 어떻게 살 것인지를 선택해야 하며 이에 따라 어떤 가치를 추구하는지 선언한다.

보부아르는 짧은 에세이 《피로스와 키네아스Pyrrhus et Cinéas》에서 그리스 역사가 플루타르코스Plutarchus가 전한 고대 그리스의 정치인 이자 왕이었던 피로스의 이야기를 논했다. 왕의 조언자였던 키네아 스는 피로스의 행동에 의문을 제기하면서 무엇을 위해 끝없이 분투하느냐고 물었다. 키네아스는 수동적인 태도를 권하려 했던 듯하다. 노자의 도가 떠오르는 대목이다.

보부아르는 그런 태도에 반대했다. 수동적인 태도는 인간의 현실을 부정하며 우리를 환상에 빠뜨릴 수 있다. 생애 경험 속에는 반드시 욕망과 희망, 목표, 다시 말해 상황성이 존재하며, 그에 따라 우리가 어떤 행동을 자유롭게 할 수 있다는 생각이 결정된다. 물론 자유에는 제약이 따르지만 보부아르는 우리가 언제나 제약에 맞설 자유 또한 가진다고 논했다. 의문의 여지가 없어 보이는 자유도 언젠가는 의문의 대상이 될 수 있다. 사람들이 어쩌면 한때 아무렇지도 않게 용인했던 자유에 반기를 드는 편을 택할 수도 있다. 지금까지 수많은 변화를 끌어냈던 저항운동을 생각해 보자. 실제로 《제2의 성》또한 많은 여성이 그들의 상황을 깨닫고 문제를 제기하는 데 도움이 됐다.

자유 외에 보부아르가 주목했던 주요 개념으로는 모호성ambiguity, 호소appeal, 타자the Other 등이 있다. 먼저 모호성 논의를 다루자면, 나는 그 논의가 일반적인 의미에서 모호하다고 평할 수밖에 없다. 보부아르는 우리가 스스로를 별개의 개인으로 인식하면서도 타인과

지극히 사적인 철학

얽힌 존재로 인식한다는 점에서 모호성을 경험한다고 했다. 모호성 현상은 내가 나를 선택의 자유를 가진 주체이자 행위자로 이해하는 동시에, 타자에게 떠밀리는 물리적 객체면서 대체로 타자들이 주체로 인식하는 객체로 이해하는 데서 발생한다.

타자는 내 자유를 위협할 수 있다. 정치적 의미의 타자란 권력을 가지지 못한 이들을 가리킨다. 예컨대 여성은 적어도 겉보기로는 남성에게 지배당하므로 타자다. 이스라엘에 사는 팔레스타인인은 이스라엘의 유대인이 가진 일부 기본권을 가지지 못했으니 타자다.

보부아르가 제시한 자유라는 개념을 어떻게 이해해야 할까? 자유가 상황에 따라 제한될 수 있다는 것이 논의의 대상이 아니라는 점은 이미 사르트르와 함께 살펴봤다. 나는 인간이므로 코끼리로 변할 자유가 없다. 나에게는 XY 염색체가 있으므로 직접 임신하겠다고 선택할 자유가 없다. 상황성은 우리가 가진 정신적 능력과 모든 지식, 우리가 느끼는 가능성과 경험에 관한 이해 또한 제한한다.

보부아르에 따르면 이런 방식으로 얼마나 많은 제약을 받든 우리에게는 여전히 주체적 자유가 있다. 이 자유는 내가 노예일 때나 고문을 당하거나 성적 객체 취급을 받을 때도 존재한다. 하지만 보부아르가 자유에 얼마나 가치를 뒀는지에는 의문의 여지가 있다. 고문을 당하는 사람에게는 여전히 주체적 자유가 있다고 일러줘도 별다른 위로가 되지 않을 것이다. 대체 무슨 자유가 있다는 말이지? 스스로 요구해서 고문을 받고 있다고 생각할 자유? 고문을 당하고 있지 않다고 상상할 자유?

다음으로 호소 개념을 살펴보자. 나는 자유롭지만 그래도 나의 계획을 위해 타인에게, 다시 말하면 체화된 자유로운 행위자에게 호소할 필요가 있음을 인식한다. 여기서 내 상황의 모호성이 전면에 등장한다. 나는 의식 있는 자유로운 개인으로서 고립된 상태이며 타인들도 마찬가지지만 내게 도움 또는 방해가 되는 타인은 분명 존재한다. 보부아르는 이렇게 썼다.

이 세상에 홀로 존재하는 인간은 (…) 자기가 가진 모든 목표의 허영에 의해 마비될 것이다. 그러나 인간은 세상에 홀로 존재하지 않는다.

우리는 자유롭게 선택한 공동의 가치를 가지고 공동체로 살아야 한다. 나는 내 가치를 타인에게 강요할 수 없으나 호소할 수는 있다. 호소할 때 내 입을 막으려는 자들과 싸워야 할 수 있다. 또 당연한 말이지만 내 호소에는 응답할 타자가 필요하다. 타자의 상황성은 타자의 응답을 제한할 수 있다. 타자들에게 시간, 건강, 안전, 부당함에 대한 인식을 비롯한 자원이 부족할 수도 있다. 그러므로 그들이 나와 함께할 수 있도록 만들어야 할 가능성도 있다.

다만 여기에 중이 제 머리 못 깎는다는 격언이 떠오르는 역설이 생길 위험이 있다고 지적하고 싶다. 간단하게 말하면 이렇다. 노예들에게 노예제를 끝낼 수 있도록 지지해 달라는 내 호소가 성공할 가능성을 높이려면 우선 노예들이 내 요청을 들을 수 있을 만큼, 자신이 어떤 상황에 놓였는지 인식할 수 있을 만큼, 요청을 지지하기 위해 자유롭게 행진할 수 있을 만큼 노예 상태에서 충분히 벗어나야 한다.

보부아르는 이 문제를 잘 알았다. 그녀는 불평등 문제를 제기할 때 억압받는 이들이 저항할 자유와 구속될 위험을 무릅쓸 자유, 일을 쉬고 시간을 낼 자유 등을 가지지 못하는 경우가 많다는 점을 인정했다. 성별이나 나이에 따른 불평등이든, 백인 미국인과 아프리카계 미국인이든 사이의 불평등이든, 팔레스타인인과 이스라엘인 또는 유대계 이스라엘인 사이에 존재하는 불평등이든 말이다. 심지어 어떤 이들은 스스로 억압받는다고 여기지도 않았다. 신이 내려준 상황이나 본성에 어울리는 상황에 있다고 보기도 했다. 이런 현상은 누군가에게는 자기기만일 테고 또 누군가에게는 극도로 불리한 상황에서 그럭저럭 살아남으려는 합리적인 대응일 수도 있다.

오늘날에는 젠더gender와 성별sex, 트랜스젠더를 두고 온갖 논쟁이 펼쳐진다. 예컨대 CIS(타고난 신체적 성별과 성적 정체성이 일치한다고 느끼는 시스젠더cisgender)부터 ENBY(기존의 이분법적 성별로 자신을 정의하지 않는 논바이너리non-binary), TERF(트랜스젠더를 배제하는 급진적 페미니스트 trans-exclusionary radical feminist)까지 많은 약어도 쏟아져 나온다. 이런 논란들을 차치하더라도 실제로 보부아르는 성별과 젠더를 구분했다.

사람들은 확실히 성별에 따른 분명한 생물학적 차이를 타고나지만 젠더에 따른 현실은 사회정치적 상황에 따라 어느 정도 달라질 수 있다. 보부아르는 '여성스럽다'에는 생물학적 현실은 존재하지 않고 만들어진 사회정치적 차이가 있을 뿐이라고 했다. 사회정치와 문화, 관습이 형성되는 데 인간 생리와 환경이 아무 영향을 미치지 않았다고 하면 그것이야말로 가장 이상한 믿음이 아닐까? 또 어떤 상황이 바람직하지 않다고 이를 야기한 사회정치적 원인까지 무조건 바람직하지 않다고 볼 수 없다는 점도 알아야 한다. 좋은 결과로 이어지는 원인도 있고 아닌 원인도 있다. 어떤 원인은 더 공평한 대우를 확립하거나 중요한 자유를 제한하기도 한다.

이제 '여성은 더 약한 성별이다'라는 말을 생각해 보자. 생물학적 여성은 평균적으로 남성에 비해 체구가 작고 완력이 약하다. 하지만 자질을 기준으로 강함을 따져야 한다는 말은 문화적 가정일 뿐이다. 여성은 평균적으로 더 오래 살고 아이를 낳을 수 있다. 이 또한 강하다는 신호가 아닐까? 나아가 보부아르는 성별 간 신체적 경험에 차이가 있음을 인식했다. 남자와 마찬가지로 여자는 여자의 몸이다. 그러나 여자의 몸은 여성 본인과는 다른 무언가다. 예컨대 임신한 여자는 여성 본인인 동시에 본인과 다른 무언가다.

보부아르가 강조했듯 성별과 젠더 간의 평등을 요구할 때는 그 요구를 위해 젠더 간 차이를 지워버릴 위험이 따른다. 남성의 입장을 기준으로 삼고 이를 달성해야 한다며 비합리적으로 주장할 위험이 따른다는 뜻이다.

여성이 이 특권 계층에 들어가려면 그 대가로 남성처럼 훈련받고 살아야 한다. 따라서 성별에 따른 차별적 차이는 여전히 유효하다. 남성 또는 남성을 모방하는 이들만이 지배할 수 있다.

평등을 향한 주장이 같음을 향한 주장이 돼서는 안 된다. 해방된 여성은 반드시 여성스럽게 살아야 한다는 관념에서 벗어나야 하는 만큼, 독립적으로 살려면 반드시 남자처럼 살아야 한다는 관념에서도 벗어나야 한다. 나는 이 말에서 '반드시'에 방점을 찍고 싶다. 예컨대 여성이(그리고 남성이) 여성스럽기를 택한다면 여성스러울 자유 또한 있어야 한다.

〜

사드 논의로 돌아가 보자. 보부아르는 자기 자신을 알기 위해서는 사드를 알아야 한다고 했다. 보부아르는 사드가 무감각을 거부하고 자신의 자유를 주장했으며, 피로스의 부관 키네아스가 권한 정적주의를 따르지 않았다는 점을 높이 평가했다. 1793년부터 1794년까지의 프랑스 공포정치 시기를 살았던 사드는 고문과 살인을 저질러도 처벌받지 않을 정도의 권력 있는 자리를 제안받았으나 거절했다. 사실 사드는 사회가 살인을 용인한다는 데 경악을 금치 못했다. 사드는 자신의 가학적 행동에 대한 책임을 졌다.

사드의 사디즘은 육신으로서의 타자(그리고 자기 자신)와 자유의 역설을 부각한다. 보부아르는 바로 이 점에서 우리가 사드에게 거부감을 느낄 수 있다고 했다. 물론 이에 우리는 타인에게 타인이 원치 않는 엄청난 고통을 가하는 것 또는 엄청난 고통 그 자체에 깊은 거부감이 든다고 덧붙일 수도 있다. 사드는 자기가 벌인 은밀한 행동을 손쉽게 비밀리에 부칠 수도 있었으나 직접 대중에게 알렸으며 오히려 당국이 그를 범죄자로 여긴다는 데에 깜짝 놀랐다. 보부아르는 이렇게 썼다.

그의 놀람은 마치 꽃병을 깨질 때까지 두드린 어린아이의 놀람과 비슷하다. (사드는) 위험천만한 놀이를 즐기는 동안에도 자신에게 통치권이 있다고 믿었으나 사회가 지켜보고 있었다. 사회는 통치권의 공유를 거부하고 개인의 통치권을 완전히 가져갔다.

여기서 보부아르는 다시 한번 사회와 개인의 타자 문제를 다룬다. 보부아르는 해방이라는 목표를 이루려면 우리가 서로를 자유로운 타자로 인식해야 한다고 했다. 인식은 때로 친밀한 성적 연애 안에 존재할 수 있다. 성적 연애라는 차원에서는 타자에게 적개심이 없을 수 있기 때문이다. 연인들은 본인과 타인을 주체인 동시에 성적 욕구의 대상인 객체로 여기며 서로를 모호하게 경험한다. 이 모호성은 성적 관계에 대한 사르트르의 접근방식에서도 찾아볼 수 있

지극히 사적인 철학

다. 다만 사르트르의 생각에는 실패를 피할 수 없다는 쓸쓸한 감각이 서려 있다.

보부아르는 사드가 개인이 인간의 사악함보다는 인류의 양심과 끔찍한 낙관주의의 희생양이라는 것을 보여줬다고 했다. 무슨 뜻일까? 그녀는 이렇게 썼다.

인류의 총체, 이 세상의 모든 인류를 모두가 보게 된다면 우리는 더 이상 숨 쉬지 못할 것이다. 어느 찰나에도 수천 명이 고통 속에서 헛되이 부당하게 죽어가지만 우리는 그에 아무런 영향도 받지 않는다. 우리는 바로 이 대가를 치러야만 존재할 수 있다.

보부아르는 다시 한번 우리의 상황성에 초점을 맞춘다. 그런 상황 속에서 우리는 우리 자신과 어떻게 살아갈 수 있을까? 앞서 니체와 만나본 이 문제는 어깨를 으쓱이고 등을 돌리기보다 진지하게 주목해 볼 만한 가치가 있다.

보부아르처럼 생각하고 싶다면?

타인과 자신의 상황성을 고려하고 어떻게 올라갈지를 생각하자.

27

Ludwig Wittgenstein

루트비히 비트겐슈타인

말할 수 없는 것에는 침묵을

철학은 우리 이성을 홀린 마법에
언어로 대항하는 투쟁이다.

비트겐슈타인

비트겐슈타인(1889~1951)을 논할 때면 종종 두 명의 철학자를 함께 살핀다. 그중 두 번째 철학자는 비트겐슈타인의 철학적 사고방식에 혁명을 일으킨 인물이다. 비트켄슈타인의 후기 집필적이자 그의 사후인 1953년에 출간된《철학적 탐구Philosophische Untersuchungen》에서 철학의 본질을 어떻게 논했는지 살펴보자.

123.　　철학적 문제에는 형식이 있다. '나는 내 방법을 알지 못한다.'

124.　　철학은 모든 것을 있는 그대로 둔다.

309.　　철학하는 목표는 무엇인가? 파리에게 파리지옥에서 벗어나는 법을 보여주는 것이다.

　비트겐슈타인의 성격과 행동은 마치 괴로움에 시달리는 천재처럼 보이는데 실제로도 그랬다. 고뇌에 빠진 이 철학자는 진지하게 자기 자신에게 집착했으며 사람을 어색하게 대했다. 잡담을 거부하는 한편 모든 것을 바로잡는 데 몰두했다. 키르케고르와 마찬가지로 그에게 철학은 직업적 일이 아닌 자기 개인에 관한 일이었다.
　케임브리지대학의 저명한 도덕과학클럽 일원이었던 비트겐슈타인은 토론을 거의 독식해서 때로는 나오지 말아달라는 간곡한 부탁을 듣기도 했다. 그는 킹스칼리지에서도 모임을 했는데, 어느 날 초청 연사로 과학철학자 포퍼가 함께했다고 한다. 비트겐슈타인과 마찬가지로 자신을 가장 중시하는 면이 있었던 포퍼는 비트겐슈타인의 사상을 회의적으로 봤다. 이는 비트겐슈타인의 드높은 명성에 대한 명백한 질투였다. 여기서 철학계에서 유명한 대사건인 부지깽이 사건이 발발했다.

전하는 이야기는 대부분 '포퍼가 어떤 주장을 펼치자 화가 난 비트겐슈타인이 부지깽이를 들고 일어섰는데…'로 시작하지만 이후부터는 조금씩 다르다. 비트겐슈타인이 포퍼를 때렸다는 말도 있고 위협만 했다는 이야기도 있다. 불이나 들쑤셨다거나 어떤 요점을 설명하려 했다는 설도, 아무 생각 없이 행동했다는 말도 있다. 이외에도 소문은 무성하다. 분명한 것은 이야기 속 부지깽이가 지금도 킹스칼리지에 남아 있다는 사실이다.

비트겐슈타인의 사상은 너무나 풍성하다. 많은 이가 그를 20세기의 가장 위대한 철학자로 여긴다. 사실 이 찬사는 하이데거에게 돌아가는 경우가 더 많은데 잠시 두 사람의 공통점을 찾아보자. 둘다 인간의 삶과 활동에서 철학의 뿌리를 찾으려 했다. 차이가 있다면 하이데거는 난해한 설명과 붙임표로 만든 멋진 용어에서 기쁨을 찾았고, 후기의 비트겐슈타인은 일상적 단어를 바탕으로 깊은 고찰과 견해, 마음을 사로잡는 격언을 선보였다는 점이다. 그 단어들에 대한 여러 해석이 대립했고 논쟁은 지금까지 이어지고 있다.

비트겐슈타인의 말에서는 철학적 문제를 이해하고 해소하는 데 인간의 활동과 삶, 특히 인생의 형태가 얼마나 중요한지 잘 드러난다.

사자가 말을 할 수 있다 해도 우리는 사자의 말을 이해하지 못할 것이다.

고찰하고 토론해 볼 가치가 있는 비트겐슈타인의 논평 중 하나다. 동물원 철장 안의 사자가 갑자기 걸어 나와 우리 언어로 이렇게 말한다면 얼마나 놀라울지 상상해 보자.

"너무 부당합니다. 저를 이렇게 가둬놓고 관광객들에게 구경시키다니요."

사자가 부당함과 가둠, 관광객 등의 개념을 안다고? 이걸 어떻게 해석해야 할까? 만약 야생의 사자가 사자어로 말할 수 있다면 과연 그들의 말을 통역할 수 있을까? 사자의 삶은 인간의 삶과 너무 많은 면에서 매우 극단적으로 다르다. 물론 비슷한 점이 아예 없다는 뜻은 아니다.

~

잠시 비트겐슈타인의 생애를 빠르게 훑어보자. 물론 여기에는 덧댈 부분도 있고 조건을 달거나 전후 상황을 고려해서 봐야 할 부분도 있다. 하지만 이렇게 살펴보는 것만으로도 비트겐슈타인의 사상이 어떤 환경에서 생겨났는지 맛볼 수 있다.

비트겐슈타인은 1889년 당시 문화의 중심지였던 오스트리아 빈에서 태어났다. 보헤미아계 유대인 출신의 성공한 사업가 아버지, 오스트리아인 가톨릭 신도로 인맥이 넓었던 어머니 슬하에서 아홉 남매의 막내로, 유럽에서 가장 부유한 가문 중 하나의 일원으로 성장했다. 비트겐슈타인 궁전에는 클림트Klimt, 브람스Brahms, 말러Mahler 등 화가와 음악가, 작가를 비롯한 당대 유명 예술가가 모여들었다.

비트겐슈타인은 사업가가 되기를 거부하고 맨체스터대학에서 공학을 전공했지만 수리철학에 흥미를 느꼈다. 독일의 수학자이자 철학자인 프레게에게 러셀을 만나보라는 말을 들은 그는 부유하게 자란 자 특유의 오만함으로 아무 언질도 없이 케임브리지대학에 찾아가 러셀의 연구실 문을 두드렸다. 러셀은 단번에 비트겐슈타인이 괴짜가 아니라 천재라는 것을 알아봤다.

비트겐슈타인은 논리철학을 연구했다. 제1차 세계대전이 발발하자 자신이 살 운명인지 죽을 운명인지 알아보기 위해 오스트리아-헝가리군에 입대했다. 자진해서 최전선에서 복무했으며 이탈리아 포로수용소에서 얼마간 시간을 보낸 뒤 논리학 저작을 완성했다. 이 글은 1922년《논리-철학 논고》라는 제목으로 출간됐다. 이 책의 형식을 맛보기로 살펴보자.

1   세계는 일어나는 모든 일이다.

1.1   세계는 사물이 아니라 사실의 총체다.

1.11   세계는 사실에 의해, 또 그것이 모든 사실이라는 데서 결정된다.

1.12   왜냐하면 사실의 총체는 무엇이 일어나는지 결정하고 무엇이 일
         어나지 않는지 또한 모두 결정하기 때문이다.

1.13   논리적 공간 안의 사실들이 세계다. (…)

4.0312   명제의 가능성은 기호가 대상을 대표한다는 원리를 바탕으로
         한다. 나의 근본 사상은 '논리 상항 Logische Konstanten'은 대표하지
         않는다. 즉 사실들의 논리는 대표될 수 없다는 것이다.

4.032   명제는 상황에 대한 그림이며 (…)

《논리-철학 논고》는 철학의 문제를 해결했고 빈학파에게 많은 찬사를 받았다. 비트겐슈타인은 오스트리아로 돌아가 초등학교 교사로 일했으나 학생을 때려 물의를 빚었다. 막대한 재산을 물려받았지만 가난하게 생활했고 금전적 도움을 모두 거절했다. 하지만 케인스와 젊은 램지의 설득 끝에 마침내 1929년 케임브리지로 돌아갔다. 비트겐슈타인의 귀환에 케인스는 어느 편지에서 "글쎄, 신이 돌아오셨다네. 5.15 기차에서 그를 만났지"라고 썼다.

케임브리지에 돌아온 비트겐슈타인은 《논리-철학 논고》로 케임브리지대학에서 박사학위를 받았다. 덕분에 비트겐슈타인은 강사로, 나중에는 교수로 일하며 돈을 벌 수 있었다. 그는 대학에 마련

된 검소한 방에서 소수의 학생을 대상으로 강의를 진행했고 강의실은 고뇌에 찬 침묵과 필사적인 생각으로 가득 찼다. 비트겐슈타인은 강의에서 두 벌의 노트를 나눠줬는데, 이는 비트겐슈타인 사후에 《청색 책·갈색 책the Blue and Brown Books》이라는 제목으로 출간됐다. 훗날 그는 노트를 준 이유를 "내 강의를 듣고도 머리에 든 것 없이 떠날 테니 적어도 손에 들 것은 있어야 할 것 같았다"라고 밝혔다.

램지의 비판과 케인스가 케임브리지에 초빙한 경제학자 피에로 스라파Piero Sraffar가 보여준 손동작 하나에 자극받은 비트겐슈타인은 《논리-철학 논고》 속 언어의 그림 이론을 폐기한다. 다만 제대로 된 철학은 일련의 명제가 아니라 하나의 활동이라는 《논리-철학 논고》의 근본 사상은 버리지 않았다. 그는 철학적 문제를 연구하고 나아가 문제를 해소하려면 많은 용례가 복잡하게 섞인 언어들을 마치 여러 의도가 담긴 다양한 행동처럼 인식할 필요가 있다는 것을 깨달았다. 예컨대 나폴리 사람들이 모욕의 뜻으로 쓰는 손동작을 떠올려 보자. 비트겐슈타인은 그 방식들의 형식과 내용을 《철학적 탐구》에서 격언, 삽입문, 짧은 대화 등을 이용해 표현해 냈다.

11   도구들이 담긴 도구함을 생각해 보라. 그 안에는 망치, 펜치, 톱, 스크루드라이버, 자, 접착제, 못, 나사 등이 들어 있다. - 말의 기능은 이 물체들의 기능만큼 다양하다(게다가 두 경우 모두 유사점이 있다).

비트겐슈타인은 자신의 초기 사상이 잘못됐다고 인정했다. 현실을 그린 명제로서의 언어를 명확하게 조직화하려 했기 때문이다. 일반성을 갈망했기에 생긴 오류였다. 비트겐슈타인의 후기 철학은 반대 이론을 내놓는 것에 그치지 않고 치료 형식의 철학을 선보였다고 이해된다.

255   철학자의 질문 치료는 마치 질병 치료와 같다.
593   철학적 질병에 걸리는 주된 이유는 단 한 종류의 사례만으로 사상에 영양을 공급하려 들며 편식하기 때문이다.

비트겐슈타인을 존경하고 따랐으며 훗날 그의 뒤를 이어 철학과 학장이 된 위즈덤은 비트겐슈타인이 치료로서의 연구를 발표했을 때 그리 좋은 반응은 아니었다고 한다.

∽

사례 하나를 통해 비트겐슈타인이 마음과 관련된 철학적 난제를 바라보는 방법에서 어떤 혁명을 일으켰는지 살펴보자.

나는 내가 무엇을 생각하고 있는지가 아니라 다른 누군가가 무엇을 생각하고 있는지 알 수 있다. '나는 당신이 무슨 생각을 하고 있는지 안다'라는 말은 옳고 '나는 내가 무슨 생각을 하고 있는지 안다'라는 말은 틀리다(철학의 구름 전체가 한 방울의 문법에 농축돼 있다).

이와 대조적으로 많은 철학자와 철학을 공부하는 학생, 동네 여인숙의 사람들은 꿈결 같은 망상 속 이상한 상황을 제외한다면 당연히 스스로 무슨 생각을 하고 있는지를 알 수 있고, 내가 생각하고 있다는 것 또한 알 수 있다고 여긴다. 그런데 타인에 대해 무엇을 아는지 고찰해 보면 우리가 '정말로' 타인이 무슨 생각을 하는지 알 수는 없다는 유혹에 빠지기 쉽다. 우리는 타인의 행동만을 목격할 뿐이며 그들이 어떤 경험을 하는지는 알 수 없다는 착각, 나아가 어떤 식으로든 경험을 하는지조차 할 수 없다고 주장하고 싶은 유혹에 쉽사리 빠질 수 있다. 타인의 마음이 존재한다는 걸 내가 어떻게 알까? 앞서 데카르트와 함께 만나본 의문이다.

비트겐슈타인은 이 의문을 해소하고자 했다. 우리는 어떻게 말을 배울까? 고통이라는 말이나 생각한다는 표현을 어떻게 습득했을까? 나는 어렸을 적 망치에 엄지손가락을 찧고 엉엉 운 적이 있다. 한걸음에 달려온 부모님이 내 엄지를 어루만지며 "아프겠다. 고통스럽겠어"라고 말했다. 아프지 않을 때 아픈 척하는 사람이나 아플 때 고통을 숨기는 극기주의자가 아예 없다는 말은 아니다. 하지만 우리가 고통이라는 개념과 고통이라는 단어의 용례를 습득하는 과정에서는 이런 경우가 생길 수 있다.

지극히 사적인 철학

비트겐슈타인은 지식에 오류가 있을 가능성, 즉 지식을 의심할 가능성이 있어야 한다고 논했다. 고통이 느껴질 때 나는 고통의 원인을 생각해 볼 수는 있어도 내가 고통을 잘못 알고 있는지 의심할 수는 없다. 물론 의사가 몸에 아무 이상도 없다고 할 때 '그렇지만 저는 제가 아픈 걸 압니다'라고 주장해 볼 수 있을지도 모른다. 비트겐슈타인 또한 '나는 내가 아픈 걸 안다'라는 말을 농담 삼아 할 수도 있다고 했다. 정말 철학자다운 유머다. 그는 덧붙였다.

'나는 내가 아픈 걸 안다'는 말이 되지 않지만 이때 '나는 안다'가 정상적인 뜻으로 사용됐다고 한다면 우리는 다른 어떤 방식으로 이 말을 사용할 수 있을까?

진지하게 고찰해 볼 필요가 있는 질문이다. 철학자들은 왜 어떤 말의 참된 의미를 남들보다 특별하게 더 잘 알 수 있으리라고 생각할까? 비트겐슈타인과 위즈덤은 의미를 묻지 말고 용례를 물어야 한다고 강조했다. 캐럴이 보여준 험프티 덤프티의 어리석음을 다시 떠올려 보자. 비트겐슈타인은 '나는 고통을 느낀다'는 말이 사실을 적시한다기보다 '아야!'라는 새된 소리와 비슷하다고 논했다. 물론 '나는 아야!를 안다'는 언어학적으로 말이 되지 않는다.

어느 강연에서 무어는 '나는 그가 나갔다고 믿지만, 그는 나가지 않았다'라는 말이 어딘가 이상하게 들리지만 얼마든지 맞는 말일 수 있다고 지적했다. 그가 아직 나가지 않았더라도 나는 그가 나갔다고 믿을 수 있기 때문이다. 비트겐슈타인은 이 같은 무어의 역설이 특정 심리 상태에 대한 표현을 적절하게 다루는 방법을 잘 보여준다고 여겼다. 비트겐슈타인은 말한다.

나 자신과 내가 하는 말 사이의 관계는 타인의 관계와 완전히 다르다.

누군가의 질문에 대해 '나는 버스가 제시간에 올 것 같다고 생각한다'로 대답했다고 해보자. 이때 내가 한 말은 나의 마음 상태를 묘사하지 않는다. 버스가 제시간에 올 것이라고 약간은 망설이듯 단언하는 말일 뿐이다. 만약 버스가 제시간에 오지 않고 상대방이 내 말이 틀렸다고 지적한다면 '아니다, 내 말은 완벽하게 옳다. 나는 그저 내 심리 상태를 묘사했을 뿐이고, 정말 버스가 제시간에 올 것 같다고 생각했다'라며 재미없고 어색한 농담으로 응수하는 편이 그나마 나을지도 모르겠다.

비트겐슈타인은 마음과 정신상태의 본질에 관한 편리하고 잘못된 가정들을 여러 면에서 논박했다. 예컨대 단어의 의미를 올바르게 파악하고 그 단어를 같은 방식으로 계속 사용하는 방법을 배운다는 것은 과연 무엇일까? 비트겐슈타인은 "마치 어떤 단어의 향후 용례를 위한 철로가 펼쳐져 있고, 우리가 철로를 따라가며 단어를 올바른 의미로 사용할 수 있으며, 만약 철로에서 탈선해 새로운 의미로 사용하더라도 탈선 사실을 자각할 수 있으리라는 잘못된 생각이 들 수 있다"라고 논했다. 하지만 그런 철로는 존재하지 않는다.

비트겐슈타인의 초기 철학을 무척 선망한 러셀은 비트겐슈타인의 후기 접근방식에 그의 철학이 기껏해야 사전 편찬자에게나 약간 도움이 되고 최악의 경우 차를 마시며 한가하게 나누는 담소에나 도움이 되는 철학으로 전락했다며 불평했다. 이런 비판은 언어의 미묘함을 밝히는 재능을 타고난 언어철학자 J. L. 오스틴J. L. Austin을 비롯한 옥스퍼드대학 철학자들의 일상언어 논의에 적용될 수는 있어도 비트겐슈타인의 논의에는 어울리지 않는다. 그는 철학 연구 전반에 걸쳐 마음과 현실, 언어의 한계를 어떻게 이해할 수 있을지에 관한 깊이 있는 난제와 씨름했기 때문이다.

∼

제2차 세계대전이 발발하자 비트겐슈타인은 자신이 앉아서 철학을 가르치는 중에 다른 사람들이 참호에서 죽어가고 있다는 생각을 견디지 못했다. 그는 런던의 가이스병원을 비롯한 여러 곳에서 짐꾼으로 일했다. 러셀은 이전에 제1차 세계대전에 참전한 경험이 비트겐슈타인을 바꿔놓았다고 봤다. 비트겐슈타인은 전보다 더 금욕적인 사람이 되었고 삶의 의미를 더욱 고뇌했다.

물론 성관계 트라우마에서도 영향을 받았다. 비트겐슈타인은 생애 여러 시기에 몇몇 친밀한 동성애 관계를 소중히 여겼다. 당시 영국에서는 동성애 행위가 불법이었음에도 말이다. 케인스, E. M. 포스터E. M. Forster를 비롯한 블룸즈버리그룹 일원은 이를 그다지 신경 쓰지 않는 듯했지만 이는 확실히 쉽지 않은 일이었다. 예컨대 게임브리지 킹스칼리지의 졸업생이자 제2차 세계대전 당시 나치군의 애니그마 해독을 담당했고, 오늘날 컴퓨터과학의 아버지로 불리는 앨런 튜링Alan Turing은 법의 탄압을 이기지 못하고 스스로 생을 마감했다. 영국의 대표 작곡가 벤저민 브리튼Benjamin Britten을 포함한 많은 이가 대중의 시선을 두려워하게 된 시기였다.

비트겐슈타인은 전기와 후기 철학 전반에서 삶의 의미와 무엇이 좋은 삶을 구성하는지를 고뇌했다. 그는 자신이 그에 미치지 못함을 알았다. 램지가 비트겐슈타인에게 소개해 준 빈학파 구성원들은 그의 《논리-철학 논고》를 신봉했으나 비트겐슈타인은 이들이 논고의 마지막 명제를 따르지 않는다는 데에 낙담했다. 이 명제는 비트겐슈타인에게 그 무엇보다 중요한 의미를 품고 있었다.

6.4312   내가 영원히 살아남는다는 사실이 어떤 수수께끼를 해결하는가? 영원한 삶은 우리의 현재 삶처럼 수수께끼 같지 않은가? 공간과 시간 속 삶에 대한 수수께끼의 해답은 공간과 시간 바깥에 있다.

6.521   인생의 문제에 대한 해답은 그 문제의 소멸에서 찾아볼 수 있다. (오랜 회의 끝에 삶의 의미를 분명히 깨달은 이들이 그것이 뭘로

이뤄졌는지 말하지 못하는 이유가 바로 이것이지 않겠는가?)

6.522 실로 표현할 수 없는 것이 있다. 그것이 그 자체를 드러낸다. 그것이 신비다.

이제 그 유명한 제7 명제가 등장한다.

7 말할 수 없는 것에 대해 우리는 침묵해야 한다.

세상을 떠나기 직전, 생일을 맞이한 비트겐슈타인은 "더는 행복한 날이 돌아오지 않겠다"라며 신랄하게 말했다. 그는 유언으로 "멋진 삶을 살았다"라는 말을 남겼다. 철학자들은 그가 '멋지다'를 어떤 의미로 사용했을지 궁금해한다.

비트겐슈타인처럼 생각하고 싶다면?

일반성을 향한 갈망에 저항하자. 그리고 사자가 말을 할 수 있다 해도 우리는 사자의 말을 이해하지 못하리라는 점을 늘 기억하자.

28

Hannah Arendt

한나 아렌트

내 일에 함부로 말하는 사람을 만난다면

거짓말쟁이는 거짓말을 잘할수록
제 거짓말의 먹잇감이 될 가능성이 커진다.

아렌트

아렌트(1906~1975)는 철학자였지만 스스로 철학자가 아니라고 말했다. 다른 이들이 자신을 철학자나 진지한 정치이론가가 아닌 언론인으로만 대한 것에 스트레스를 받은 듯하다. 어쩌면 아렌트는 자신이 제대로 된 철학자로 인정받지 못하는 이유를 여성의 사상에 대한 당시의 편견에서 찾았을지도 모르겠다.

아렌트의 사상은 시간이 갈수록 점점 더 많은 반향을 일으키며 지지를 받고 있는데, 그중에는 여전히 공포를 낳는 사상도 있다. 아렌트는 철학을 공부하는 재능 있는 학생이었으나 1930년대 독일에서 직접 겪은 반유대주의 사건과 경험은 그녀의 사상에 지대한 영향을 미쳤다. 아렌트의 파란만장한 경험은 아렌트의 저작을 통해 우리의 이목을 사로잡는다. 아렌트의 저서들은 하나의 주제로 포괄되기보다 정치와 사회, 인간다움에 관한 고찰을 보여준다. 아렌트는 자신의 철학적 사고가 우리 모두의 철학적 사고와 마찬가지로 본인의 생애 경험에서 비롯했음을 강조했다.

학식 있는 대중의 세계에서 아렌트는 이스라엘 법정에 선 전前 나치 장교 아돌프 아이히만을 다룬 〈뉴욕타임스The New York Times〉 5부작 기사로 악명을 떨쳤다. 악惡의 평범성이라는 말도 아이히만을 평가할 때 문제의식을 느낀 아렌트가 선보인 표현이었다. 나치의 무시 무시함을 다룬 아렌트의 기사가 푹신한 의자와 컬러 TV, 카르티에 다이아몬드 머리핀 등을 홍보하는 세련된 광고에 둘러싸여 있었다 는 점은 아마 상황을 제대로 전하는 데 도움이 되지 않았을 것이다. 아렌트가 악명을 떨치게 된 과정을 보기 전에 그녀의 사상에 너무 나 중요하게 작용했던 생애 경험을 살펴보자.

~

아렌트를 고찰하다 보면 16세기 초에 《군주론Il Principe》을 집필한 정치철학자 니콜로 마키아벨리Niccolò Machiavelli가 떠오른다. 아렌트는 마키아벨리가 논한 공화주의와 참여민주주의의 필요에 관심을 드 러냈다. 우리는 아렌트의 인생에서 마키아벨리의 모습을 두 번 더 엿볼 수 있다.

첫째, 아렌트는 독일에 살았던 다른 많은 유대인과 달리 포르투 나Fortuna, 즉 행운이 자신을 구했음을 인정했다. 마키아벨리는 정치 생활의 성공이나 실패가 어느 정도 포르투나에 달려 있음을 강조했 다. 이른바 포르투나 양Miss Fortuna은 우리 삶의 중요 요소라고 덧붙 이고 싶다. 우리가 누구인지, 어떤 재능을 가지고 어떤 상황에서 살 아가는지는 운이 결정한다. 둘째, 마키아벨리는 "지도자나 군주가 성공적으로 통치하려면 책략과 그보다 더 나쁜 술수를 사용해야

지극히 사적인 철학

하며 선하지 않아야 할 필요가 있는 게 현실이다"라고 말했다. 아렌트는 바로 이 현실을 논의하면서 그 현실을 바꿀 사회를 추구했다.

보통 마키아벨리 논의에서 학자들은 마키아벨리가 통치를 따라야 하는 시민의 도덕과 통치 위에 존재하는 군주의 도덕을 구분하는 2단계의 도덕을 권했다고 본다. 군주가 통치 위에 존재하면서 손을 더럽힐 수 있는 이유는 피렌체 시민들의 안전과 번영을 위해 필요하기 때문이며, 여기에서 군주의 명예가 비롯된다. 반면 영국과 미국은 정치적 권력과 사익, 지위를 위해 사기를 수단으로 삼으며 자기가 법 위에 있다고 생각하는 지도자들이 생기는 것을 막는 데 실패한 듯하다. 아렌트는 당대 독일과 미국 양측에서 정치적 기만을 직접 경험했으며 그 기만을 혐오했다.

이제 포르투나 양의 이야기로 돌아가 그녀가 아렌트의 생애에서 어떤 역할을 맡았는지 살펴보자. 세속적인 독일계 유대인 가정에서 태어난 아렌트는 하이데거를 시작으로 현상학의 후설Husserl, 실존철학자 카를 야스퍼스Karl Jaspers를 비롯한 저명한 철학자들 밑에서 공부했다. 아렌트는 한때 하이데거와 연인이었으나 관계가 끝나고 난 뒤에도, 그가 반유대주의를 분명히 드러낸 후에도, 심지어 각자 다른 사람과 결혼한 후에도 연락을 유지했고 생애 후반까지도 하이데거를 만나러 갔다.

1930년대 나치가 권력을 잡으면서 학계에서 자리잡을 수 있다는 희망이 사라진 시기, 반유대주의의 증가를 의식한 아렌트는 유대인 운동과 유대인들의 민족국가 설립을 위한 시온주의 운동에 적극적으로 참여했다. 1933년 나치의 비밀경찰 게슈타포에 체포당해 8일간 취조받았으나 어두침침한 지하실 주검으로 발견된 다른 이들과 달리 포르투나의 도움으로 풀려났다.

아렌트는 파리로 탈출하는 데 성공했다. 불법 망명자 신분에 무국적 노숙인 신세였지만 그렇기에 시온주의 단체에서 일하며 돈을 벌 수 있었다. 프랑스 당국은 독일 점령이 시작되기 직전에 불법체류자를 스페인 국경 부근의 강제수용소로 보냈다. 아렌트는 포르투나의 손길에 이끌려 탈출에 성공해 남편과 어머니를 만났고 한 번 더 큰 행운에 힘입어 포르투갈로 향했다. 그리고 결국 바라던 대로 1941년에 뉴욕 땅을 밟았다. 처음에는 돈도 없고 영어도 서툴러 곤란을 겪었으나 차츰 성장해 학계에서 그냥 언론인보다는 더 큰 인물로 자리매김했다.

아렌트는 경험을 바탕으로 무국적 삶과 배척당하는 삶의 공포를 논했다. 독일에서는 유대인이기에, 프랑스에서는 불법 이민자였기에 배척당했다. 그녀는 적군이 상대를 절멸 수용소(제2차 세계대전 당시 나치가 집단학살을 목적으로 세운 강제수용소)에 보낸다면 아군은 그들을 격리수용소(특정 체제하의 대중과 격리된 강제노동수용소)에 보낸다고 했다. 유대인 아렌트는 나치 독일에서 쫓겨난 자, 일명 파리아pariah였다. 불가촉천민을 가리키는 타밀어 파라이야르paraiyar에서 유래한 단어다. 아렌트는 일부 유대인이 자신의 위치를 받아들이고 그

자리에서 일하면서 입신출세주의자, 즉 파브뉴parvenu를 닮아가려 한다고 논했다. 또 우리가 부역을 묵인해서는 안 되며 의식적 파리아가 되어 정치적으로 헌신해야 한다고 주장했다. 실제로 아렌트는 정치 담화를 배척당한 이들에게 도움이 되는 방향으로 개선하는 방식에 집중했다. 다만 베유나 사르트르, 보부아르 같은 정치적 활동주의를 보이지는 않았다.

아렌트는 인간 공동체에서 추방당한다는 게 어떤 의미인지, 권리를 가질 권리를 잃는다는 것이 어떤 뜻인지 경험을 바탕으로 생생하게 설명했다. 국적 없는 삶은 권리 없는 삶이다. 이에 속하는 개인은 법 앞에 평등하지 못하고 심지어 불평등하지도 못하다. 법 바깥에 존재한다. 이 추방의 모습이 가장 극명하게 드러난 곳은 개인이 노예, 아니 인간 취급을 받지도 못하는 절멸 수용소다.

이곳의 로고스는 수감자에게는 인격과 인간성이 없으며 수용소 체계의 일부일 뿐이라는 것이었다. 수감자의 생각이나 프라이버시를 존중한다? 이는 쓰레기통의 생각과 프라이버시를 존중하는 것이나 다름없었다. 이처럼 인간을 인간 취급하지 않는 사태는 다른 대량 학살에서도 보인다. 심지어 최근의 전쟁에서도 볼 수 있다.

미국과 멕시코의 국경을 넘는 자들, 먼 곳에서부터 끔찍한 여정을 거쳐 위험을 무릅쓰고 영국의 해안에 이르는 난민과 절박한 이주자들이 받는 대우를 보자. 이 역시 우리가 그들을 '권리를 가질 권리를 잃은 인간'으로 여기는 풍조를 만드는 데 한몫한다. 국제조약이 버젓이 존재하지만 그들은 여전히 인간 화물처럼 다른 곳에 보내져야 하는 불법 이민자 취급을 받는다.

실제로 영국 정부는 2010년대 들어 '적대적인 환경을 조성하겠다'라는, 즉 테러리스트에게 적대적인 환경을 만들겠다는 목표를 표방해 정책과 입법 활동을 펼쳤다. 이로 인해 1948년 HMT엠파이어윈드러시호를 타고 합법적으로 영국에 입국한 카리브해 출신의 수많은 아프리카계 영국인인 윈드러시 세대가 고통을 당했다. 필수 서류가 없는 이는 권리를 가질 권리가 없는 듯한 취급을 받았으며 추방되기도 했다. 진정한 영국인이 아니라는 뜻이었다.

아렌트는 이에 관한 문제를 1951년 저서 《전체주의의 기원The Origins of Totalitarianism》에서 반유대주의, 인종차별주의, 제국주의와 연결해 탐구했다. 아렌트의 저작은 개인이 추방당하는 일은 전체주의 국가에서나 일어난다는 식의 잘못된 관념을 만드는 데 사용되기도 한다. 그러나 아렌트가 분명히 지적했듯 자유민주주의 사회와 자본주의국가에서도 추방자가 될 수 있다. 우리는 잘못된 생각을 가졌다는 것만으로 규탄받을 수 있다. 아렌트 본인도 마찬가지였다.

～

1954년, 미국 아이젠하워 행정부는 아칸소주 리틀록의 어느 학교에 연방군을 투입했다. 연방대법원 판결에 따라 인종통합정책을 시행하기 위해서였다. 사건의 전말은 이렇다. 당시 브라운과 교육위원회Brown vs. Board of Education 재판에서 피부색을 이유로 학생의 교육을 분리 또는 차별할 수 없다는 판결이 나오자 백인 학교였던 리틀록 센트럴고등학교에 흑인 학생 아홉 명이 입학했다. 그런데 아칸소주 정부가 주방위군을 동원해 이들의 등교를 막았다. 이에 정부는 연방군을 투입해 분리 철폐를 보장했다.

그런데 이 리틀록 사건으로부터 불과 2년 후, 아렌트는 〈리틀록에 대한 고찰Reflections on Little Rock〉이라는 논문을 통해 인종차별 폐지정책에 반대했다. 많은 이가 분노했다. 그녀를 오만한 여자라고 부르는 이도 있었다. 반유대주의와 인종차별주의에 맞서온 아렌트는 왜 분리 정책을 지지했을까? 정치적 문제와 사회적 문제를 구분하는 그녀만의 기준이 있었기 때문이다. 아렌트는 분류를 좋아했다. 우리는 집을 나와 공공의 세계로 들어설 때마다 사회적 영역에 진입한다. 하지만 아렌트는 우리가 그것만으로 정치적 영역, 즉 동등한 대우가 요구되는 영역에까지 진입하지는 못한다고 말했다.

유대인인 내가 유대인만 있는 곳에서 휴가를 보내고 싶다면 그렇게 하지 못하도록 합리적으로 막을 방법은 누구에게도 없을 것이다. 마찬가지로 어느 리조트에서 휴일에 유대인을 보고 싶지 않은 고객층만 모시겠다고 한다면 이를 막아야 할 이유는 없어 보인다. 모든 호텔이나 휴양지 또는 놀이 장소에 들어갈 권리 따위는 존재하지 않는데, 그중 다수가 순수한 사회적 영역에 속하며 이런 영역에서는 자유로이 결사할 권리와 차별할 권리가 평등원칙보다 더 유효하기 때문이다.

그녀는 공공서비스, 버스, 기차 등 생활에 필요한 영역에서 차별이 있으면 안 된다고 주장했으나 왜인지 그 영역에 공교육을 넣지 않았다. 덕분에 아렌트는 아프리카계 미국인을 비롯한 많은 이의 눈에 파리아, 즉 추방자로 비쳤다. 평소에 강조한 타인 입장에서 그들의 생애 경험을 의식하는 일의 중요성을 잊어버린 듯하다.

이 논쟁은 주목할 만한 가치가 있다. 어디에 선을 그어야 하는지, 어느 지점에서 차별하면 안 되는지 생각할 기회를 주기 때문이다. 아렌트가 평등하게 교육받을 권리보다 자유로이 결사할 권리가 더 유효하다고 판단한 근거는 무엇일까? 선 긋기의 딜레마를 확장해 볼 수도 있다. 재판을 청구해 사법적 구제를 받을 수 있는 절차가 차별적이라면 차별의 근거는 어디에 있을까? 돈이 있다면 이런 절차를 얼마든지 이용할 수 있지만 그럴 여유가 없는 이도 많다. 건강과 생필품, 심지어 투표에서도 불리한 이들에게 더 불리한 차별이 용인되고 있다. 미국 일부 주와 영국은 〈투표자신원확인법〉을 도입했는데, 이 제도가 최빈층에 불리하다는 점이 속속 드러나고 있다.

1963년《예루살렘의 아이히만: 악의 평범성에 대한 보고 Eichmann in Jerusalem: A Report on the Banality of Evil》가 출간되자 그녀의 사상은 더욱 열띤 논쟁을 불러일으켰다. 아렌트가 논한 악의 평범성은 1961년 이스라엘 법정에 선 아이히만의 태도에 근거한다. 아이히만은 그저 성실하게 명령을 수행했을 뿐이지만 수천 명을 살해했다. 그는 절대 불법행위를 저지를 위인이 아니었고 상사를 죽이는 일은 꿈도 꾸지 못했다. 그저 기계적으로 행동했을 뿐이었다. 그가 벌인 끔찍한 짓의 바탕에는 관료주의적 근거가 있었다. 아이히만은 자신이 무엇을 하는지를 깊이 생각해 본 적이 없었다. 그에게는 깊은 감정이 보이지 않았다. 따분하고 피상적이며 평범한 사람이라는 인상이 다였다. 아이히만의 목적은 오직 출세였다. 그것이 사실이었다.

아렌트는 이번에도, 특히 유대인 공동체에서 파리아 취급을 받았다. 유대인들은 아렌트가 경솔하게 강제 절멸 수용소의 잔혹했던 실상과 반유대주의의 공포를 대수롭지 않은 일처럼 논한다고 생각했다. 물론 아렌트의 의도는 그것이 아니었다. 아렌트는 아이히만에게 죄가 없다고 주장하지 않았다. 오히려 그를 사형에 처해야 한다는 데 동의했다. 아렌트는 단지 정치가 기계적인 관료주의적 사고방식에 갇힐 때 진정한 공개 토론이나 적절한 고찰이 끼어들 여지가 없어진다는 점을 조명하려 했다. 아렌트는 난간 없이 생각할 필요가 있다고 했다. 계단을 오르내릴 때 난간을 잡으면 떨어지지 않을 수 있지만 이제 난간에 의존해서는 안 된다는 의미였다.

악은 생각하기를 포기하는 데서 생겨난다.

이는 앞서 흄, 칸트와 함께 살펴본 '스스로 생각하라'를 바탕으로 한 계몽주의를 연상시킨다. 또 아렌트는 국가 운영 방법과 통치자가 갖춰야 할 전문성을 논하는 철학자들이 창의적인 사고를 저해한다고 주장했다. 특히 플라톤을 거냥한 발언이었다. 물론 시민참여와 공화주의가 필요하다는 아렌트의 처방 또한 국가 운영 방법에 관한 논의다. 그렇다 해도 아렌트가 자유주의사회가 품은 위험에 주목했다는 점은 높이 평가할 만하다.

아렌트는 이 위험이 수식화와 통계를 사용해 자연과학을 흉내 내는 경제학과 사회학, 정치과학 등 인문과학에서 기인한다고 봤다. 인간 과학에는 모든 목표가 부의 축적이라는 순종적인 가정이 깔려 있다. 표면상 어느 정도 정치적 토론이 이뤄지는 자유민주주의에서도 난간에 매달리는 경우가 많다. 아렌트는 우리가 다양한 견해를 마주하며 다르게 생각해야 한다고 주장했으며, 사회적 관계를 개미굴 속 관계로 전락시키는 신성한 확신을 막아야 한다고 했다.

〜

용기 있게 목소리를 내며 불쾌한 진실을 전면에 드러낸 아렌트는 악의 평범성으로 논란이 일기 한참 전부터 파리아 취급을 받았다. 끔찍했던 시기인 1930년대 독일에서는 여러 유대인 공동체에서 그녀를 갈가리 찢어놓으려 했다. 아렌트는 본래 시온주의를 지지했으나 팔레스타인 일부를 빼앗아 사실상 수백만 명의 팔레스타인인을 무국적자로 만들겠다는 시온주의 계획에는 경악을 금치 못했다. 아렌트는 시온주의라는 난간을 붙잡지 않았고 그렇게 입을 틀어막혔다. 1940년 독일의 극작가이자 시인인 베르톨트 브레히트Bertolt Brecht가 남긴 시 〈후대의 이들에게To those born later〉는 이렇게 시작한다.

실로 나는 어두운 시기를 살고 있다.

하지만 아렌트는 그런 시기에도 어둠을 밝히는 빛이 조금은 있기를 바랐으며 그 빛이 이런 형태이기를 바랐다.

개념과 이론에서 나오는 빛이기보다는, 흐릿하고 깜빡이며 때로는 약해지는 불빛이더라도 어느 남자들과 여자들이 살아가며, 또 일하며 어떤 상황이든 불씨를 붙이고 지상에 허락된 시간 동안 발아래를 비출 불빛이기를.

아렌트처럼 생각하고 싶다면?
사람들의 생애 경험에 주목하고 난간에 매달리지 말자.

29

Iris Murdoch

아이리스 머독

언행이 일치하지 않을 때 일어나는 일

구원을 바라는 자는 글을 쓰거나 극장에 가는 대신
별을 바라보고 철학을 이야기해야 한다.

머독

1981년 노벨문학상 수상자 엘리아스 카네티Elias Canetti는 머독(1919~ 1999)의 1992년 작품《도덕 지침으로서의 형이상학Metaphysics as a Guide to Morals》에 관해 글을 썼다.

충분히 수정하지 않은 강의처럼 글이 형편없고 엉성하다. 그녀가 하고 싶은 말이 있었다 해도 그리 중요한 말은 아니었겠지만 책에서는 그저, 특히 옥스퍼드의 비트겐슈타인 숭배에 걸맞은 노예다운 방식으로 비트겐슈타인이 쓴 문단과 구절을 수백 차례 인용했을 뿐이다.

카네티의 객관성은 의심해 봐야 한다. 머독과 사귄 적이 있는 카네티는 머독이 수많은 소설을 써내며 사랑받는 동안 그다지 많은 작품을 선보이지 못했기 때문이다. 비트겐슈타인에 대한 예속은 조금도 찾아볼 수 없는 머독의 사색을 잠시 살펴보자.

나는 내 위신에 난 흠을 곱씹으며 상황을 원망하는 불안한 마음으로 창밖을 내다봤다. 그때 하늘을 맴도는 황조롱이가 하나가 눈에 들어왔다. 그 순간 모든 게 변했다. 생각을 곱씹던 자아와 상처 난 허영이 사라졌다.

머독이 본인 철학의 중심 주제이기도 한 '자아 벗어던지기'를 실천하고 있다. 황조롱이와 그 아름다움에 집중했더니 마음속에서 이기적인 생각을 비워내고 자기 자신을 자아 바깥에서 바라보게 된 것이다. 선善의 주권을 다룬 머독의 글에서는 아름다움을 비롯한 객관적 가치를 추구했던 플라톤의 영향을 엿볼 수 있다. 이제 머독의 배경을 살펴보자.

~

1940년대 옥스퍼드대학에는 철학을 공부하던 네 명의 젊은 여성이 있었다. 필리파 풋Philippa Foot, 엘리자베스 앤스콤, 메리 미즐리Mary Midgley 그리고 머독이었다. 전쟁은 네 사람이 도덕철학을 바라보는 시각에 영향을 미쳤다. 나치의 강제 절멸 수용소와 의도적인 민간인 공격, 일본 원자폭탄 투하를 비롯한 참상이 벌어진 시대였다. 이들은 철학으로는 도덕적 언어가 어떻게 사용되는지만을 탐구할 수 있으며 무엇이 객관적으로 옳거나 그른지, 무엇이 선이고 악인지를 판단할 기반은 존재하지 않는다는, 당시 일부 철학자 사이에서 유행하던 관념이 잘못됐다고 확신했다.

이들은 어떤 길로 나아갔을까? 상류층이었던 풋은 옥스퍼드에서 연구를 계속했다. 미즐리는 가정을 꾸렸다가 수년 후 잉글랜드 뉴캐슬어폰타인에서 다시 철학을 시작했으며, 1979년부터는 《이기적 유전자The Selfish Gene》의 저자 리처드 도킨스Richard Dawkins와 대대적인 논쟁을 이어나갔다. 캐럴을 살펴볼 때도 만난 막강한 철학자 앤스콤은 케임브리지대학에서 비트겐슈타인의 주문에 홀렸으며 결국 그의 뒤를 이어 학장이 됐다. 카네티의 글에서 살펴봤듯 머독도 비트겐슈타인에게 상당한 영향을 받았고, 유럽을 가로지르며 사르트르와 보부아르 등 많은 이를 만났다. 머독은 사르트르의 사상에 관해서도 짧은 개론을 썼다. 사실 머독은 존경받는 소설가로 더 유명하다. 그녀는 사르트르와 달리 소설에서는 철학을 피하려 했는데, 그 목표를 달성했는지는 의심스럽다.

도덕은 홀로 동떨어져 있지 않다.

머독이 한 말이다. 이는 앞서 흄을 설명할 때 언급한 논리실증주의자들과 실존주의자들을 겨냥한 공격이었다. 두 집단 모두 도덕이 경험적 사실과 동떨어질 수밖에 없다고 생각했다. 거칠게 말하자면 실존주의는 도덕적 가치, 정치적 가치, 심미적 가치를 비롯한 모든 가치가 자유롭게 선택된다고 주장한다. 가치는 경험적 세계와 동떨어져 있으며 감정, 이성, 의무감이나 의식과도 동떨어져 있다. 예컨대 우리는 내부고발이 직원 해고로 이어질 수 있다는 점, 무인 자동차가 생명을 위협할 수 있다는 점을 심사숙고할 수 있다. 하지만 우리는 부작용이 있다는 사실만으로는 감정과 숙고를 더한들 무엇이 정답인지 알지 못한다. 여기서 자유의 고뇌가 생겨난다. 우리는 선택해야 한다. 반면 합리적으로 사고하고 이해득실에 따라 행동하려는 의지, 즉 선택 의지는 자유분방하고 공허하다.

그렇다면 이런 질문을 던질 수도 있겠다. 결국 선택이 어디로든 향할 수 있다면 왜 우리는 구태여 사실을 파악하고 심사숙고할까? 머독은 우리가 어떤 행동을 할지 정할 때 그렇게 무작위 선택식으로 자아를 경험하지 않는다고 논했다. 맞다. 어떤 칫솔을 쓸지 선택할 때는 어느 쪽이 더 낫다는 좋은 근거나 느낌이 꼭 필요하지 않다. 하지만 약속을 어길지 말지, 누군가를 도와줄지 말지, 유권자를 속일지 말지 결정할 때는 다른 고민이 필요하다.

적어도 사르트르의 실존주의를 설명하려면 앞서 살펴본 실존주의의 개요에 단서를 달아야 한다. 사르트르는 사실에도 가치가 깃들 수 있다는 점을 인정했기 때문이다. 내부고발과 위협에는 평가라는 요소가 포함된다. 거짓말이나 도움, 약속도 마찬가지다. 우리는 평소 어떤 묘사를 사용할까? '그는 거칠다, 불친절하다, 예의 없다' '그녀는 관대하다, 사랑이 넘친다, 걱정이 많다' '이 말에는 악의가 있다' '저 행동은 역겹다' 등의 말을 자주 내뱉는다.

평가가 포함된 이런 표현은 두꺼운(특수한) 도덕적 개념으로 알려져 있다. 반대 개념으로는 좋다, 나쁘다, 옳다, 그르다 등의 얇은(보편적인) 개념이 있다. 그런데 두꺼운 개념을 보면 묘사를 곁들인 얇은 평가 같다는 느낌이 든다. 두꺼운 개념을 지지하는 이들은 두꺼

지극히 사적인 철학

운 개념이 본질상 단독으로 사용돼야 하며, 어떤 면에서는 나눌 수 없다며 두꺼운 개념과 얇은 개념을 한 쌍으로 묶는 데 반대한다.

하지만 두꺼운 개념이 단독적 지위를 유지하기는 어렵다. 물론 인간의 용기가 드러나는 다양한 행동 또한 두꺼운 개념의 일례로 볼 수 있지만, 어쨌든 우리가 결국 그 행동을 칭찬하거나 비난하면서 옳다 또는 그르다, 좋다 또는 나쁘다 등의 얇은 평가를 내놓는다는 사실 또한 인정할 필요가 있다. 용기가 드러나는 행동이어도 무모하거나 결코 칭찬할 수 없는 행동으로 여겨질 수도, 특정 상황에서는 잘못된 행동으로 여겨질 수도 있다.

두꺼운 개념과 얇은 개념에 대한 논의가 어느 방향으로 흘러가든 두꺼운 개념에 대한 일련의 소개는 우리에게 '주목하라'고 말한, 다시 말해 가치 평가를 담은 뉘앙스와 차이점이 온 세상에 드러나 있음을 똑똑히 보라고 촉구한 머독의 주장과 조화를 이룬다.

～

머독의 자유분방한 의지 개념 거부는 20세기 빈학파의 사상과 동일시되는 논리실증주의 철학을 명시적으로 거부한 셈이었다. 영국에서 빈학파의 사상이 명성을 얻은 것은 영국의 논리실증주의 철학자 A. J. 프레디 에이어A. J. Freddie Ayer가 1936년에 출간한 유명 저서 《언어, 진리, 논리Language, Truth and Logic》에서 개념 혁명을 되새김질

하면서부터였다. 수년 후 에이어는 이 책의 거의 모든 내용이 잘못됐다고 인정한다.

흄의 경험론과 같은 선상에 놓인 빈학파는 어떤 문장에 의미가 있으려면 경험적 세계와 연관이 있어서 경험을 바탕으로 어느 정도 검증 또는 반증할 수 있거나 개념적 정의를 토대로 참 또는 거짓의 관념과 연관돼야 한다고 주장했다. 그렇지 않은 다른 모든 것(빈학파의 이 주장 또한 여기에 포함되지 않을까?)은 말이 되지 않는다. 흄은 같은 맥락에서 "그런 것은 불에 태워버려야 한다"라고 말했다. 이들의 말에 따르자면 '살인은 도덕적으로 그르다' 같은 도덕적 주장이 설 자리는 불구덩이 말고는 없어 보인다.

빈학파의 접근법은 도덕은 뭔가에 야유하고 다른 무언가에 환호하는 표현일 뿐이며 환호를 부르는 요인을 권장하고 야유를 부르는 요인을 억제한다는 정서이론으로 이어진다. 도덕에 관해 의견이 나뉘는 현상은 취향이 다른 것과 비슷하다. 누군가는 진을 좋아해 즐겨 마실 수도 있고, 다른 누군가는 진을 좋아하지 않을 수도 있다. 하지만 재미 삼아 타인을 고문하는 행위나 대량 학살, 현대판 노예 등이 도덕적으로 잘못됐다는 말을 단지 그런 행위를 싫어한다는 말로 치부할 수 없다. 머독은 주의 깊게 주목하라고 촉구했다. 잔학 행위가 잔학 행위인 이유는 객관적으로 잔혹하고, 도덕적으로 분개할 가치가 있는 행위이기 때문이다.

또한 머독은 도덕이 반드시 행동과 연결된다는 믿음에 이의를 제

지극히 사적인 철학

기했다. 물론 도덕은 대개 누군가의 행위를 통해 세상에 알려진다. 하지만 머독은 도덕적 고찰이 오직 우리 내면에서만 이루어질 수도 있다고 강조했다. 머독은 다소 장황하긴 해도 누군가에게는 큰 울림을 줄 수 있는 어느 시어머니와 며느리 이야기를 예시로 들었다. 시어머니는 아들 내외가 머무르는 동안 훌륭하게 행동했지만 사실 며느리가 늘 마음에 들지 않았다.

시어머니는 며느리가 꽤 착하다는 건 알겠으나 딱히 평범하지는 않고 다소 세련되지 못한 구석이 있으며 품위와 교양이 없다고 생각했다. 며느리는 엉뚱하고 친근한 경향이 있었으며 예의를 차리지 않았고 퉁명스러운 데다 때로는 굉장히 무례하고 늘 피곤할 정도로 어린아이처럼 굴었다. 며느리의 말투나 옷차림새도 마음에 들지 않았다.

현명하고 자기비판을 할 줄 알았던 시어머니는 자신의 태도에 주목했다. '내가 구시대적이고 속물처럼 구는 걸지도 몰라. 며느리가 아들을 뺏어갔다며 질투하는 걸지도 몰라.' 며느리와 며느리의 행동을 대하는 시어머니의 행동은 달라지지 않았지만 그녀의 마음속에서는 도덕적으로 큰 변화가 일어났다. 시어머니는 이제 며느리가 버릇없다기보다 산뜻하고 단순하며, 품위 없다기보다 시원스럽고, 어린아이 같아 피곤하다기보다 천진난만하다고 보게 됐다.
머독은 여기서 시어머니가 적극적 시각을 견지했다고 했다. 시어머니가 며느리를 대하는 행동은 조금도 변하지 않았다. 대신 며느리를 새로운 시각으로 바라본다. 며느리의 요란하고 유치한 면을 볼 때 시어머니의 시야는 제한됐다. 어쩌면 상상력과 공감이 부족했을지도 모른다. 그렇지만 시어머니는 일을 바로잡기 위해 신경 썼다. 이는 자유분방한 마음의 변화가 아니라 진지한 주목에 관한 문제였다. 앞서 러셀은 한 유명한 일화에서 이렇게 말했다.

사실이 바뀔 때면 저는 마음을 바꿉니다. 선생님은 어떠신가요?

그런데 머독은 사실이 바뀌지 않더라도 우리가 마음을 바꿀 수 있으며 어쩌면 옳은 방향으로 바꿀 수 있다고 논한다. 이에 관해서는 다음에 만나볼 베케트의 타지마할 모자 이야기를 참고하면 좋다. 하지만 머독은 우리가 적절한 곳에 적당한 수준으로 주목하고 있는지 어떻게 판단할 수 있는지에 대한 답은 제시하지 않았다. 아마 가장 최근에 마음을 바꿨어도 그것이 언제나 가장 옳다고 할 수는 없기 때문이 아닐까? 자기기만이 작용할 수도 있으니 말이다.

머독은 도덕적인 삶이 무엇인지는 물론 그녀의 말뜻도 쉽게 가르쳐주지 않았다. 머독은 정의와 사랑을 담은 시선을 견지해야 한다고 촉구하는 한편 선을 추구할 필요를 인식해야 한다고 했다. 머독은 플라톤의 관념에 큰 영향을 받은 만큼 자기 견해가 "선은 정의할 수 없다"라고 말한 무어의 입장와 비슷한 점이 있다고 생각했다.

지극히 사적인 철학

다만 머독은 우리가 스스로를 돌아보고 반성할 수 있다는 것을 강조했다. 또한 우리가 상상과 주목을 통해 도덕적으로 얼마나 성장할 수 있는지 살펴보려 했다. 도덕에는 과학적 분석이나 도덕 이론의 채택보다 예술가의 시선이 필요하다. 1954년에 출간된 머독의 첫 소설《그물을 헤치고 Under the Net》에서 그물은 우리가 거부해야 하는 일반화와 이론을 가리킨다. 모두에게 맞는 옷은 없다. 그렇기에 머독은 이론 세우기는 모두 도피에 불과하다고 말한다.

우리는 특수자에 주목해야 한다. 물론 그렇더라도 개념을 적용하는 데 발을 들일 수밖에 없다. 애매하고 오락가락하는 개념이라 해도 마찬가지다. 머독의 사상은 신비주의적이지만 실질적이고 공리주의적인 특징도 있다. 그녀는 인간의 고통과 욕구에 관해서는 실제 세계에 몰입했다.

어릴 때는 자유가, 나중에는 덕이 가장 중요하다고 생각했다. 이제는 이 두 개념이 적절한 삶의 질에 관해 식食과 주住 수준부터 시작하는, 더 근본적인 생각을 바탕으로 제자리를 찾아가야 하지 않나 하고 의심한다.

인생의 의미를 찾는 것이 가장 중요하다고 고상하게 논하는 보부아르에게 베유가 당신이 한 번도 굶어본 적 없다는 건 잘 알겠다고 말했다는 일화를 떠올려 보자. 자유의 영광을 열렬하게 찬미하는 것도 좋다. 하지만 그렇게 말할 수 있는 자유의 수단을 가지지 못해

낙담한 이들에게도 도움이 되는 논의일까? 인간 욕구의 우연성은 머독의 상상의 나래를 제한하지만 그렇다고 상상력의 의의가 훼손돼서는 안 된다.

머독은 종종 생각을 설명하는 과정에서 성적 사랑을 논하며 다시 한번 플라톤을 연상시켰다. 플라톤은 성적 사랑이 아름다움의 형상이라는 숭고한 시각을 이해하고 영혼을 선의 형상으로 이끌 하나의 단계일 수 있다고 생각했다. 물론 그 방향을 고수하기란 쉽지 않다. 성적 사랑에는 대개 소유욕이 뒤따른다. 나아가 성적 만족을 갈구하는 육욕은 우리가 애써 그 너머에 주목하지 못하도록 방해할 수도 있다. 여러 연인을 사귄 머독은 그 어려움을 잘 알았다. 사랑에 빠진 우리는 타인에게 주목하기는커녕 타인을 하나의 사람으로 보지 못할 수도 있다. 그럼에도 제대로 나아간다면 사랑은 마치 황조롱이처럼 자아에 대한 집착에서 우리를 꺼내줄 수 있다.

～

머독이 제시한 철학적 사고를 어떻게 이해해야 할까? 머독의 사상이 매력적인 이유는 그녀가 인생의 시시한 현실과 그 너머의 뭔가를 이해하려는 열망을 불안하게 엮어놨기 때문이 아닐까 싶다. 이 열망은 플라톤과 키르케고르, 베유의 사상에서도 각기 다른 방식으로 드러났다. 머독은 선이 무엇인지에 관한 많은 글을 썼다. 지식을 추구할 때도 에로티시즘을 받아들인 플라톤에게 공감하면서도 인간이라는 난잡한 세계와 타인을 인식하고, 타인에게 타자가 된다는 것이 뭔지도 잘 알았다. 머독의 소설 《바다여 바다여The Sea, the Sea》에서 주인공 찰스 애로우비가 하는 말을 들어보자.

그때 나는 어쩌면 몇몇 느슨한 끝단을 묶어줄 이 기회를 붙잡아야 한다는 기분도 들었다. 그러나 느슨한 끝단은 결코 단단하게 묶을 수 없고 언제나 새로운 끝단이 생겨나기 마련이다. 시간은 마치 바다처럼 모든 매듭을 풀어버린다. 사람들에 관한 판단은 결코 최종이 되지 못하고, 늘 한마디로 요약됐다가도 다시 나타나 재고해 볼 필요가 있음을 단번에 보여준다. 예술이 우리를 위로하려 다른 무엇을 가장한들 인간의 계획은 느슨한 끝단과 막연한 셈에 불과하다.

삶을 살아내면서 스스로의 정체성과 싸운 키르케고르와 죽음 후에 먹잇감이 된다고 한 사르트르가 떠오를지도 모르겠다. 이제 그 모든 생각을 뒤덮을 베케트의 절망 어린 씁쓸함을 만나보자.

머독처럼 생각하고 싶다면?

미와 선을 향해 눈을 크게 뜬 채 주목하며 자아를 벗어던지자.

30

Samuel Beckett

사뮈엘 베케트

왜 눈앞의 일에 집중해야 할까?

◆

나는 계속 나아갈 수 없다.
그래도 계속 나아갈 것이다.

베케트

베케트(1906~1989)는 '시간을 보내고 있다'고 말하는 사람들에게 자신만의 지혜와 유머를 뽐내듯 시간은 어쨌든 지나간다고 응수했다. 시간의 흐름은 고통과 권태, 무의미에 시달리는 많은 이에게 인간으로 산다는 것이 무엇인지를 통렬하게 그린 베케트의 소설과 희곡, 시의 핵심 주제이기도 하다. 철학자의 좋은 저작은 우리에게 생각할 거리를 안겨준다. 때로는 타인의 곤경을 신경 쓰지 않고 안주하듯 만족하며 살면서 자기 자신의 필멸성을 아무렇지도 않게 여기거나 심지어 그 필멸성을 외면하려 눈을 감아버리는 이들을 신랄하게 멈춰 세우기도 한다.

베케트의 초기 단편인 《단테와 바닷가재 Dante et le homard》의 등장인물 벨라쿠아는 숙모에게 줄 바닷가재 한 마리를 가게에서 가져온다. 포장지를 푼 벨라쿠아는 갑자기 바닷가재가 살아 있다는 것을 깨닫는다. 바닷가재가 움직였다. 신선하다는 생선 장수의 말은 틀리지 않았다. 바닷가재는 다양한 역경을 헤치며 살아남았다. 어리석은 고양이가 포장지를 쥐어뜯어도 살아남았는데, 이제는 숙모가 바닷가재를 펄펄 끓는 물에 빠뜨리려 하고 있었다.

숙모는 바닷가재를 식탁에서 말끔하게 들어올렸다. 바닷가재가 살 시간은 이제 30초쯤 남아 있었다. 벨라쿠아가 생각했다. 그래도 빠르게 죽는구나. 신이시여, 우리를 도우소서. 허나 그렇지 않으리라.

바닷가재는 끓는 물 속에서 보낸 30초를 어떻게 느꼈을까? 바닷가재에게는 얼마나 긴 시간처럼 느껴졌을까?

~

베케트의 소설과 희곡, 그의 생애에서는 고통에 대한 기민한 의식이 드러난다. 주요 등장인물들은 대개 빈곤하다. 예를 들면 착취당하는 이들, 배척당한 이들, 음울한 환경에서 살아가는 이들이다. 베케트는 때로 이들의 생물학적 기능 부전을 상스럽게 묘사한다. 그는 글을 쓸 때 정확한 단어와 문장의 운율을 사용하는 데 상당한 주의를 기울였다. 하지만 작품에서 드러난 베케트의 철학은, 이를테면 상아탑에서 셰리주 한 잔을 마시며 언어의 정확성을 검토하는 일과는 너무나 다르고 동떨어진 현실을 정직하게 그려낸다.

베케트는 기회가 있을 때마다 타인을 돕고자 했다. 인간이 겪는 고통은 물론 인간이 아닌 동물이 겪는 고통도 그의 마음을 움직였고 베케트는 이에 큰 영향을 받았다. 특히 동물을 위해 가능한 한 육식을 피하며 실천에 나서기도 했다. 미식의 나라 프랑스에서 누

지극히 사적인 철학

구보다도 예의 바른 저녁 식사 손님으로 살았던 베케트가 그 실천을 늘 지키기란 어려웠지만 말이다.

베케트의 작품에서 미약한 존재로서 광활한 우주 속에서 경험하는 외로움과 무력함은 수없이 등장한다. 베케트는 인간의 결점과 헛된 노고, 궁극의 공허를 폭로하고 강조했다. 쇼펜하우어와 마찬가지로 베케트는 금지된 지식이 아닌 번식이 아담의 대죄라고 봤다. 베케트는 슬하에 자녀를 두지 않았으며 아이들과 함께 있을 때 불편해했다. 또 기록으로 남아 있지는 않지만 어떤 비관적인 일이 생길지는 모르지만 가정은 무조건 꾸려야 한다고 주장하던 이들에게 분노했다는 말도 있다.

베케트의 작품에 등장하는 여러 인물은 존재하게 된다는 것, 태어난다는 것이 마침내 최후를 맞이하고 비존재로 돌아가는 것만큼 불안하고 우연한 사고인지를 여실히 보여준다. 1957년 작품《승부의 종말 Fin de Partie》에서 등장인물 암은 아버지를 저주하지만 어머니에 대해서는 나쁘게만 생각하지는 않는 경향을 보인다.

나는 어머니가 나를 품지 않으려 할 수 있는 모든 일을 단 한 가지만 빼고는 다 했음을 알고 있다. 어머니가 나를 떼어내는 데 실패했다는 건 운명이 내게 인정머리 없는 시궁창을 안겨줬다는 뜻이었다.

우리는 종종 '태어나지 않았으면 더 좋았을 텐데'라는 생각을 품는다. 앞서 쇼펜하우어와 함께 살펴본 소포클레스는 이 생각을 명시적으로 표현하기도 했다. 그런데 이를 '나로서는' 태어나지 않는 편이 더 나았으리라고 표현한다면 개념 면에서 의문이 생긴다. 내가 존재하지 않는데 어떻게 나에게 더 나을 수 있을까? 내가 태어나는 데 실패하거나 아주 어릴 때 고통 없이 죽는다면 그편은 나에게 더 나을까? 지금 이곳, 인생의 시궁창에 살아 존재하는 우리는 뭘 해야 할까? 여기에는 카프카의 격언이 잘 어울릴 것이다.

어느 지점부터는 더는 돌이킬 수 없어진다. 바로 그 지점에 도달해야만 한다.

베케트는 돌이킬 수 없게 된 우리가 예술과 비틀린 유머를 즐기고, 타인을 도우며 가능한 고통 없이 살아가기를 권하는 듯하다. 물론 많은 이가 성관계에 눈을 돌리고 생물의 성적 욕구에 의존하며 필연적으로 굴복한다. 베케트도 예외는 아니었다. 하지만 그는 그런 욕구에도 가치가 있다는 주장을 회의적으로 바라봤다. 《이름 붙일 수 없는 자L'innommable》의 화자는 이름이 루스인지 에디트였는지 모를 여자와 성관계를 맺은 이야기를 들려준다.

나는 풀려날 때까지, 애쓰기를 포기할 때까지 또는 그녀가 멈춰 달라고 애원할 때까지 열과 성을 다했다. (…) 내 생각엔 그저 얼빠진 짓 같았지

지극히 사적인 철학

만 (…) 그녀가 내게 사랑이라고 했기에 나는 사랑인 줄 알고 우아하기 그지없게 내 몸을 맡겼다.

베케트가 희곡으로 눈에 띄는 성공을 거둔 첫 작품은 1953년에 선보인 2막 구성의 〈고도를 기다리며 En attendant Godot〉였다. 주요 등장인물인 블라디미르와 에스트라곤은 고도를 기다리는 것 말고는 할 일이 없다. 언제 이 기다림이 끝날지도 모르는 채로 시간을 때우려 애쓰며 괴로이 시간을 보낸다.

어느 평론가는 이 작품을 두 번씩이나 아무 일도 일어나지 않는 연극이라고 평했다. 많은 관객이 작품의 주제를 온몸으로 느끼며 고통스러워할 정도로 지루해했고 지금도 그렇게 느끼는 이가 많다. 반면 어떤 이들은 이 작품이 두 번씩이나 표현하는 바에 압도당한다. 실제로 반복이라는 개념은 시간과 변화에 관심을 둔 베케트의 사상에서 자주 중요한 역할을 담당했다.

~

베케트는 1906년 아일랜드 더블린 부근에서 태어났다. 어떤 평론가들은 그가 죄책감을 자극하는 음울한 가톨릭 가정에서 자랐을 것이 분명하다고 가정하지만, 사실 그는 세속적인 상위 중산층 개신교도 가정에서 자랐으며 그에 걸맞게 기민한 크리켓 선수로 어느 정도 명성을 떨쳤다. 베케트는 더블린트리니티칼리지에서 프랑스 문학과 이탈리아 문학을 공부했다. 고등 학계에 진출할 수도 있었던 그는 작가가 되기로 결심했고, 막 작가가 됐을 때는 대체로 프랑스 파리에 거주하며 가난하게 생활했다. 그는 〈고도를 기다리며〉를 포함한 작품 대부분을 프랑스어로 집필했으며 직접 영어로 번역했다.

1940년대에도 베케트는 평화로운 아일랜드보다 전쟁 중인 프랑스가 더 낫다면서 파리에 남았다. 이 시기에 어떤 활동을 했는지는 베일에 싸여 있는데 그가 목숨을 걸고 프랑스 레지스탕스로 활동했기 때문이다. 베케트는 1960년대에 이르러 문학계 명사로 인정받기 시작했으며 1969년 노벨문학상을 받으면서 전 세계적으로 주목받았다. 그런데 베케트는 상금을 모두 포기했다. 야망과 성공의 훈장에 어떤 매력도 느끼지 못한 베케트는 자기 작품에 드러나는 쓸쓸함에 걸맞은 삶을 살았다. 이와 관련해 한 일화가 전한다.

1960년대의 어느 날 베케트는 친구들과 런던의 로드스크리켓경기장으로 향하다가 리젠트공원을 지나면서 새파란 하늘과 초록빛 나무가 아름답다고 말했다.

"그렇지, 이런 날에는 살아 있다는 게 참 좋단 말야."
어느 친구가 말하자 베케트는 이렇게 대답했다.
"글쎄, 난 거기까지 가진 않을게."

지극히 사적인 철학

〈고도를 기다리며〉의 등장인물 블라디미르와 에스트라곤은 시간을 보내며 각각의 인간성을 드러내고 서로의 존재에 의지해 그럭저럭 버텨나간다. 어떤 평론가들은 이 작품이 구원이라는 희망을 암시하며 고도가 신이라고 해석한다. 베케트는 만약 고도가 신이라면 신이라고 이름 지었으리라고 답했다. 고도의 신성 논의를 차치하고 보면 이 작품에는 그리스도와 함께 못 박힌 두 명의 도둑 이야기도 나온다.

"두 도둑 중 한 명은 살았다네. 그만하면 합리적인 비율이지."
블라디미르가 말했다.

구원받을 확률이 50 대 50이라는 점에서 베케트는 절망은 견딜 수 있어도 희망은 참을 수 없다는 신랄한 말에 공감했을 것이다.

철학적 작품이 무대 위에 올라갔을 때 관객들의 반응이 각양각색이었다고 해보자. 이는 우리가 철학적 사고에 대해 고찰할 때 매우 중요한 의미를 던진다. 표현된 것은 여러 관점에서 바라보고 여러 방식으로 이해할 수 있다. 이 논의는 어느 순간에는 오리로 보이고 다른 순간에는 토끼로 보이는 그림 하나를 상기시킨다. 비트겐슈타인과 함께 언급했던 위즈덤은 말이 한순간 사물을 얼마나 다르게 비출 수 있는지에 주목하면서 어느 여인 이야기를 들려줬다.

여인은 모자 하나를 쓰면서 이 모자가 오늘 갈 곳에 어울릴지 고민했다. 그때 여인의 친구가 여인을 보더니 소리쳤다.

"타지마할이구나!"

이 말만으로도 여인은 그 모자가 제 의도와는 어울리지 않는디 는 것을 순식간에 깨달았다.

〈고도를 기다리며〉는 지각이 여러 갈래로 나뉜다는 점을 지적할 뿐만 아니라 교훈을 준다. 에스트라곤에 따르면 씹고 삼키고 토하고 '온갖 걸 분비하는' 인간의 생물학적 육신이라는 조건을 다시 한번 상기시킨다. 우리는 인생에 관한 베케트의 철학 전반에서 인간성의 찌꺼기뿐만 아니라 육신의 쇠락 또한 마주한다. 육신의 누출, 이를테면 우리 모두에게 영향을 미치며 결국 죽음으로 우리를 인도하는 질병과 불능, 분열과 자기혐오는 철학계에서 학문으로 논하는 주제가 아니다. 베케트의 다른 소설 《몰로이Molloy》의 주인공 몰로이는 인생의 시간을 논하며 이렇게 말한다.

이제 나는 이미 끝난 뭔가를 이야기하고 이제는 여전히 계속되는 농담을 이야기하지만 사실 어느 쪽도 아니라네. 그건 이미 끝난 동시에 여전히 계속되기 때문이지. 그런 걸 가리키는 시제가 있던가?

데카르트가 '나는 생각한다, 고로 존재한다'라는 뜻의 'cogito

ergo sum'을 사용했다면 베케트는 '이제 나는 내가 무엇인지 모르겠다'라는 뜻의 'nescio quid ergo sum'을 제시했다. 이는 베케트의 작품에 등장하는 수많은 주요 인물에게 적용된다. 베케트의 1972년 독백 〈내가 아니다Pas moi〉는 어두컴컴한 무대에서 정체 모를 한 사람의 입술에만 조명을 비춘다. 그 입술은 과거의 사건과 갈등에 대한 말들을 빠르게 뱉어낸다.

…바깥…, 이 세계에…, 아주 작은 것이…, 그 시간 이전에….

나는 분명 한 사람의 몸을 가지고 있지만 내 개인의 동일성은 신비롭고 유동적이며 변화한다. 베케트는 바로 이 점을 강조했다. 1958년의 희곡 〈크라프의 마지막 테이프La dernière bande〉에서 유일한 등장인물인 크라프는 지금 머릿속에 떠오르는 생각을 녹음하려 한다. 이날은 그의 69번째 생일이었다. 그는 입으로 '스풀spool'이라고 소리 내면서 테이프가 감긴 스풀을 뒤적여 39번째 생일에 녹음했던 테이프를 꺼내 들었다.

이 테이프를 재생해 듣던 크라프는 스스로를 돌아본다. 그는 한때 마음속에 불꽃을 품었던 스무 살의 이상적인 젊은이였고, 이제는 불에 타 사라지고 있지만 아직 목표를 달성할 마음만은 남아 있었다. 크라프는 새 스풀을 꺼내 69번째 테이프를 녹음하기 시작했으나 짜증과 절망, 실망에 휩싸인 그는 마이크에 대고 스풀이라는 말이 참 재미있다고 말했다. '스푸울.' 그것 말고는 할 말이 없었다. 그게 최선이었다.

동일성과 기억, 그들의 반복에 관한 수수께끼는 베케트가 BBC 텔레비전을 위해 쓴 1965년의 희극 〈에, 조Eh Joe〉에서도 드러난다. 방 안에 홀로 앉은 조는 이곳이 안전하다고 여긴다. 그때 어디선가 여인인 자기 자신인지 모를 목소리가 들려온다. 목소리는 조명 아래 앉은 조에게 질문을 던지고, 과거를 상기시키고, 자기 자신을 보호하려 애쓰는 그를 조롱한다. 그렇게 극은 계속된다.

이 당혹감은 우리의 의식과 관련된다. 우리가 철학적으로 생각하고 고찰한다면 그때부터는 자기 자신, 그리고 시간에 걸친 나의 지속성을 어떻게 이해해야 할지 모르게 된다는 것을 뼈저리게 알려준다. 흄은 "형식적 산문에 있어서 프랑스의 작가 마르셀 프루스트 Marcel Proust 는 섬세한 문예적 스타일과 세부 사항을 통해 우리의 기억과 기억을 부르는 실마리를 보여주고, 베케트는 고통스럽고 무시무시한 당혹감을 안겨준다"라고 말했다.

～

베케트가 그린 인생의 초상은 다른 철학자들이 그린 초상과 대조를 이룬다. 앞서 비트겐슈타인과 함께 만난 램지를 떠올려 보자.

　　　　　　　　　　　　　지극히 사적인 철학

나는 천상의 광대함 앞에서 조금도 겸손한 마음이 들지 않는다. 별들은 크지만 생각하거나 사랑할 수는 없다. 내게는 이런 자질이야말로 크기보다 훨씬 더 큰 인상을 준다. 나는 내가 바위 17개에 달할 만큼 무겁다고 자처하지 않는다. (⋯) 때가 되면 세계는 차가워질 테고 만물이 죽을 테지만 아직 그때까지는 한참이 남아 있으며 그 현재 가치를 복리 할인으로 따져본다면 무에 가깝다. 또 미래가 공허하다고 해서 현재의 가치가 낮아지지도 않는다. 나는 내 그림의 전경을 가득 메운 인류가 흥미롭고 대체로 감탄할 만하다고 생각한다.

이것이 바로 1925년 당시 많은 존경을 받았던 케임브리지의 젊은 거물이자 킹스칼리지의 펠로우, 탄탄대로를 걸을 일만 남았던 천재의 특권에 빛나는 견해였다. 이로부터 불과 5년 후 램지는 황달에 걸려 26세의 나이로 숨을 거뒀다. 베케트의 태도는 램지보다 오히려 가곡의 왕으로 불리는 오스트리아 작곡가 슈베르트Schubert가 음악과 글을 통해 표현한 태도와 더욱 닮았다. 정확히는 치료제 없는 매독에 걸린 슈베르트의 태도와 말이다. 슈베르트는 1828년 31세의 나이로 세상을 떠났다. 그는 한 편지에서 이렇게 썼다.

나는 세상에서 가장 불행하고 비참한 존재인 듯하다. 다시는 건강을 되찾지 못하는 사람, 호전되기는커녕 그 깊은 절망 속에서 더욱더 나빠지기만 하는 사람을 상상해 보라. (⋯) 밤마다 나는 다시는 일어나지 않기를 바라며 침대에 눕고, 아침마다 그저 어제의 슬픔을 떠올릴 뿐이다.

베케트의 1980년 독백 〈자장가Rockaby〉는 흔들의자에 앉은 한 여인에게 초점을 맞춘다. 노래하듯 읊조리는 그녀의 녹음된 목소리가 흘러나온다. 극은 이렇게 시작한다.

비로소 마지막에 이르러 그날이 왔단다.
마지막이 다가왔단다.
오랜 날을 마무리하면 (⋯)
그녀가 멈춰 세운 시간이여.

어떤 이들은 베케트의 사상이 도가 사상과 관련된 정적주의의 일종이라고 본다. 1951년 소설《말론 죽다Malone meurt》에서 화자는 "이 소란 너머에는 거대한 평온과 거대한 무관심이 있을 것이며, 다시는 그 무엇으로도 괴롭지 않을 것이다"라고 말한다. 하지만 베케트의 등장인물은 거의 언제나 고요한 기쁨보다는 쓸쓸하고 당황한 기색을 띤다. 또 작가 본인처럼 냉철한 경향을 보인다. 베케트의 중편소설《끝La fine》은 "끝낼 용기도 없고, 계속할 힘도 없다"라는 구절로 끝을 맺는다. 또《승부의 종말》에는 이런 구절이 나온다.

클로브: 다음 생을 믿나요?

지극히 사적인 철학

암: 제 삶은 언제나 그랬습니다.

1960년대 영국을 주름잡았지만 우울증에 시달린 배우 토니 핸콕은 자신의 묘비에 이 같은 글을 새겼다.

왔었노라.
갔노라.
그 사이에는 아무것도 없노라.

베케트의 1969년 희곡 《숨Breath》은 공연 시간이 단 25초에 불과하다. 대사는 한 마디도 없고 오직 숨소리만 있을 뿐이다. 그러니 이제 가장 처음으로 돌아가 노자와 베케트가 어떤 조화를 이루는지 생각해 보자. 노자처럼 생각하고 싶다면? 궁극적으로는 아무 말도 하지 않는 편이 가장 좋다.

베케트처럼 생각하고 싶다면?

골자로, 최소한으로 돌아가자. 숨소리로 돌아가고 무로 돌아가자.

에필로그

> 그녀는 날마다 거대한 직물을 짰으나
> 밤이면 다시 그물을 풀었다.
>
> 호메로스

지금까지 30인의 철학자와 그들의 상충하는 주장, 장엄한 사색과 삶을 대하는 방식을 살펴보며 걸어왔다. 여기서 여정을 접어야 할까? 나는 아니라고 생각한다. 라이프니츠는 실체라는 한 가지 개념을 파고들다 보니 새로운 세상이 눈앞에 펼쳐졌다고 했다. 우리 앞에는 수많은 멋진 세계를 보여줄 수많은 개념과 난제, 질문이 있다. 더 생각해 보거나 고찰해 봐도, 때로는 숙고해 보고 거부해도 좋을 것이다. 또 무엇보다 약간의 웃음이 함께한다면 더욱 좋을 것이다. 예컨대 '나는 그렇게 생각하지 않는다'와 관련해 데카르트가 등장하는 농담 하나가 떠오른다.

지극히 사적인 철학

데카르트가 술집에 앉아 있었다. 누군가가 그에게 술을 마시겠냐고 묻자 데카르트가 대답했다.

"생각 없습니다."

그리하여 생각하지 않는 데카르트는 존재를 잃고 순식간에 사라졌다.

유머는 종종 철학적 명제의 이상한 특징을 비추거나 그 밑에 숨은 난제를 드러낸다. 이 농담은 데카르트의 다른 말을 상기시킨다.

생각이 곧 자아의 본질이라는 견해를 철저하게 고수하려면 인간이 깊이 잠들어 있을 때도 생각하고 경험해야만 존재할 수 있다.

우리는 이 말을 기억해야 한다. 하지만 꿈속에서 생각하고 경험하더라도 잠에서 깨면 분명히 다 잊어버릴 것이다. 이 또한 용납 가능한 철학적 결론일까? 아니면 데카르트의 논증에 오류가 있음을 시사하는 역설일까?

첫머리의 글귀는 고대 그리스의 가장 유명한 시인 호메로스Homeros의《오디세이아Odyssey》에서 가져왔다. 페넬로페는 이타카의 여왕이자 오디세우스의 아내다. 오디세우스가 수년이 지나도 돌아오지 않자 그가 전쟁에서 목숨을 잃었을지도 모른다고 생각한 많은 이가 페넬로페에게 청혼했다. 페넬로페는 시아버지를 위한 수의를 다 짜기 전에는 결혼할 수 없다고 주장했다. 그렇게 그녀는 날마다 천을 짰고 밤이면 천을 풀어버렸다.

페넬로페는 자신이 영리한 사상가임을 증명했다. 천을 짜고 다시 풀어내는 페넬로페의 행동을 보면 시간에 걸친 반복과 수정이 연상된다. 이 책을 여기에 빗대면 한 철학자가 철학을 짜놓으면 다른 철학자가 나타나 그 철학을 풀어버리고, 잠시 후 또 다른 철학자가 나타나 첫 번째와 같은 방식을 사용하면서도 다른 문양으로 천을 짜내는 모습을 그릴 수 있겠다. 바로 이런 면에서 철학과 과학적 탐구를 통한 명백한 발전에 차이가 있다. 헤겔이나 마르크스가 어떻게 주장하든 철학에는 깔끔한 선형적 발전이 없다. 철학자들은 현실과 도덕, 지식을 각기 다른 빛으로 밝힌다. 어떤 사물의 가치는 그 사물을 각기 다른 시간과 공간의 관점에서 바라볼 때 드러난다.

대학의 철학 수업은 위대한 철학자들이 어느 지점에서 틀렸는지를 찾아보는 틀린 그림 찾기 놀이로 전락할 수 있다. 20세기 시인 스티븐 스펜더Stephen Spender는 옥스퍼드대학의 철학 수업이 장애물 경주와 닮았으며 학생들이 논리적 함정을 피하는 데 집중한다고 지적했다. 철학 세미나는 좋은 철학적 사고들이 경합을 벌이는 곳이지만 때로는 점수를 매기는 장이 된다. 예를 들면 상대방의 논증에서 빠르게 오류를 찾아내거나 경탄스러운 라틴어 이름을 붙여 경합에서 이기는 데 혈안이 된다.

하지만 상대방의 논증에 아무 오류가 없을 수도 있다. 만약 오류가 있다 해도 관대한 정신과 진리를 향한 열망을 바탕으로 그 논증

지극히 사적인 철학

에 좋은 의의가 숨어 있는지 고찰해 보면 어떨까? 또는 오류를 제거하고 때에 따라 라틴어 이름표를 곁들여 표현할 수 있을지 살펴봐야 할 것이다. 나 역시 이 책에서 한 철학자의 이야기를 끝맺을 때마다 결론이 제대로 도출되지 않았다거나 어느 입장에 자기모순이 숨어 있는지를 밝히는 등 세상을 떠난 철학자들에게 점수를 매기는 불명예스러운 방식에 빠져들었다. 철학자들이 어떻게 살았고 생각했는지를 보여주기 위해 쓴 책이기 때문이라는 말로 변명하겠다.

그래도 열린 마음으로 견해와 논증을 살펴보면 좋겠다. 진심으로 이해하고 싶다면 어느 정도 겸손한 태도를 갖추라고도 권하고 싶다. 어떤 철학자들의 사상은 아무리 열심히 쪼아도 너무 단단해서 먹기 어려운 새 모이 같을 것이다. 왜 그럴까? 무엇이 그럴까? 답이 무엇이든, 그런 사상을 가리켜 '흠잡을 데 없다'라고 한다.

~

이 책을 통해 살펴본 30인, 이에 얽힌 많은 인물은 철학자로 인정을 받든 받지 못하든, 널리 칭찬을 받든 받지 못하든 모두 어느 정도 이름이 알려진 이들이다. 런던 소호의 한 골목에는 마르크스가 1850년대 초 이곳의 작은 아파트에 산 것을 기념하는 파란색 명판이 붙어 있다. 그 집은 현재 값비싼 레스토랑이 되었는데도 여전히 많은 관광객이 명판을 짚고 간다. 위신이 전부가 아님을 보이기 위해 영국의 소설가 포스터가 남긴 감상 하나를 살펴보도록 하자.

포스터는 블룸즈버리그룹 소속이자 케임브리지대학의 유명한 비밀 결사인 사도회의 일원이었다. 포스터는 골즈워디 로우스 디킨슨Goldsworthy Lowes Dickinson, 줄여서 골디Goldie의 전기를 썼다. 골디는 케임브리지 킹스칼리지의 인재이자 사도회의 일원이었다. 골디가 살았던 런던 켄싱턴의 골목에도 파란 명판이 붙어 있다. 포스터는 골디가 위대한 철학자도, 재능 있는 작가도 아니었으며 개혁가로 성공하지도 못했다고 지적했지만 그에게도 그만의 장점이 있었다.

(골디는) 사랑스럽고 애정이 넘치며 이타적이고 똑똑하고 위트 있고 매력적인 성격이 (…) 그에게 녹아들어 드문 존재로 거듭났으며, 그를 만난 이들은 한때 그가 살았다는 이유만으로 나머지 인류에 큰 희망을 품었다.

이 책을 읽고 철학자들의 위대한 사상에 사로잡혔다면 골디에 대한 포스터의 감상은 우리가 인생을 살아갈 때 무엇이 중요한지를 고려하는 데 도움이 될 것이다. 수많은 금기에서 벗어나는 것도 중요하다. 전기를 집필하던 포스터는 골디가 가죽 부츠와 관련한 동성애적 욕망을 채우지 못하고 이를 해결하려 애쓰는 과정에서 트라우마에 시달렸다는 사실을 공공연하게 밝힐 수 없었다. 골디는 이 이야기를 자서전에 솔직하게 털어놨다. 하지만 포스터는 이를 그대로 출간하는 것은 어리석은 일이라고 생각했다. 결국 그 글은 그

지극히 사적인 철학

가 세상을 떠난 지 40여 년이 지난 후, 공적인 영역에서 성관계에 대한 태도가 한층 자유로워지고 나서야 세상의 빛을 봤다.

～

　어떤 분야에서는 철학을 단번에 무시하기 위해 '그래서 어디에 쓸모가 있나요?'라고 묻는다. 우리는 어떤 행동에 쓸모가 없을지언정 가치는 있음을 밝히는 것이 철학의 한 가지 쓸모라고 답할 수 있다. 떠오르는 태양을 바라보고 높은 산을 하이킹하거나 콘서트에 가거나 친구들과 밤새 와인과 가십을 나누는 행동은 어디에 쓸모가 있을까? 혹자는 그저 쾌락을 경험하기 위해서라고 답할 수도 있다. 플라톤의 예시를 빌리자면 궁극적으로 모든 가치가 쾌락적 만족에서 나온다고 생각하는 이들은 그저 가려움을 유발하는 가루를 몸에 바르고 긁으며 만족하면 될 것이다.

　철학적 사고는 인생에 경험 이상의 뭔가가 있다는 것을 알려준다. 적어도 인공지능이나 인간 신경학 지식을 통해 인간의 삶을 이해하려는 일부 철학자와 신경학자의 계획에 의문을 제기한다. 그들은 정말 우리가 생각하고, 눈을 반짝이고, 의심하고, 단어를 눈으로 보고, 〈이타카〉를 인용하는 모든 행동을 몸속의 신경학적 변화에 따른 결과로 완전히 설명할 수 있다고 생각할까? 만약 그렇다면 행운의 포르투나가 극단적으로 우리 편에 서 있다고 단언하는 셈이지 않을까? 우리가 종이 위의 모양과 입에서 나오는 소리를 마주한다고 하자. 여기서 참된 주장과 타당한 연역, 좋은 추론처럼 말이 되는 말들을 알아볼 정도로 전기 자극과 화학적 신호가 일정한 패턴을 그릴 확률이 얼마나 될까? 물론 이 또한 포르투나 양의 손에 달려 있을 것이다.

철학자 30인은 모두 진리를 추구했다. 어떤 이들은 더 과학적인 계획과 형식을 통해 앞으로 나아가려 했고 어떤 이들은 더 인상주의적인 노선을 택했다. 어떤 이들은 객관적인 신의 눈을 통해 세상을 바라보려 했고 또 어떤 이들은 내면에서 무엇이 파생하는지 바라보는 데에 만족했다. 철학의 발산을 잘 보여주는 일화 하나는 다시 한번 비트겐슈타인에게서 찾아볼 수 있다. 1930년 그는 친구이자 학생이었던 더블린병원의 정신과 레지던트, 모리스 오코너 드루리Maurice O'Connor Drury 에게 말했다.

케임브리지를 돌아다니다가 한 서점을 지나쳤는데 창문에 러셀과 프로이트, 아인슈타인의 초상화가 붙어 있었다네. 조금 더 걸어가니 음반 상점이 있었고 베토벤과 슈베르트, 쇼팽의 초상화가 보였지. 초상화들을 비교해 보니 불과 지난 100년 동안 인간 정신이 얼마나 끔찍하게 퇴화했는지가 강렬하게 느껴졌다네.

우리의 철학적 감상은 음악과 노래, 오페라를 비롯한 여러 형태

지극히 사적인 철학

의 예술을 통해 확장될 수 있다. 역설적으로 말하자면, 철학적 생각은 생각에 한정될 필요가 없다. 슈베르트가 작곡한 〈겨울 나그네 Winterreise〉의 선율과 가사는 눈발이 날리는 가운데 최선을 다해 손풍금을 연주하는 어느 악사의 모습을 그린다. 악사는 어쩌면 정적주의를 따라, 베케트의 체념을 따라, 도를 따라 '모든 걸 흘러가는 그대로 놔둔다. 아무도 들으려 하지 않아도 그의 손풍금은 절대 멈추지 않는다'.

프롤로그에서 살펴본 카바피의 〈이타카〉는 우리에게 언제나 이타카를 마음에 품고 있어야 한다고 명한다. 시의 뒷부분은 이렇다.

절대 여행을 서두르지 마라.
여러 해가 걸리도록 놔두는 편이 더 좋다.

우리의 철학 속 이타카는 여전히 손에 잡힐 듯 잡히지 않는 목적지로 남아 있을지도 모르겠다. 그렇지만 여행하는 동안 우리가 어떤 행동을 하든, 어떤 생각을 하고 어떤 질문을 던지든, 그것이 얼마나 사소하든 장엄하든 니체와도 관련된 다음 문장으로 돌아가서 철학의 사유를 한다면 도움이 될 것이다.

모든 것은 긴밀히 협력한다.

참고자료·추천 문헌

많은 철학자의 주요 저작은 현재 온라인에서 무료로 접할 수 있으며, 이 책에서 사용한 인용구 대부분도 인터넷 검색으로 어렵지 않게 만날 수 있다. 여기서는 각 철학자의 생애와 사상, 비판적인 논평을 만나볼 수 있는 몇 가지 문헌을 제시한다. 모두 쉽게 찾을 수 있는 정보인 만큼 불필요한 세부 사항을 적어 글을 어지럽히지 않으려 한다.

프롤로그

여러 철학자의 주요 저작을 엮은 책으로는 존 코팅햄John Cottingham이 편찬한 《서양철학 문집Western Philosophy: An Anthology》 2판(2007)을 권한다. 영상으로는 BBC Television에서 브라이언 매기Bryan Magee와 함께 제작한 시리즈가 당시 철학자들의 논의를 담고 있어 시청할 만하다. 유튜브에서 볼 수 있으며 《위대한 철학자들The Great Philosophers》(1987)이라는 책으로도 출간되었다. 몇몇 철학자에 관한 독특한 접근은 레이몬드 게스Raymond Geuss의 《주제 바꾸기: 철학, 소크라테스부터 아도르노까지Changing the Subject: Philosophy from Socrates to Adorno》(2017)와 조너선 레Jonathan Rée의 《철학 이야기Philosophical Tales》(1987)가 있다.

01 노자

논리학자 레이먼드 M. 스멀리언Raymond M. Smullyan의 재미있고 독특한 입문서 《도는 고요하다The Tao is Silent》(1977)를 특히 추천한다. 더 대중적인 입문서로는 장추원Chung-yuan Chang의 《창의와 도가Creativity and Taoism》(1963)가 있다. 《도덕경》은 폴 카루스Paul Carus의 영역본(1913)을 비롯해 고금을 막론하고 여러 번역본으로 접할 수 있으며, 다양한 해석의 가능성을 담은 비옥한 땅이 돼준다.

02 사포

다양한 창의적 번역을 접할 수 있다. 어떤 시인들은 사포의 조각시에 살을 덧대고자 했고, 몇몇 고전학자는 추정상의 기존 의미를 지키는 편을 선호했다. '달콤쓸쓸함'을 강조한 앤 카슨이 탁월하게 번역해 많은 찬사를 받은 사포의 시 영역본은 《만약 아니라면, 겨울: 사포 조각시If Not, Winter: Fragments of Sappho》(2002)에서 볼 수 있다.

　　　　　　　　　　　　　　　지극히 사적인 철학

03 엘레아의 제논

소크라테스 이전의 글을 담은 결정적 문집으로는 G. S 커크G. S. Kirk, J. E 레이븐J. E. Raven, M. 스코필드M. Schofield가 편찬한 《The Presocratic Philosophers: A Critical History with a Selection of Texts》 2판(1983)이 있다. 역설에 관한 논문은 웨슬리 샐먼Wesley Salmon 편저 《제논의 역설 Zeno's Paradoxes》(1970)을 참조하라. 역설에 관한 더 일반적인 글로는 내 저서 《이 문장은 거짓이다: 역설 그러니까 패러독스 그리고 딜레마 그래서 논리 This Sentence is False: An Introduction to Philosophical Paradoxes》(2010)도 있다.

04 소크라테스

《소크라테스의 변론》과 함께 살펴볼 만한 《대화편》으로는 〈에우튀프론Euthyphro〉, 〈크리톤〉, 〈파이돈〉 등이 있으며, 펭귄클래식출판사에서 이를 《소크라테스의 말로 The Last Days of Socrates》(2003)라는 제목으로 펴냈다. 소크라테스의 생애에 관해서는 아먼드 단거Armand D'Angour의 《사랑에 빠진 소크라테스: 철학자의 탄생 Socrates in Love: The Making of a Philosopher》(2020)을 읽어보라.

05 플라톤

단권으로는 존 M. 쿠퍼John M. Cooper 편저 《플라톤 전집 The Complete Works of Plato》(1997)이 있다. 플라톤의 《향연》을 프리스비 쉐필드Frisbee Sheffield와 M. C. 호왓슨M. C. Howatson 편저(2008)로 읽어본다면 그의 사상에 입문하는 좋은 방법이 될 것이다. 주요 저작인 《국가》의 영역본으로는 H. D. 리H. D. Lee가 번역하고 멀리사 레인Melissa Lane이 소개한 펭귄클래식판(2007)이 있다. 버나드 윌리엄스Bernard Williams는 《플라톤: 철학의 발명 Plato: The Invention of Philosophy》(1998)과 《과거라는 감각 The Sense of the Past》(2006)에 짧은 개론을 실었다.

06 아리스토텔레스

조너선 반스Jonathan Barnes 편저 《아리스토텔레스 전집 The Complete Works of Aristotle》(1984)는 두께감 있는 두 권으로 구성돼 있으며 읽는데 다소 노력이 필요하다. 윤리학부터 접하는 편이 아마도 아리스토텔레스에 직접 입문하는 가장 좋은 방법일 듯하다. 로버트 C. 바렛Robert C. Bartlett과 수전 D. 콜린스Susan D. Collins의 《니코마코스 윤리학 The Nicomachean Ethics》(2011)을 추천한다. '어떻게 살아야 하는가'에 초점을 맞춘 입문서로는 이디스 홀Edith Hall의 《아리스토텔레스의 길: 고대의 지혜가 삶을 바꾸는 방법 Aristotle's Way: How Ancient Wisdom Can Change Your Life》(2018)이 있다. 고대 중국에서 논한 행복에 관해서는 마이클 닐란Michael Nylan의 《중국의 기쁨책 The Chinese Pleasure Book》(2018)을 권한다.

07 에피쿠로스

에피쿠로스 철학은 《메노이케우스에게 보내는 편지Letter to Menoeceus》에 잘 드러나고, 루크레티우스 철학은 《사물의 본성에 관하여On the Nature of Things》에서 볼 수 있다. 에피쿠로스주의과 스토아철학, 기타 철학을 비교하고 대조해 보고 싶다면 A. G. 롱A. G. Long의 《고대 철학 속 죽음과 불멸Death and Immortality in Ancient Philosophy》(2019)과 마사 누스바움Martha Nussbaum의 매우 상세한 저서 《헬레니즘 윤리학에서 욕망을 치유하는 방법, 이론과 실천 The Therapy of Desire, Theory and Practice in Hellenistic Ethics》(1996)을 참조하라.

08 이븐 시나

시나의 《영혼 개론Compendium on the Soul》은 다양한 번역본으로 접할 수 있으나 영역본의 경우 합리적인 가격으로 구하기가 쉽지 않다. 명쾌한 입문 개관은 존 맥기니스Jon McGinnis의 역서(2010)를 참고하라. 피터 애덤슨Peter Adamson 편저 《이븐 시나 해석하기Interpreting Avicenna》(2013)는 시나의 생애와 저작을 담은 훌륭한 문집이다.

09 르네 데카르트

데카르트의 《제1철학에 관한 성찰Meditations on First Philosophy》은 필독서다. 코팅햄이 번역하고 편찬한 책(2016)을 추천한다. 데카르트가 몇몇 반론을 논박한 글도 포함돼 있다. 데카르트의 삶을 보고 싶다면 A. C. 그레일링의 《데카르트 전기Decartes, the Biography》(2005)를 권한다. 데카르트의 철학을 면밀하게 분석한 책은 버나드 윌리엄스Bernard Williams의 《데카르트: 순수 의문 기획Decartes: The Project of PureEnquiry》(1978)다.

10 바뤼흐 스피노자

스티븐 내들러Steven Nadler의 《죽음은 최소한으로 생각하라: 삶과 죽음에 대한 스피노자의 지혜Spinoza on How to Live and How to Die》(2020)와 《스피노자의 이단Spinoza's Heresy》(2000)은 훌륭한 개론이다. 스피노자를 직접 살펴보고 싶다면 에드윈 컬리Edwin Curley 편저 《스피노자를 읽는 사람: 윤리학과 기타 저작A Spinoza Reader: The Ethics and Other Works》(1994)을 권한다. 라이프니츠와의 연결고리에 관해서는 다음을 참조할 수 있다. 수전 제임스Susan James의 《스피노자가 말하는 철학, 종교, 정치: 신학정치론Spinoza on Philosophy, Religion, and Politics: The TheologicoPolitical Treatise》(2012)은 스피노자를 전후 상황과 함께 보여주는 탁월한 저작이다.

11 고트프리트 라이프니츠

〈단자론Monadology〉을 포함한 전집은 G. H. R. 파킨슨G. H. R. Parkinson 편저 《라이프니츠의 철학 저작 Leibniz's Philosophical Writings》(1973)을 참조하라. 생활양식의 차이에 관해서는 매튜 스튜어트 Matthew Stewart의 《조신과 이단자: 라이프니츠, 스피노자, 그리고 근대 세계에서 신의 운명 The Courtier and the Heretic: Leibniz, Spinoza, and the Fate of God in the Modern World》(2006)을 재미있게 읽을 수 있을 것이다. 라이프니츠의 철학을 다룬 입문서로는 리처드 T. W. 아서 Richard T. W. Arthur의 《라이프니츠 Leibniz》(2014)가 있다. '박쥐가 된다면 어떨까?'라는 유명한 질문은 토머스 나이젤 Thomas Nagel이 고안했다. 크립키는 1970년대 일련의 강연을 통해 가능세계에 관한 중요한 연구를 선보였으며 그 내용을 매우 읽기 좋은 저서 《이름과 필연 Naming and Necessity》(1980)으로 펴냈다.

12 조지 버클리

버클리의 《세 편의 대화 Three Dialogues》는 좋은 출발점이다. 데스몬드 M. 클라크 Desmond M. Clarke가 편찬한 전집 《버클리: 철학 저작 Philosophical Writings》(2009)에 주석과 함께 실린 글이다. 버클리의 생애에 관해서는 톰 존스 Tom Jones가 쓴 《조지 버클리: 철학적 삶 George Berkeley: A Philosophical Life》(2021)이 있다. 버클리와 많은 철학자가 논박한 로크의 저작은 《인간 지성론 An Essay Concerning Human Understanding》이며, 로저 울하우스 Roger Woolhouse 편저(1997) 등이 있다.

13 데이비드 흄

흄의 글 중에서는 《자살에 관하여 On Suicide》, 《기적에 관하여 On Miracles》, 《비극에 관하여 Of Tragedy》를 비롯한 에세이가 가장 읽기 쉽다. 매우 짧지만 감동적인 자서전 《나의 생애 My Own Life》 또한 참조하라. 흄은 《인간 본성에 관한 논고》의 접근성을 높이기 위한 시도로 《인간오성의 탐구 An Enquiry Concerning Human Understanding》를 썼으며, 스테판 버클 Stephen Buckle 편저(2007) 등으로 만나볼 수 있다. 대표적인 전기로는 1980년에 개정된 E. C. 모스너 E. C. Mossner의 《데이비드 흄의 생애 The Life of David Hume》가 있다. 또 데니스 라스무센 Dennis Rasmussen의 《무신론자와 교수: 데이비드 흄과 애덤 스미스, 상반된 두 거장의 남다른 우정 The Infidel and the Professor: David Hume, Adam Smith, and the Friendship that Shaped Modern Thought》(2017)은 흥미롭게 읽을 수 있다. 빈학파에 관해서는 데이비드 에드먼즈 David Edmunds와 그의 재미있는 저서 《슐리크 교수 살인사건: 빈학파의 흥망성쇠 The Murder of Professor Schlick: The Rise and Fall of the Vienna Circle》(2020)를 참고하라.

14 이마누엘 칸트

《비판》은 읽기 매우 까다롭지만, 케임브리지에서 펴낸 가이어 Guye, 우드 Wood 편저 《순수이성비판 Critique of Pure Reason》(1998)로 정면 돌파를 추천한다. 윤리학에 관해서는 크리스틴 코스가드Christine Korsgaard의 《칸트: 도덕의 형이상학을 위한 기초Kant: Groundwork of the Metaphysics of Morals》(2012)를 추천한다. 로저 스크루턴Roger Scruton이 쓴 칸트 개론은 매우 읽기 좋으며 《독일의 철학자: 칸트, 헤겔, 쇼펜하우어, 니체German Philosophers: Kant, Hegel, Schopenhauer, Nietzsche》(2001)에 다시 실렸다.

15 아르투어 쇼펜하우어

그의 유명한 에세이 저작들은 저서 《행복론과 인생론: 단편 철학 에세이 2Parerga and Paralipomena: Short Philosophical Essays II》에서 볼 수 있다. 크리스토퍼 재너웨이Christopher Janaway가 편찬한 케임브리지 판(2016)을 추천한다. 재너웨이가 앞서 언급한 《독일의 철학자》 전집의 칸트 부분에 실은 쇼펜하우어 개론 또한 읽어보길 권한다. 더 꾸준히 읽을 수 있는 책으로는 브라이언 마기Bryan Magee의 폭넓은 저서 《쇼펜하우어의 철학The Philosophy of Schopenhauer》(1997)이 있다.

16 존 스튜어트 밀

밀이 어떤 사람이었는지 가늠해 보려면 그의 《자서전Autobiography》을 참조하라. 이외에도 다양한 문집에서 찾아볼 수 있는 《자유론On Liberty》, 《공리주의Utilitarianism》, 《여성의 종속The Subjection of Women》 등을 권한다. 그의 생애를 전후 상황과 함께 보고 싶다면 리처드 리브스Richard Reeves의 《존 스튜어트 밀: 빅토리아 시대의 선동가John Stuart Mill: Victorian Firebrand》(2015)가 있으며, 밀의 사회주의에 관해서는 헬렌 매케이브Helen McCabe의 《존 스튜어트 밀: 사회주의자John Stuart Mill: Socialist》(2021)가 있다.

17 쇠렌 키르케고르

그의 사상에 관해서는 C. 스테판 에반스C. Stephen Evans 편저 《두려움과 떨림Fear and Trembling》(2006)이 있으며, 특히 에반스가 쓴 서문은 좋은 출발선이 돼줄 것이다. 클레어 칼라일Clare Carlisle의 《마음의 철학자: 키르케고르 평전Philosopher of the Heart: The Restless Life of Søren Kierkegaard》(2020)는 "키르케고르의 동료 승객들은 그가 느끼는 것만큼이나 비참해 보인다"는 문장을 비롯해 다소 사색적인 문체지만 좋은 전기다.

18 카를 마르크스

프랜시스 휜Francis Wheen의 《카를 마르크스》(1999)가 쉽고 좋은 출발선이다. 더 직접 파고들고 싶다면 우선 피터 램Peter Lamb의 《마르크스와 엥겔스의 공산당 선언: 독자를 위한 안내서Marx and Engels' Communist Manifesto: A Reader's Guide》(2015)와 그가 사용한 《공산당 선언》(예일, 2012)을 참조하라. 헤겔에 관해서는 앞서 칸트 부분에서 언급했던 《독일의 철학자》문집에 실린 피터 싱어 Peter Singer의 개론부터 읽어보는 게 좋다. 싱어는 저서《마르크스 Marx: A Very Short Introduction》제2판(2018)을 통해서 마르크스를 또 한번 소개했다.

19 루이스 캐럴(찰스 도지슨)

앨리스 이야기를 철학과 역사적 인물들에 관한 논평과 함께 실은 최고의 책 마틴 가드너 Martin Gardner 편저 《앨리스 주해: 결정판 The Annotated Alice: The Definitive Edition》(2000)을 추천한다. 캐럴의 생애에 관해서는 도널드 토머스 Donald Thomas의 《루이스 캐럴: 초상과 배경 Lewis Carroll: A Portrait with Background》(1996)을 권한다. 유튜브에서 시청 가능한 BBC의 2016년 다큐멘터리 〈루이스 캐럴의 비밀 생활 The Secret Life of Lewis Carroll〉또한 추천한다.

20 프리드리히 니체

니체의 사상에 발을 담가보고 싶다면《선악의 저편: 미래 철학의 서곡 Beyond Good and Evil: Prelude to a Philosophy of the Future》중에서도 롤프 피터 호르스트만 Rolf-Peter Horstmann 편저 (2002)를 추천한다. 니체의 저서들을 조금만 읽어보더라도 그의 스타일을 제대로 맛볼 수 있으며 고찰해 볼 가치가 있는 수많은 도발적인 논의를 만나게 된다. 전반적인 논평으로는 앞서 칸트 부분에서 언급했던 《독일의 철학자》에 실린 마이클 테너 Michael Tanner의 글을 추천한다. 더 상세한 내용을 보고 싶다면 모드마리 클락 Maudemarie Clark의 《니체, 진리와 철학에 관하여 Nietzsche on Truth and Philosophy》(1990)가 있다.

21 버트런드 러셀

러셀의 《철학이란 무엇인가 The Problems of Philosophy》(1912)은 손꼽히는 고전이다. 러셀의 저작을 대중적인 글부터 학문적인 글까지 폭넓게 감상하고 싶다면 에그너 Egner와 데논 Denonn 편저 《버트런드 러셀의 기본 저작들 The Basic Writings of Bertrand Russell》(2009)을 권한다. 레이 몽크 Ray Monk는 두 권짜리 상세한 전기 《버트런드 러셀: 고독의 정신 1872년-1921년 The Spirit of Solitude 1872-1921》과 《버트런드 러셀: 광기의 유령, 1921년-1970년 Bertrand Russell: 1921-1970, the Ghost of Madness》(1996)을 집필했다. 노년의 러셀이 BBC 〈버트런드 러셀을 대면하다 Bertrand Russell, Face to Face〉에서 존 프리먼 John Freeman과 나눈 인터뷰는 현재 유튜브에서 볼 수 있으며 한 번쯤 시청해 보기를 권한다.

22 G. E. 무어

그의 논문에 관해서는 토머스 볼드윈 Thomas Baldwin의 《G. E. 무어 선집 G. E. Moore: Selected Writings》(1993)이 있다. 무어의 《윤리학 원리》(1903)는 온라인에서 쉽게 찾을 수 있다. 무어가 블룸즈버리그룹에 미친 영향에 관해서는 케인스의 《두 가지 회고록 Two Memoirs》

(1949)에 실린 〈나의 초기 믿음My Early Beliefs〉과 폴 레비Paul Levy의 《G. E. 무어와 케임브리지 사도회G. E. Moore and the Cambridge Apostles》(1979)을 참조하라. 당시의 시대 배경에 관해서는 BBC 추모 방송 〈E. M. 포스터E. M. Forster〉(1970) 등 포스터와 울프에 관한 다양한 다큐멘터리를 유튜브에서 시청할 수 있다.

23 마르틴 하이데거

하이데거 원전을 읽기 전에 그를 다룬 개론서부터 읽어보기를 추천한다. 폴 고르너Paul Gorner의 《하이데거의 존재와 시간Heidegger's Being and Time》(2007) 또는 더 일반적인 마크 래솔Mark Wrathall의 《하이데거 읽는 방법How to Read Heidegger》(2005)을 권한다. 존 맥쿼리John Macquarrie와 에드워드 로빈슨Edward Robinson의 《존재와 시간》(1962)은 영역본 중 표본으로 삼을 만하다. 휴버트 L. 드레이퍼스Hubert L. Dreyfus는 《세계 속 존재: 하이데거의 존재와 시간 제1부 주해Being in the World: Commentary on Heidegger'sBeing and Time, Division 1》(1991)를 통해 하이데거를 한층 이해하기 쉽게 보여줬다. 히틀러와 비트겐슈타인이 어린 시절 학교에서 함께 생활한 이야기와 그에 관한 추측은 킴벌리 코니시Kimberley Cornish의 《린츠의 유대인The Jew of Linz》(1998)에서 더 자세히 볼 수 있다.

24 장 폴 사르트르

그의 실존주의는 《구토》(1938)에 잘 드러나 있다. 영문 번역본으로는 펭귄출판사 편저 로버트 밸딕Robert Baldick의 역서(1963)를 추천한다. 그의 저서 《실존주의는 휴머니즘이다L'existentialisme est un humanisme》에는 추후 부인한 내용도 일부분 담겨 있으나 짧고 읽기 쉬우며 다양한 편저로 만나 볼 수 있다. 사르트르의 주요 저작 《존재와 무》의 최초 영역본은 헤이즐 E. 반스Hazel E. Barnes가 번역했고, 최신 영역본으로는 사라 리치몬드Sarah Richmond의 번역본(2020)이 있다. 머독의 첫 저서이자 사르트르에 관한 최초의 영문 도서로는 《사르트르: 낭만적인 합리주의자Sartre: Romantic Rationalist》(1953)가 있다.

25 시몬 베유

베유의 글을 모은 좋은 선집으로 시안 마일스Siân Miles 편저 《시몬 베유 문집Simone Weil, An Anthology》(1986)를 추천한다. 가벼운 개론서로는 로버트 자레츠키Robert Zaretsky의 《파괴분자 시몬 베유The Subversive Simone Weil》(2021)가 있다. 더 깊이 있는 저서로는 피터 윈치Peter Winch의 《시몬 베유, 공정한 균형Simone Weil, The Just Balance》(2008)이 있다. 책에서는 롤스의 《정의론》(1971)을 인용했다. 롤스, 베유의 견해와 완전히 다르지만 영향력 있고 도발적인 접근법으로는 로버트 노직Robert Nozick의 《무정부, 국가, 유토피아Anarchy, State and Utopia》(1974)가 있다.

26 시몬 드 보부아르

보부아르와 사르트르와의 관계, 보부아르의 사상이 잘 반영된 소설로는 《초대받은 여자》 (1949)가 있다. 보부아르의 유명한 비문학 저작으로는 《제2의 성》(1949)이 있으나, 《노년La Vieillesse》(1972)을 비롯한 다수의 후기 작품 또한 상당한 가치가 있다. 보부아르의 저서에 대한 논평으로는 카렌 빈트게스Karen Vintges의 《열정으로서의 철학: 시몬 드 보부아르의 사상 Philosophy as Passion: The Thinking of Simone de Beauvoir》(1996)을 참조하기 바란다. 보부아르의 생애에 관해서는 케이트 커크패트릭Kate Kirkpatrick의 《보부아르, 여성의 탄생Becoming Beauvoir: A Life》(2020)이 있다.

27 루트비히 비트겐슈타인

후기 비트겐슈타인에 대한 개론은 그의 저서 《청색 책·갈색 책》(1960)을 참조하라. 더 깊고 폭넓은 풍미를 느끼고 싶다면 《철학적 탐구》(1953)에 발이라도 담가보기를 권한다. 아리프 아메드Arif Ahmed가 《철학적 탐구》와 《논리-철학 논고》를 관련지은 지침서 (2010) 또한 추천한다. 삶과 의미에 대한 논의로는 《문화와 가치Culture and Value》(1984)를 권한다. 여기에서 인용한 "아주 작은 생각만으로도 온 삶을 가득 채울 수 있노라!"라는 구절은 스티브 라이히Steve Reich의 말 선율 〈속담Proverb〉(1995)에 사용됐다. 비트겐슈타인의 생애에 관해서는 수상에 빛나는 레이 몽크의 《루트비히 비트겐슈타인: 천재의 의무Ludwig Wittgenstein: The Duty of Genius》(1990)와 현재 유튜브에서 시청할 수 있는 BBC Horizon 영화 〈비트겐슈타인의 멋진 삶Wittgenstein: A Wonderful Life〉(1989)과 〈비트겐슈타인의 부지깽이: 케임브리지의 분실물Wittgenstein's Poker: Lost and Found in Cambridge〉(2009)을 추천한다. 덧붙여 램지의 저서와 생애에 관해서는 폭넓고 읽기 좋은 연구서인 셰릴 미삭Cheryl Misak의 《프랭크 램지: 완전한 권력 과잉Frank Ramsey: A Sheer Excess of Powers》 (2020)이 있다.

28 한나 아렌트

좋은 문집으로는 피터 베어Peter Baehr 편저 《한손에 들어오는 한나 아렌트The Portable Hannah Arendt》(2000)가 있다. 아렌트의 《예루살렘의 아이히만: 악의 평범성에 대한 보고》 (1958) 또한 쉽게 읽을 수 있다. 아렌트의 연구를 다룬 글로는 D. R. 빌라D. R. Villa 편저 《케임브리지 컴패니언: 한나 아렌트The Cambridge Companion to Hannah Arendt》(2000)와 패트릭 헤이든Patrick Hayden 편저 《한나 아렌트의 주요 개념Hannah Arendt: Key Concepts》(2014)이 있다. 마키아벨리에 관해서는 퀜틴 스키너Quentin Skinner가 쓴 《마키아벨리: 아주 짧은 입문서Machiavelli: A Very Short Introduction》 제2판(2019)을 참조하라.

29 아이리스 머독

네 명의 여성 철학자와 그들의 생애, 영향에 관해서는 쿰헤일Cumhaill과 와이즈만Wiseman의 《형이상학적 동물: 네 명의 여성들은 어떻게 철학을 되살렸는가Metaphysical Animals: How Four Women Brought Philosophy Back to Life》(2022)를 추천한다. 머독의 저서를 직접 읽고 싶다면 《선의 주권The Sovereignty of Good》(1970)을 권한다. 머독의 《바다여 바다여》(1978)는 부커상을 수상했으며 소설가이자 철학자로서 그녀가 가진 참모습을 보여주었다. 피터 콘라디Peter Conradi는 머독의 전기 《아이리스 머독의 생애Iris Murdoch: A Life》(2001)를 집필하면서 머독의 철학이 얼마나 인상 깊은지를 잘 보여줬다. 머독의 연구를 검토하는 글로는 저스틴 브로케스Justin Broackes 편저 《아이리스 머독: 철학자Iris Murdoch: Philosopher》(2012)를 참조하라.

30 사뮈엘 베케트

베케트의 작품이 익숙하지 않다면 우선 유튜브에서 시청할 수 있는 단편극 〈유희Play〉(1963)와 〈자장가〉(1980), 중편소설 《동행Company》(1980)부터 시작하기를 권한다. 베케트와 대조를 이루는 램지의 생에 관한 견해에 대해서는 비트겐슈타인의 추천 문헌에서 언급한 셰릴 미삭의 저서를 참조하라. 존 칼더John Calder는 베케트의 담당 편집자이자 친구였다. 그의 저서 《베케트의 철학The Philosophy of Beckett》(2001)을 추천한다. 베케트의 사진과 공연 사진 일부를 수록한 재미있는 논평집으로는 에녹 브라터Enoch Brater의 《왜 베케트인가Why Beckett》(1989)가 있다. 작곡가 루치아노 베리오Luciano Berio는 〈신포니아Sinfonia〉(1969)의 매력적인 제3 악장을 작곡할 때 베케트의 《이름 붙일 수 없는 자》의 요소를 가져와 사용했다.

인명 색인

중요 인물은 장으로 기재했으며 장은 굵은 글씨로 표기했다.

지극히 사적인 철학

주제 색인

반복해서 등장하는 주제는 장으로 기재했으며 장은 굵은 글씨로 표기했다.

지극히 사적인 철학

어제의 고민을 오늘의 지혜로 바꾸는
지극히 사적인 철학

초판 1쇄 인쇄 2024년 2월 25일
초판 1쇄 발행 2024년 3월 5일

지은이 피터 케이브
옮긴이 서종민
펴낸이 정용수

편집장 김민정 **편집** 류다경
디자인 김민지
영업·마케팅 김상연 정경민
제작 김동명 **관리** 윤지연

펴낸곳 ㈜예문아카이브
출판등록 2016년 8월 8일 제2016-000240호
주소 서울시 마포구 동교로18길 10 2층
문의전화 02-2038-3372 **주문전화** 031-955-0550 **팩스** 031-955-0660
이메일 archive.rights@gmail.com **홈페이지** ymarchive.com **인스타그램** yeamoon.arv

ISBN 979-11-6386-277-2 03100
한국어판 출판권 ⓒ 예문아카이브, 2024

㈜예문아카이브는 도서출판 예문사의 단행본 전문 출판 자회사입니다.
널리 이롭고 가치 있는 지식을 기록하겠습니다.
이 책 내용의 전부 또는 일부를 이용하려면 반드시 저작권자와 ㈜예문아카이브의 서면 동의를 받아야 합니다.

＊책값은 뒤표지에 있습니다. 잘못 만들어진 책은 구입하신 곳에서 바꿔드립니다.